Übersetzung aus dem Englischen von Stefanie Kersten

Zusammen unterwegs

Die Roadtrip-Vereinbarung

Tiana Warner

Danksagung

Vielen Dank, Toshi, dass du mir dabei geholfen hast, Rubys Figur Leben einzuhauchen. Danke für die vielen Gespräche, Brainstormings, dein Wissen, Feedback und für die schöne Zeit, die wir auf unserem Roadtrip entlang der Küste von Oregon hatten und der mich zu dieser Geschichte inspiriert hat. Ohne dich hätte ich sie nie schreiben können.

Ein besonderer Dank geht auch an Laurel Greer für ihr Feedback, das Team und die Lektorinnen vom Ylva Verlag und meine wundervolle Familie und Freunde für eure endlose Liebe und Unterstützung.

Sie möchten keine Neuerscheinung verpassen?
Dann tragen Sie sich jetzt für unseren Newsletter ein!

www.ylva-verlag.de

Von Tiana Warner außerdem lieferbar

Küsse am Set

Kapitel 1
Coral

»Hier gäbe es doch irgendwo ein Schild, wenn schon Leute dabei gestorben wären, oder?«, fragte Coral.

Das rote Lämpchen der neben ihr aufgestellten Kamera blinkte.

Eigentlich hatte heute kein Sprung in einen Fluss auf dem Plan gestanden, aber jetzt befand sie sich nun mal an diesem schlammigen Ufer und es ging immerhin um ihre Karriere, also blieb ihr gar nichts anderes übrig. Wobei *Karriere* ein recht dehnbarer Begriff für diese Aktion war. Sie verdiente zwar als YouTuberin Geld, aber ihre Eltern ließen keine Gelegenheit aus, sie darauf hinzuweisen, dass das kein richtiger Job war, und es kam auch definitiv nicht genug dabei herum, um ihren Lebensunterhalt zu finanzieren.

Noch nicht.

Nach einem ganzen Jahr mit täglichen Video-Posts wiesen die gesammelten Daten eindeutig darauf hin, dass Abenteuer-Content die meisten Klicks bekam. Das hier war nicht nur ein bisschen Seilschwingen – es war eine Chance.

»Macht das ja nicht zu Hause nach«, machte sie noch den üblichen Hinweis, um sich rechtlich abzusichern. »Wasser kann wirklich gefährlich sein. Egal, wie schön und harmlos es aussieht, unter der Oberfläche kann alles Mögliche lauern – Felsen, Baumstämme, Strömungen …«

Hinter ihr rauschte der eiskalte Gletscherfluss dröhnend in die Tiefe, nah genug, dass sie den feinen Sprühnebel auf der Haut spürte. Zu ihrer eigenen Sicherheit schnappte sie sich einen Ast und warf ihn über den Rand der Klippe. Er fiel viel zu lange, bevor er in dem natürlichen Wasserbecken auftraf und unterging. Einen Moment später kam er wieder an die Oberfläche und trieb dann gemütlich weiter.

»Es scheint keine Sogströmung zu geben und ich habe alles gründlich nach Felsen abgesucht, bevor ich hier hochgeklettert bin.« Ihre Stimme klang gelassen und sie schenkte der Kamera ihr schönstes Lächeln – aber ihr Puls raste. »Wagen wir zusammen den Sprung?«

Coral griff nach ihrer GoPro, um zusätzliches Point-of-View-Material zu bekommen. Nachdem sie die kleine Kamera sicher in einem wasserdichten Case verstaut und sich den Selfie-Stick ein bisschen umständlich zwischen die Finger geklemmt hatte, legte sie die Hände um das Seil. Es war dreckig und rau und roch nach dem Schweiß unzähliger Angeber.

Noch einmal atmete sie tief durch, dann nahm sie so weit Anlauf, wie das Seil es zuließ. Ihre Handflächen waren feucht und sie griff etwas fester zu, bevor sie noch einmal überprüfte, ob beide Kameras auch wirklich aufzeichneten.

Dann stieß sie sich kräftig vom Boden ab und schwang sich hinaus übers Wasser. Das Gefühl ultimativer Freiheit ließ sie wie auf Wolken schweben, als sie schwerelos durch die Luft segelte.

Sie stieß einen begeisterten Jubelschrei aus. *Deswegen* hatte sie sich für dieses Leben entschieden. Es war Mittwochmittag und eine ganze Menge Leute saßen genau in diesem Moment irgendwo in einem tristen Büro, während sie sich in einer kleinen Naturoase im Pazifischen Nordwesten dem freien Fall hingab.

Dann stach das Wasser mit tausend Nadeln gleichzeitig in ihre Haut, so kalt, dass es wehtat. Als sie keuchend wieder an die Oberfläche kam, applaudierten ihr ein Vater und seine Tochter, die am Flussufer picknickten.

Coral lachte. »Danke.«

Sie war wirklich dankbar für die Anwesenheit der beiden. Wäre sie allein gewesen, wäre sie nicht gesprungen. Abenteuer waren ihr Leben, Leichtsinnigkeit nicht – meistens zumindest.

Eine Weile später saß sie zitternd mit einem Handtuch um die Schultern am Fluss.

»Das war unglaublich.« Sie lächelte etwas breiter für die Kamera. »Das Wasser kann man auch gut als Eisbad benutzen, wenn man drauf steht. Meine GPS-Koordinaten stelle ich euch natürlich auf Patreon zur Verfügung.«

Sie löste ihren Zopf und schüttelte ihre blonden Haare aus, um sie von der warmen Frühsommersonne trocknen zu lassen. Dann drehte sie die Kamera im Kreis, um die herrliche Landschaft einzufangen. »Seht euch das an. Ist es nicht fantastisch, dass das hier unser Zuhause für heute ist?«

Alles war grün und zugewuchert, von den riesigen Nadelbäumen, die über ihr aufragten, bis hin zu den moosbedeckten Steinen, die den Wasserfall säumten. Kühler Nebel reinigte die Luft, was sie in vollen Atemzügen genoss. Hoffentlich fing das Mikrofon trotz des lauten Wasserrauschens auch das Vogelgezwitscher ein.

Warum verstanden ihre Eltern einfach nicht, wie wichtig ihr dieser Lebensstil war? Das hier war mehr als ein Job. Sie konnte tun und lassen, was sie wollte, und dabei jeden Tag neue Dinge ausprobieren. Ihr Leben mit der Kamera einzufangen und mit anderen Menschen zu teilen, machte Spaß, und dass die Leute sie dafür auch noch bezahlten, war ein Bonus. Auf keinen Fall wollte sie ein Rädchen im Getriebe einer Gesellschaft werden, die aus Kapitalismus, 40-Stunden-Wochen und Arbeiten bis zum Umfallen bestand.

Nur wurde alles immer kostspieliger und Vancouver war eine der teuersten Städte der Welt. Sie wollte nicht von ihrer Schwester und ihren Freunden weg, aber je länger sie sich so durchschlug, desto schwieriger wurde es, genug Geld für Essen und Benzin zusammenzukratzen. Vielleicht hatten ihre Eltern gar nicht so unrecht, aber sie wollte noch nicht aufgeben. Tante Nina lebte schließlich auch ihren großen Traum – sie war gerade in Costa Rica und rauschte eine Zipline mit einem Faultier im Arm runter oder machte irgendwas anderes Spektakuläres –, und wenn sie das schaffte, konnte Coral es auch.

Sie lächelte erneut. »Dann packen wir mal zusammen und gehen zurück zum Van. Auf mich wartet eine leckere Pizza im Slow-Cooker.«

Sie schaltete die Kamera aus und zog sich für den Rückweg ihre Laufhose und ein Kompressions-Tanktop über den noch feuchten Bikini. Als sie wieder hochschaute, merkte sie, dass das Picknick-Mädchen sie beobachtete. Ihr Vater suchte irgendwas in der Kühlbox. Sie schätzte die Kleine auf irgendwas zwischen dreizehn und sechzehn.

Coral schulterte ihren Rucksack. »Na, Lust auf den Sprung bekommen?«

»Machst du YouTube?«, fragte das Mädchen.

»Ja.«

Das Mädchen verschränkte die Arme vor der Brust und warf ihrem Vater einen bedeutungsvollen Blick zu. »Siehst du, Dad?«

Er öffnete den Mund, als wollte er sofort dagegenhalten, schenkte dann aber nur Coral einen missbilligenden Blick. »Ja, Avery, aber sie studiert wahrscheinlich und macht das nur zum Spaß.«

Avery wirkte verzweifelt, und das kam Coral nur allzu bekannt vor.

»Ich studiere nicht«, erwiderte sie. »Und meine Eltern wollten auch nicht, dass ich das mache. Also haben wir einen Deal miteinander. Auf welches Thema willst du dich denn spezialisieren, Avery?«

Der Vater rutschte unruhig auf der Decke herum und schaute zwischen ihnen hin und her. Aber Coral betrieb ihren Kanal, um sich selbst und den Leuten da draußen zu beweisen, dass man nicht nach den Vorstellungen anderer Menschen leben musste. Wenn Avery Content-Creatorin werden wollte, sollte sie es versuchen.

»Hm, Fashion.« Avery wurde rot. »Ich nähe meine Klamotten selbst.«

»Echt?« Coral musterte ihr wirklich hübsches, hellviolettes Tanktop. Auf dem Rücken hatte es eine große Schleife. »Das hast du selbst gemacht?«

Avery nickte, schielte dabei aber nervös zu ihrem Vater.

»Sieht richtig gut aus.« Allerdings wollte sie nicht die blöde Kuh sein, die elterliche Autorität untergrub, also fügte sie an den Vater gewandt hinzu: »Man muss eine Menge Arbeit reinstecken, um genug Zuschauer für sich zu gewinnen, aber Sie wären überrascht, wie viel man online verdienen kann. Auch mit Kunst kann man eine ordentliche Karriere machen.«

Der Vater zog die Augenbrauen zusammen. »Was für eine Abmachung haben Sie mit Ihren Eltern getroffen?«

Coral spielte mit dem Tragegurt ihrer Kamera. »Ich lebe das ganze Jahr über in einem umgebauten Van, den sie mir als Startkapital gekauft haben. Vorher habe ich einen Businessplan aufgestellt und wir haben vereinbart, dass ich dreißigtausend pro Jahr verdienen muss, bis ich vierundzwanzig bin. Wenn nicht, verkaufe ich den Van und arbeite für meine Eltern.«

»Dreißigtausend?« Er klang ungläubig. »Sie verdienen damit dreißigtausend Dollar pro Jahr?«

Corals Magen krampfte sich in einer Mischung aus Panik und Scham zusammen. »Noch nicht.«

Ein widerlich selbstgefälliges Lächeln umspielte seine Lippen. »Die Erwartungen Ihrer Eltern sind hoch.«

»Sie betreiben eine Autowerkstattkette und meine große Schwester studiert Betriebswirtschaft.«

»Und Sie wollten nicht ins Familiengeschäft einsteigen?«

Coral schüttelte den Kopf. Sie hatte ihr Leben lang mitangesehen, wie ihre Eltern bis zur Erschöpfung schufteten. Und Farrah war an ihrer Business School auf dem besten Weg, genauso zu enden. Sie hatte bereits eine Marketingagentur ins Auge gefasst und dort schon ein Praktikum gemacht, bei dem sie jeden Freitag bis spät abends im Büro blieb. Was sollte daran erstrebenswert sein?

»Wann wirst du vierundzwanzig?«, fragte Avery.

Coral lief ein kalter Schauer über den Rücken. »In einem Monat.«

»Meinst du, du schaffst es noch?«

Bei Averys hoffnungsvollem Ton wurde ihr ganz warm ums Herz, aber es war unwahrscheinlich. Sie würde ihr Bestes geben, angefangen mit dem spektakulären Wander-Video heute, aber im Moment verdiente sie gerade mal vierhundert Dollar im Monat. Wie man es auch drehte und wendete, sie war noch so weit von den dreißigtausend entfernt, dass sie ein Wunder brauchte, um den Deal einzuhalten.

»Hat Ihr Vater Ihnen den Van über seine Firma umbauen lassen?«, fragte der Mann.

Coral richtete sich kerzengerade auf. »Meine Eltern haben mir ein günstiges Fahrzeug über ihre *gemeinsame* Firma besorgt. Ich habe dann ein neues Getriebe und die komplette Inneneinrichtung selbst eingebaut.«

»Oh.« Der Mann schaute zu seiner Tochter und sein Gesicht lief rot an. »Schön für Sie. Das ist wirklich schön.«

»Danke.«

Schweigen breitete sich zwischen ihnen aus, und Coral nutzte die Gelegenheit, um sich wieder abmarschbereit zu machen.

»Wie heißt dein Kanal?«, fragte Avery.

Coral lächelte. »*Coral Lavoies Abenteuer*. Und ich halte mal die Augen nach *Fashion by Avery* auf?«

Avery grinste breit.

Selbst ihr Vater schmunzelte ein bisschen. »Schauen wir mal, auf was für einen Deal wir uns einigen.«

Als Carol zwei Stunden später den Parkplatz erreichte, winkte sie den Frauen zu, die ihr gegenüber in ihrem Faltcaravan campten. Sie hatten ein Stativ aufgestellt und machten offensichtlich gerade Fotos.

»Schöne Wanderung gehabt?«, fragte eine der beiden.

Coral wischte sich den Schweiß von der Stirn. »Grandios! Da oben kann man sich mit einem Seil ins Wasser schwingen.«

»Ooh!« Sie tauschten einen begeisterten Blick miteinander und schmiedeten sofort Pläne, um die Tour später auch noch zu machen.

Coral war inzwischen ganz zittrig vor Hunger, also räumte sie schnell ihre vollgestellte Anrichte so weit frei, dass sie die Kamera aufstellen konnte, und filmte sich, wie sie die Pizza aus dem Slow-Cooker holte. Pesto, Ziegenkäse, Paprika, Grünkohl, Artischocken, sonnengetrocknete Tomaten und verschiedene Pilze. *Lecker.*

»Hmm, das sieht hervorragend aus und riecht auch so.« Sie biss vom ersten Stück ab und musste sich beherrschen, um nicht genießerisch aufzustöhnen und den Rest wie ein Höhlenmensch hinunterzuschlingen. »Wow. Das ist unglaublich lecker. Den Link zum Rezept findet ihr unten in der Info-Box. Sagt mir Bescheid, wenn ihr es ausprobiert.«

Sie aß hastig noch ein paar Bissen, die wenigen Sekunden konnte sie hinterher aus dem Video rausschneiden. Die Wanderung hatte länger gedauert als erwartet, und sie bekam es bis heute nicht hin, ihren Rucksack ordentlich zu packen.

»So, das war's für heute. Morgen hole ich die Klimaanlage ab, die ich online bestellt habe. Die wird mir in der nächsten Zeit gute Dienste leisten. Vielen Dank, dass ihr wieder dabei wart, und ein großes Dankeschön an meine Unterstützenden auf Patreon. Wenn euch dieses Video gefallen hat, lasst mir gerne ein Like da und abonniert meinen Kanal. Bis morgen bei unserem nächsten Abenteuer!«

Sie schaltete die Kamera aus und stopfte sich ein unanständig großes Stück Pizza in den Mund. Käse und Pesto liefen ihr über die Finger und einen Moment lang war sie rundum zufrieden. Und dann wartete Arbeit auf sie, weil das Tagesmaterial noch geschnitten werden wollte.

Dieses Video musste bessere Zahlen liefern. Auch wenn sie nur ungern darauf zurückgriff, sollte sie wahrscheinlich einen Screenshot als Thumbnail nutzen, der sie im Bikini zeigte. Im Video war sie nur ein paar Minuten lang so zu sehen, aber ihr lief die Zeit davon und sie musste mit allen Tricks arbeiten, um mehr Abonnenten zu gewinnen.

Hatte sie wirklich nur noch einen Monat, bevor sie ihren Eltern einen Finanzbericht vorlegen musste? Argh. Noch dreißig Videos – das kam ihr auf einmal viel zu wenig vor. Wie sollte sie aus ihrem Zwanzigtausend-Abonnentenpool innerhalb dieser kurzen Zeit mehr Einkommen generieren? Den Deal mit ihren Eltern und damit auch ihren Van zu verlieren, war keine Option.

Sie streifte sich die Wanderstiefel von den Füßen und lehnte sich auf ihrer Sitzbank zurück, nachdem sie Kleiderstapel und Decke aus dem Weg geschoben hatte. Dieser Van war ihr Anker, ihr Zuhause, ihr Leben. Ihn zu verkaufen wäre, als würde sie eine Freundschaft beenden.

Es musste doch einen Weg geben, mehr Follower zu bekommen, mehr Klicks und mehr zahlende Abonnenten. Sollte sie sich auf die Suche nach interessanteren Kulissen machen? Was Gefährliches tun? Drama produzieren?

Die Antwort versteckte sich irgendwo. So oder so, sie würde einen Weg finden, um ihren Traum weiterzuleben.

Kapitel 2
Ruby

»Willkommen bei *Achtsam leben mit Ruby Hayashi*«, sagte Ruby in dem ruhigen, gelassenen Tonfall, den sie speziell vor der Kamera einsetzte. »Heute kochen wir einen veganen Kichererbseneintopf mit Kokosreis, und das Ganze servieren wir mit frischem Knoblauch-Naanbrot, das ich im Pike Place Market gekauft habe.«

Ruby stand in der Küchenecke ihres Campingbusses und bereitete sorgfältig die Zutaten des Gerichts vor, wobei sie darauf achtete, dass jede Kameraeinstellung perfekt war, bevor sie zum nächsten Schritt überging. Das Mikrofon war so positioniert, dass es jedes noch so kleine Geräusch einfing, und die Kamera so nah, dass sie den Ellenbogen beim Schneiden fest an den Körper drücken musste. Drei Ringlichter sorgten für eine gute Ausleuchtung aus jeder Perspektive.

Als Zwiebeln, Knoblauch, Ingwer, Kurkuma und Chiliflocken schließlich zusammen mit den Kichererbsen in ihrem roségoldenen Suppentopf vor sich hin dünsteten, hielt Ruby die Kamera so dicht wie möglich darüber, um Ton und Bild des Holzlöffels einzufangen, mit dem sie die Kichererbsen zerdrückte.

»Die Kokosmilch hinzufügen …« Das klang zu hastig, also atmete sie tief durch, trank einen Schluck Wasser und setzte in einem ruhigeren, wärmeren Tonfall noch einmal an. »Als Nächstes mit Kokosmilch und Gemüsebrühe ablöschen und das Ganze lassen wir köcheln, bis es eine dickere Konsistenz hat. Das sollte etwa dreißig Minuten dauern.«

Während das Curry auf dem Herd blubberte, machte sie ein paar Nahaufnahmen von ihrem Zuhause. Sie besprühte ihren Kräutergarten und filmte die Pflanzen, die sich in der Brise wiegten, die durchs geöffnete Fenster strich. Dann nahm sie Calvin auf, der zusammengerollt auf dem Bett lag, und sorgte für eine Extraportion Niedlichkeit, indem sie seine Ohren ein wenig anders hinschob. Calvin rührte sich nicht, er war es gewohnt, dass sie an ihm herumzupfte. Den Preis musste er eben dafür zahlen, dass er mit seinem hellbeigen Fell und den großen, ausdrucksvollen Augen fast schon absurd fotogen war. Sein wuchtiger Kopf und der stämmige Körperbau deuteten auf einen Pitbull-Labrador-Mix hin, aber ohne einen dieser Hunde-DNA-Tests konnte Ruby sich da nicht sicher sein.

Sie richtete die Kamera durch die geöffnete Tür und justierte die Belichtung neu, was ihr einen herrlichen Shot der Skyline von Seattle auf der anderen Seite des Wassers einbrachte. Der Wind strich durch die Baumkronen und in der Ferne hörte man andere Camper lachen. Der Abend war perfekt.

Perfekt, aber nicht gut genug, schoss ihr durch den Kopf, als wäre ihr eine nervige Stechmücke ins Ohr geflogen.

Ihr Magen krampfte sich angespannt zusammen und sie wandte sich wieder dem Herd zu. Ihr Publikum hatte sich schon beschwert, dass sie die ganze Woche über am gleichen Standort gefilmt hatte, aber sie würde sicher nicht öffentlich erklären, warum sie den Bus nicht vom Fleck bewegt hatte. Die Leute schauten ihre Videos, um sich zu entspannen und abzuschalten.

In einem oder zwei Monaten hatte sie bestimmt wieder genug Geld, um das Getriebe reparieren zu lassen. Sie musste ihre Abonnenten nur so lange bei der Stange halten.

Sie kümmerte sich um Calvins Abendessen und filmte ihn beim Fressen. Seine königlichen Mahlzeiten bestanden aus rohem, ethisch vertretbarem tierischem Protein, frischem Obst und Gemüse und Vitaminpulver. Er fraß langsam und schien sein Futter immer zu genießen – und war damit Ruby sehr ähnlich. Als er fertig war, folgte sie ihm mit der Kamera auf seiner Schnüffelrunde über den Campingplatz. Ihre Zielgruppe bestand darauf, dass er in jedem Video mindestens ein paar Minuten lang zu sehen war, und wenn sie ihn nicht lange oder oft genug zeigte, löste das gerne mal eine Revolte in ihren Kommentaren aus.

Dass die Leute ihren besten Freund so liebten, ging ihr runter wie Öl. Er hatte seinen persönlichen Fanklub wirklich verdient. Als sie mit zweiundzwanzig in den umgebauten Van gezogen war, hatte sie Calvin aus einem Tierheim adoptiert – das war auch schon wieder drei Jahre her. So viel Loyalität wie von ihm hatte sie noch nie erlebt. Er kuschelte und spielte gerne, war klug und ein hervorragender Bodyguard, der perfekt in ihr Leben als Einzelgängerin passte. Über seine Vergangenheit war nichts bekannt, aber er schreckte bei plötzlichen Bewegungen zusammen und mied Fremde, was Ruby sagte, dass er keine guten Erfahrungen mit Menschen gemacht hatte. Vom ersten Tag an war sie fest entschlossen gewesen, das doppelt und dreifach bei ihm wiedergutzumachen. Was machte es schon, wenn er fremden Leuten gegenüber misstrauisch war und Männer gerne mal anknurrte? Letztere gab es in Rubys Leben nicht und würde es wahrscheinlich auch nie geben, und ihr war es nur recht, wenn sich keine Fremden in ihrer Nähe herumtrieben. Calvin und sie waren Seelengefährten, so viel stand fest.

Sie widmete sich wieder ihrem köchelnden Kichererbsen-Eintopf, der inzwischen so gut roch, dass ihr das Wasser im Mund zusammenlief. Kurz vor Ende der Kochzeit fügte sie noch frischen Spinat hinzu und wartete, bis er zusammengefallen war, bevor sie das Ganze auf dampfendem Reis mit dem Naan anrichtete.

Dann brauchte sie noch ein paar Minuten, um die Beleuchtung für das Thumbnail-Foto zu perfektionieren. Als sie sich das Essen schließlich schmecken lassen konnte, war es immer noch heiß, was bei Weitem nicht immer der Fall war. Und es schmeckte so gut, wie es roch.

»Das war ein voller Erfolg«, sagte sie in die Kamera. »Vielen Dank fürs Zuschauen und schaut gerne auf meiner Patreon-Page vorbei, wenn euch das Rezept interessiert oder ihr Interesse an zusätzlichem Content habt. Hat euch dieses Video gefallen? Dann lasst mir gerne ein Like da und abonniert den Kanal. Und wie immer: Schreibt mir in die Kommentare, wenn ihr ein tolles Rezept findet, das ich ausprobieren soll. Lebt weiter achtsam und wir sehen uns beim nächsten Mal.«

Sie lächelte und schaltete die Kamera ab, bevor sie zu Calvin schaute. »Danke, dass du so ein lieber Junge warst, während ich gefilmt habe. Möchtest du Nachtisch?«

Sie griff nach Calvins Keksdose, als der Hund seine großen, glänzenden Augen auf sie richtete. In ihnen spiegelten sich die Lichterketten, die an der Decke hingen. Wenn er sie so voller Ehrfurcht ansah, stellte sie sich immer vor, dass er sich opponierbare Daumen wünschte, damit er die Keksdose selbst öffnen konnte.

Nach dem Essen filmte sie noch das Aufräumen und ging dann mit ihrem Journal, Stativ und Calvin hinunter zum Strand, um ein paar Aufnahmen von den Wellen zu machen, die ans Ufer rollten.

Annie und Parm waren da, zwei befreundete YouTuber, die den Campingplatz auf ihre Empfehlung hin ausprobierten. Sie waren Ende zwanzig und lebten als Paar gemeinsam in einem umgebauten Rettungswagen. Seit Ruby ihnen im vergangenen Jahr dabei geholfen hatte, ihr Fahrzeug aus dem Tiefschnee auszugraben, wurde sie die beiden nicht mehr los.

Sich ab uns zu mit ihnen zu treffen, war schon in Ordnung. Eigentlich war Ruby lieber allein unterwegs, aber es war auch schön, sich mit anderen Leuten aus der Vanlife-Community auszutauschen.

»Was geht, Rubes?«, fragte Parm.

»Wahrscheinlich das Gleiche wie bei euch.« Sie hielt ihr Stativ hoch. »Geh spielen, Calvin.«

Der Hund trottete bis zur Brust ins Wasser und hielt nach Fischen Ausschau.

Annie zog einen imaginären Reißverschluss über ihrem Mund zu und bedeutete Ruby, ihr Video zu machen.

»Schon okay. Ich habe Zeit.« Seufzend ließ Ruby sich neben den beiden auf dem Stück Treibholz nieder, auf dem sie saßen.

Manchmal war es wirklich anstrengend, den ganzen Tag über zu filmen. Deswegen hatte sie irgendwann umgestellt und drehte jetzt nur noch abends, um den Rest des Tages die Kamera weglegen und einfach leben zu können. Trotzdem ertappte sie sich immer wieder dabei, auch dann über interessante Shots nachzudenken.

»Habt ihr heute gefilmt?«, fragte sie.

Annie nickte. »Wir haben den neuen Kühlschrank nicht richtig eingebaut und uns sind deswegen ein Haufen Lebensmittel schlecht geworden.«

»Und eine Maus ist durch ein Loch im Boden reingekommen, das mussten wir auch noch flicken«, fügte Parm hinzu.

»Mist«, erwiderte Ruby. »Das tut mir leid.«

»Schon okay«, meinte Annie gut gelaunt. »Hat Drama ins Video gebracht.«

Annie und Parm schienen Katastrophen magisch anzuziehen. Für gewöhnlich komplett vermeidbare Katastrophen. Ruby hatte letzten Winter aufhören müssen, ihren Kanal zu verfolgen, weil es ihrem Stresslevel nicht gutgetan hatte, als die beiden ein Video gepostet hatten, in dem sie in einem Schneesturm festsaßen, ohne Winterreifen, Schneeketten, eine Schaufel oder auch nur vernünftige Isolierung in ihrem Van.

Aber das hatte ihnen eine Menge Klicks eingebracht, und dass die beiden das alles auf einer öffentlichen Plattform mit der Welt teilten, beeindruckte Ruby jedes Mal wieder.

Sie lächelte. »Manchmal frage ich mich, ob ich mit meinem Videostil vielleicht ein bisschen in eure Richtung gehen sollte.«

»Was, von einem Unglück ins nächste stolpern?«, fragte Parm.

»Einfach … offen. Ehrlich«

Rubys Stil kam offensichtlich gut an – sie betrieb einen der beliebtesten Vanlife-Kanäle auf YouTube und hatte schon Preise dafür bekommen –, aber ab und zu fühlte es sich an, als würde sie ihre Zuschauer belügen. Sie konnte nicht über ihren kaputten Bus oder die Geldsorgen sprechen, weil das das perfekte Image ruinieren würde, das sie sich aufgebaut hatte. Sie hatte so hart gearbeitet, um all ihre Videos mit der japanischen Herangehensweise zu filmen, die sie früher immer mit ihrem Vater konsumiert hatte – einfach, minimalistisch, ästhetisch ansprechend, mit langen Pausen, damit die Leute Zeit hatten, die visuellen Eindrücke zu genießen. Auf ihrem Kanal konnten die Leute dem Alltag entfliehen, sich in einem Campingbus mit einem niedlichen Tierschutz-Hund und ethisch einwandfreiem, leckerem Essen einkuscheln. Chaos und Technikversagen hatte hier keinen Platz. Nicht in ihrem Van, nicht auf ihrem Kanal, nicht in ihrem Kopf.

»Ach Rubes, ich glaube nicht, dass irgendwer online komplett ehrlich ist«, meinte Parm. »Bei dir sind die Alltagsprobleme des Aussteigerlebens kein Thema, aber wir machen ständig aus einer Mücke einen Elefanten, um mehr Klicks zu bekommen. Niemand auf Social Media zeigt immer alles. So läuft das halt.«

»Stimmt schon.«

Aber Annies und Parms Abonnentenzahlen waren nicht rückläufig. Und sie bekamen auch keine Kommentare, in denen ihre Videos als eintönig bezeichnet wurden.

Ruby erzählte immer nur die halbe Wahrheit und vielleicht funktionierte das langsam nicht mehr? Sollte sie etwas an ihrer Herangehensweise ändern?

Annie kniff die Augen ein wenig zusammen. »Hast du eine Online-Identitätskrise?«

»Ein bisschen vielleicht.« Ruby rieb sich mit beiden Händen übers Gesicht. »Werden meine Videos langweilig?«

Ihre Freunde starrten sie mit offenen Mündern an.

»Schatz, du hast fast eine Million Abonnenten«, sagte Annie. »Niemand findet dich langweilig.«

»Aber ich poste seit drei Jahren jeden Tag die gleiche Art Videos. Sollte ich mal was Neues ausprobieren?«

»Nicht, wenn es funktioniert«, sagte Parm.

»Hm.« Genau das war das Problem. Es funktionierte nicht mehr. Ihr Kanal zog keine neuen Zuschauer an, was essenziell war, weil er ihre einzige Einnahmequelle darstellte. Und nachdem das Getriebe des Vans aktuell klang, als hätte man einen Schraubenzieher in einen Mixer geworfen, brauchte sie *dringend* mehr Einnahmen.

Aber wie sollte sie mehr Abonnenten und Klicks generieren? Sollte sie damit anfangen, ihre Probleme bei ihrem Publikum abzuladen und das als spannend zu verkaufen?

Nein. Sie war noch nicht bereit, ihr Privatleben vor der Kamera auszubreiten. Die unsichtbare Wand zwischen ihr und ihrer Zielgruppe war gut.

Vielleicht sollte sie einfach eine neue Richtung einschlagen. Es musste doch noch mehr geben, das sie in ihren Videos umsetzen konnte, oder?

»Wir müssen uns noch was zu essen machen, also überlassen wir dich jetzt mal deinem Video, bevor es zu dunkel wird«, sagte Annie und klopfte ihrem Freund aufs Knie.

»Ja und dazu muss ich erst die Bratpfanne reparieren«, meinte Parm. »Der Griff ist heute Morgen abgebrochen.«

»Oh. Das hatte ich ganz vergessen.«

Sie standen auf.

»Viel Spaß«, sagte Ruby.

»Ach, bevor ich's vergesse: Wir fahren morgen mit den Kajaks raus, komm gerne mit, wenn du Lust hast«, sagte Annie. »Hier in der Gegend soll sich eine Gruppe Orcas herumtreiben, nach denen wollen wir Ausschau halten.«

»Aus sicherer Entfernung«, schob Parm hinterher.

Ruby lächelte. »Danke. Ich schau mal, ob mir morgen danach ist.«

Das war unwahrscheinlich – und die beiden wussten das wohl auch. Sie konnte nicht besonders gut schwimmen und war noch nie jemand gewesen, der sich in ein Kajak setzte und mit der Kamera Killerwale jagte. Außerdem: Wer sagte ihr, dass die Kajaks nicht auch Löcher hatten?

Als die beiden sich zu ihrem Camper aufmachten, drehte Calvin sich zu Ruby um und senkte den Kopf, während er langsam mit dem Schwanz wedelte.

»Oh, den Blick kenne ich.« Ruby erhob sich, ließ die Kamera aber auf dem Boden liegen. »Du willst dich mit mir anlegen?«

Calvin senkte verspielt den Oberkörper auf den Boden, und einen Moment lang starrten sie sich in die Augen. Dann ging Ruby abrupt in die Hocke, was Calvin enthusiastisch am Ufer entlangsprinten ließ.

Lachend schaute sie dabei zu, wie ihr Hund bellend im Kreis rannte, immer schneller, bis er nur noch ein verschwommener Blitz aus Pfoten, heraushängender Zunge und flatternden Ohren war.

Das war das Leben, das sie führen wollte, und sie konnte es nicht aufgeben. Sie hatte Calvin, Freunde, die Natur und konnte ihr Haus abstellen, wo immer sie wollte.

Jetzt musste sie nur noch einen Weg finden, ihren Kanal am Leben zu halten, damit sie dieses Leben weiterführen konnte.

Kapitel 3
Coral

Coral stellte ihren Van um die Mittagszeit in Kitsilano ab. Der Strand war voller Menschen und an verschiedenen Stellen wurde Volleyball gespielt. Sie öffnete die Schiebetür an der Seite und ließ ihre Zuschauer an jedem ihrer Schritte teilhaben.

»Ich treffe mich mit meiner Schwester Farrah und verbringe heute ein bisschen Zeit mit ihr am Strand. Die studiert an der UBC, deswegen ist Kits Beach unser Lieblingsspot.« Sie drehte die Kamera um, um ihrem Publikum den von zahlreichen Menschen bevölkerten Grasstreifen, den Weg und den Sandstrand dahinter zu zeigen.

»Coral!«

Sie drehte sich um und entdeckte Farrah, die gerade aus dem Starbucks auf der gegenüberliegenden Straßenseite kam.

Coral winkte ihr zu. »Da ist sie!«

Farrah wackelte mit den beiden Iced Coffees und führte auf dem Fußgängerüberweg einen kleinen Freudentanz auf. Sie trug Jeansshorts und ein weißes Shirt aus so dünnem Stoff, dass man das neongrüne Bikini-Oberteil darunter sah. Ihre blonden Haare hatte sie in einem Pferdeschwanz zusammengefasst und der Ansatz musste ganz dringend nachgefärbt werden – sie hatte in ihrem Abschlussjahr nicht viel Zeit für Dinge wie Friseurbesuche und Selfcare.

»Ich wollte die für uns besorgen«, meinte Coral, als sie ihren Kaffeebecher entgegennahm.

»Schon okay. Ich habe letztes Wochenende bei einer Benefizveranstaltung meiner Fakultät einen Gutschein gewonnen.«

»Cool. Danke.«

»Du willst also meinen Rat? Komm, ich teile meine genialen Erkenntnisse aus dem Business-Studium mit dir, alle Weisheiten und …«

»Okay, immer mit der Ruhe«, neckte Coral sie. Sie schaltete die Kamera aus, weil sie den wahren Grund für das Treffen mit ihrer Schwester nicht öffentlich machen wollte. Sie verbrachten den Nachmittag miteinander, mehr mussten ihre Zuschauer nicht wissen.

Nachdem sie einen freien Platz im Gras gefunden hatten, breiteten sie eine Decke aus und machten es sich darauf bequem. Coral zog sich das Top aus und legte sich im Bikinioberteil auf den Bauch. Wenn sie schon mal hier war, konnte sie auch multitasken und an ihrer Sonnenbräune arbeiten. Farrah tat es ihr gleich, jammerte aber darüber, wie blass sie im Vergleich zu Coral war, weil sie kaum Zeit draußen verbringen konnte. Um sie herum wurde gegrillt und der Geruch umfing sie genau wie die Musik, die überall gespielt wurde. Ein paar Jungs spielten gefährlich nah über den Köpfen der Leute mit einem Baseball.

Ein Besuch in der Stadt war nett, aber manchmal fühlte sich hier alles ein bisschen zu eng und zu voll an. Noch eine Bestätigung für Corals Entschluss, ihr Leben auf vier Rädern zu verbringen.

»Okay.« Coral klappte ihren Laptop auf. »Hilfe. Ich brauche bis Ende des Monats Geld, sonst schulde ich Mom und Dad einen Van.«

»Dann gefällt dir das Leben als Nomadin immer noch?« Farrah schob sich die Sonnenbrille in die Haare und gab so den Blick auf ihre Augenringe frei. Jedes Mal, wenn Coral sie sah, wirkte sie noch erschöpfter – aber zum Glück hatte der Studienstress ihrer strahlenden Persönlichkeit nichts anhaben können.

»Aber so was von.«

»Überrascht mich nicht. Weißt du noch, als du dieses Wochenende im Baumhaus verbracht hast?«

Coral lachte. »Weißt du noch, als du dein Zimmer in einen Laden verwandelt hast und wir alle Süßigkeiten und Bücher von dir kaufen mussten?«

»Wir wussten damals schon, wozu wir bestimmt sind.«

Coral ließ den Kopf nach vorn sinken und drückte die Nase gegen die Decke. »Wenn ich jetzt nur noch genug Geld verdienen würde, um meine Bestimmung zu finanzieren.«

Farrah zog den Laptop zu sich. »Ich kann mir deine Finanzen anschauen und dir beim Marketing helfen, aber ich weiß ehrlich nicht, wie viel dir das bringt. Einen *Hashtag Vanlife*-Kurs gibt es in meinem Studiengang leider nicht.«

Coral hob den Kopf. »Schon okay. Ich brauche nur jemanden zum Brainstormen.«

»Womit verdienst du im Moment Geld?«

»YouTube, Patreon, Affiliate-Links, Merchandise, Werbeeinnahmen …«

»Kannst du mir mal zeigen, was andere Vanlifer so machen? Wer kommt am besten an?«

Da gab es ein paar, aber ein Name fiel ihr sofort ein. Diese Frau hatte Coral schon seit einer Weile im Auge, sie war gleichzeitig ihr Idol und ihre Erzfeindin, je nach Tagesform – manchmal war Coral inspiriert und manchmal einfach nur neidisch.

»Ruby Hayashis Kanal läuft richtig gut.« Coral klickte sich zu ihrer YouTube-Seite durch. »Sie fährt ein ganz anderes Konzept als ich und konzentriert sich auf einen sehr minimalistischen Ansatz. Ich glaube nicht, dass ich sie schon mal wandern gesehen habe.«

Sie wählte das erste Video der Übersicht aus und Rubys wunderschönes Gesicht tauchte auf dem Bildschirm auf. Corals Magen zog sich in einer merkwürdigen Mischung aus Bewunderung und Neid zusammen, die ihr inzwischen sehr vertraut war. Ruby war nicht nur wahnsinnig hübsch, sondern auch ein Genie in der Gestaltung ihrer Online-Präsenz. Außerdem machte sie interessante Videos, war humorvoll und offensichtlich auch noch eine tolle Köchin. Was konnte diese Frau eigentlich nicht?

Farrah drehte die Helligkeit des Laptops ein wenig höher. »Ach du Schande, schau dir diesen Bus an.«

»Ich weiß«, grummelte Coral.

Rubys Van war ihrem recht ähnlich – ein Bett im hinteren Teil, die Küche auf einer Seite, eine Essecke mit Bank auf der anderen, ein Haufen Schränke und Schubladen für optimalen Stauraum. Da sie Rubys Van-Tour gesehen hatte, wusste Coral außerdem, dass es unter dem Bett einen Toiletteneimer gab – ein Luxus, den man sich gönnen sollte – und keine Dusche, also war sie für ihre Körperpflege ebenfalls auf Campingplätze und Fitnessstudios angewiesen. Da endeten jedoch die Ähnlichkeiten ihrer Busse auch schon wieder. Der Aufbau war spiegelverkehrt, weswegen Coral von der Seitentür aus auf die Bank schaute, und Ruby auf die Küche. Auch ihre Inneneinrichtung unterschied sich sehr voneinander. Coral war praktisch veranlagt, hatte überall Wanderausrüstung herumliegen und schätzte den Dachständer für ihr Paddleboard sehr. Rubys Geschmack war durch und durch ästhetisch, sie hatte alles in Cremetönen mit Holzakzenten gestaltet, hübsche Sukkulenten an der Wand und ein Obstnetz. Ihre Ausrüstung verstaute sie in Flechtkörben, ihre Schubladen hatten roségoldene Griffe, es gab Lichterketten und die Bettwäsche war weiß mit einem schicken schwarzen, geometrischen Muster.

»Soll ich meinen Van mehr in ihre Richtung gestalten?«, fragte Coral, auch wenn sie schon allein die Vorstellung an einen Umbau frustrierte.

Farrah neigte den Kopf zur Seite. »Du kennst den Markt besser als ich, aber so wie du dich positioniert hast, mögen deine Zuschauer deine praktische Ader wohl lieber als ästhetisch ansprechende Gestaltung.«

»Ja. Das stimmt. Aber wenn es nicht an der Ästhetik liegt, was hat Ruby Hayashi dann, das mir fehlt?«

Farrah klickte auf Rubys Kanalinfo und deutete auf das Datum. »Also zum einen macht sie das schon länger als du.«

»Aber tägliche Videos postet sie erst seit Kurzem. Ich produziere mehr Content als sie.«

Farrah klickte auf das neueste Video. »Auf den ersten Blick würde ich sagen, dass sie deutlich mehr Finesse hat als du.«

Coral wollte protestieren, aber es ließ sich nicht leugnen. Rubys Videos waren absolut perfekt. Alles war perfekt aufeinander abgestimmt – das Licht, das Geschirr, ihre Musikauswahl, der Schnitt und unzählige andere Dinge.

»Welche Software sie wohl benutzt?«, überlegte Coral.

»Das ist vielleicht gar nicht so sehr von Bedeutung. Sie hat eine Blaupause für Erfolg. Schau dir mal an, wie sie sich bewegt. Selbst das ist ansprechend fürs Auge.«

Da hatte sie absolut recht. Ruby sah mit ihren vollen Lippen, den hohen Wangenknochen, dunklen Augen und den seidig schwarzen Haaren aus, als wäre sie für ein Leben vor der Kamera geboren. Sie war schlank und elegant und bewegte sich in ihrer kleinen Küchenecke mit der Grazie einer Ballerina. Ihre Stimme klang wie flüssiger Honig und wahrscheinlich hatte sie dafür professionellen Sprechunterricht genommen.

»Und sie hat einen süßen Hund«, fuhr Farrah fort. »Ist das ein niedliches Knutschgesicht.«

»Calvin.« Coral seufzte sehnsüchtig. Der Hund zog die Leute in Scharen zu ihrem Kanal. Beim Anblick seiner riesigen Augen, den kleinen Schlappohren und dem breiten Grinsen vermisste sie jedes Mal Oliver, den Labrador, mit dem sie aufgewachsen war.

»Ich könnte ja mal versuchen, Rubys Ideen nachzumachen«, sagte Coral, war aber selbst von der Idee nicht überzeugt. »Es ist wohl eine Kombination aus all diesen Elementen, die sie so erfolgreich macht, oder? Helles Licht, Roségold und Holz, Pflanzen, beruhigende Stimme, süßer Hund, künstlerische Nahaufnahmen …«

»Aber das bist nicht du. Ich glaube, du musst dir selbst treu bleiben.«

»Und was soll ich dann machen? Wie kriege ich so viele Follower …« Sie deutete auf die Zahl auf dem Bildschirm. »… mit dem Leben in *meinem* Van und auf Wanderungen, ohne perfekt aussehende Sachen zu kochen?«

Sie schwiegen eine Weile, während die Leute um sie herum sich Baseballs zuwarfen und nervige Mini-Partys an ihren Grills feierten. Inmitten so vieler Menschen, die ihr alle viel zu nah auf die Pelle rückten, fiel ihr das Denken schwer.

Sie öffnete einen neuen Tab. »Ich zeig dir mal noch ein paar andere Kanäle, vielleicht erkennen wir ja ein Muster.«

Sie schauten noch ein paar Videos, fanden aber keinen offensichtlichen gemeinsamen Nenner und schließlich suchte Farrah einen anderen Ansatz. »Ich habe eine Idee. Weißt du noch, als Mom und Dad eine Marketingagentur ins Boot geholt haben, um das Unternehmen bekannter zu machen? Vielleicht könntest du einen Teil deiner Einnahmen in was Ähnliches investieren. In Werbung und Publicity.«

Coral brummte nachdenklich. »Ich weiß nicht, ob Werbung schalten wirklich was bringt.«

»Wie promoten denn andere ihre Kanäle? Kommst du vielleicht in einen Podcast rein?«

Coral setzte sich im Schneidersitz auf, als Farrahs Fragen sie auf eine Idee brachten. »Hey, wie wäre es, wenn ich mich mit jemandem zusammentue, der größere Reichweite hat? Andere Creator machen so was manchmal. Sie tauchen wechselseitig in Videos auf, machen zusammen Roadtrips, bewerben die Kanäle der anderen … Ich könnte mir jemanden für eine Cross-Promotion suchen.«

Farrah zog die Augenbrauen nach oben. »Ooh, das klingt gut.«

»Die Frage ist nur: Wer? Ich sollte mir jemanden suchen, der die gleiche Zielgruppe hat wie ich, oder?«

»Oder genau das Gegenteil.«

Coral kniff die Augen ein wenig zusammen. »Ach ja? Warum?«

»Du steckst in deiner Nische in einer Sackgasse, also musst du dir eine neue suchen. Du brauchst neue Zuschauer.«

»Okay. Siehst du, genau dafür brauche ich dich.« Coral klickte sich durch die Dutzenden von offenen Tabs in ihrem Browser. Eine YouTuberin hob sich von allen anderen ab, wie sie es schon immer getan hatte. Sie war besser als die anderen, charismatisch, schön und ja, beliebter. Eine Partnerschaft mit ihr wäre ein Traum für jeden Creator.

Corals Puls beschleunigte sich bei der Vorstellung, ihr eine E-Mail zu schreiben. Es war schon echt unwahrscheinlich, dass das klappte.

»Ich frage mal bei Ruby an.« Hitze stieg ihr in die Wangen, weil sie sich dabei so dreist vorkam.

»Ruby? Dieser Ruby?« Farrah deutete auf den Bildschirm. Ihre Überraschung war nicht gerade ein Boost für Corals Selbstbewusstsein.

Ja, mir ist schon klar, dass sie weit außerhalb meiner Liga spielt. Aber fragen kann man ja mal?

»Mir ist schon klar, dass sie ablehnen wird«, gab Coral zu. »Aber ich muss ja irgendwo anfangen, oder?«

»Eine Zusammenarbeit mit ihr wäre definitiv gute Werbung …« Farrah zog ein Gesicht, das eher auf Skepsis hindeutete.

Plötzlich trat jemand zu ihnen. Sie verstummten abrupt.

»Hi, habt ihr vielleicht Lust, mit uns zu grillen?« Neben ihnen stand ein großer Asiate mit breiten Schultern und mehr Bauchmuskeln als physiologisch möglich schien. Auf seiner Brust war nirgendwo auch nur ein Haar zu entdecken. Er deutete hinter sich, wo etwa ein Dutzend Männer und zwei Frauen Mitte zwanzig um einen Campingtisch mit Essen saßen.

»H-hi«, gab Farrah atemlos zurück, schien dann jedoch zu merken, was sie da machte. Sie neigte den Kopf ein wenig zur Seite und schenkte ihm ein freches Lächeln. »Leg noch was zu trinken drauf und ich bin dabei.«

Er richtete sich grinsend ein bisschen mehr auf. »Cool.«

Coral hüstelte leise, woraufhin Farrah ihr einen schuldbewussten Blick zuwarf.

»Ich meine … wir haben gerade noch was zu tun, aber wir können ja nachher zu euch rüberkommen?«

Der Kerl nickte. »Klar, gerne. Wir sind noch eine Weile da.«

Farrah schaute ihm sehnsüchtig hinterher.

»Du sabberst«, murmelte Coral und klickte auf Rubys Kanalinfo.

»Total okay, wenn du nicht mitkommst. Ich will dich ja nicht foltern.«

»Vielleicht hat ja einer von denen eine lesbische Schwester.«

»Mit der Frage können wir uns ja dann vorstellen.«

Coral lachte. Auf Rubys Infoseite angekommen hielt sie mit wild klopfendem Herzen kurz inne.

»Da wäre noch eine Frage«, sagte Farrah. »Ich verstehe, wie es deinem Kanal hilft, wenn du mit Ruby Hayashi zusammenarbeitest. Aber was hat sie davon? Wie willst du ihr die Sache schmackhaft machen?«

Coral zupfte einen losen Faden aus der Decke. »Es … macht Spaß?«

Farrah drehte sich auf den Rücken, damit ihre Vorderseite auch noch ein bisschen Farbe abbekam, und setzte sich die Sonnenbrille wieder auf die Nase. »Du kannst viele Sachen richtig gut und Geschäftsideen verkaufen ist eine davon. Deswegen bist du jetzt hier und nicht an der Uni, wie Mom und Dad für dich geplant hatten.«

»Du meinst, ich soll es als professionelles Angebot formulieren?«

»Sie ist offensichtlich intelligent und gut in dem, was sie tut. Wahrscheinlich erregst du ihre Aufmerksamkeit am ehesten, indem du deinen Wert für sie unter Beweis stellst.«

Coral nickte. »Okay. Das ist eine gute Idee.«

Ihr Blick blieb an Rubys E-Mail-Adresse hängen.

Für geschäftliche Anfragen.

Das traf hier wohl zu.

Farrah drehte Coral das Gesicht zu und öffnete die Augen. »Ich habe vollstes Vertrauen in dich, Schwesterchen, und ich weiß, dass du einen Weg finden wirst, um weiter in einem Van zu wohnen, wenn es das ist, was du willst. Aber nehmen wir mal an …« Sie verstummte und suchte offenbar nach den richtigen Worten.

»Du fragst dich, was ich mache, wenn ich nicht genug Geld verdienen kann.«

»Ja.« Farrah schürzte die Lippen und schien ein schlechtes Gewissen zu bekommen. »Hast du einen Plan B?«

»Darüber denke ich nach, wenn es nicht zeitnah besser läuft.« Coral musterte das Gesicht ihrer Schwester. Nachdem sie Farrahs Studium hautnah mitbekam, hatte sie noch weniger Lust, das selbst zu durchlaufen.

»Du musst dir ja nicht gleich einen Beruf aussuchen, den du bis in alle Ewigkeit weitermachst. Mach das, was sich jetzt richtig für dich anfühlt, bis sich ein neuer Job für dich ergibt.«

Coral nickte. »Gerade mag ich mein Leben sehr. Ich bin vielleicht ein bisschen pleite, aber sehr zufrieden. Ich habe meine Freiheit. Ich kann jeden Tag ein anderes Abenteuer erleben. Das ist mir gerade mehr wert als alles andere.«

»Und wie wäre es mit einem Nebenjob? Als Freelancerin arbeiten? Etwas Handgemachtes auf Etsy verkaufen?«

Coral schüttelte den Kopf. Andere Einkommensquellen hatte sie schon geprüft, aber alles nahm ihr wertvolle Zeit weg, die sie darauf verwenden konnte, ihre Vanlife-Präsenz weiter auszubauen. »Ich will alle Zeit und Energie in meinen Kanal stecken. Dieser Job ist genau das, was ich mit meinem Leben anfangen will.«

Farrah zögerte kurz. »Okay.«

Coral stutzte, weil sie nicht wusste, wie sie das Zögern interpretieren sollte. Glaubte Farrah wirklich an sie oder sagte sie das nur so?

»Die Uni zahlt sich am Ende echt aus«, sagte Farrah. »Es sind ein paar Jahre richtig harte Arbeit, aber dann bekommst du damit einen guten Job mit gutem Gehalt.«

»In einem Büro.«

»Bürojobs haben auch ihre Vorteile und viele Pluspunkte.«

»Ich will nicht ...« Coral schnaufte genervt, versuchte aber, den bissigen Unterton aus ihrer Stimme zu verbannen. »Ich denk drüber nach.«

Farrah atmete erleichtert auf. Sie verteidigten beide ihre Zukunftspläne – und vielleicht hatte sich Coral in der Vergangenheit auch schon mal negativ über die ihrer Schwester geäußert.

»Du könntest ein Handwerk lernen«, meinte Farrah.

»Lass es gut sein, okay? Im Moment konzentriere ich mich voll und ganz auf das hier. Einen Plan B kann ich mir später immer noch überlegen.«

Farrah schwieg und schloss die Augen, um noch ein bisschen an ihrer Bräune zu arbeiten.

Coral kopierte Rubys E-Mail-Adresse aus der Infoübersicht.

»Du kannst gerne zu diesen Kerlen rübergehen«, sagte Coral. »Ich komme gleich nach.«

Farrah setzte sich auf und strich sich die Haare glatt. »Klingt gut. Sehe ich okay aus?«

Coral tat, als würde sie entsetzt vor ihrem Anblick zurückzucken. »Iih. Reagierst du gerade auf irgendwas allergisch?«

Farrah versetzte ihr einen kleinen Stoß mit dem Ellenbogen und stand auf. Während sie zu der Gruppe rüberschlenderte, öffnete Coral eine leere E-Mail. In ihrer Brust breitete sich ein nervöses Kribbeln aus, während sie Rubys Adresse ins Empfängerfeld einfügte und dann die Nachricht tippte.

Kapitel 4
Ruby

Schweißgebadet schleppte Ruby ihren mit Einkäufen gefüllten Rucksack nach Hause und das war der Moment, in dem sie einsehen musste, dass ihr nicht fahrbarer Van ein Problem auf mehreren Ebenen darstellte. Das kaputte Getriebe gefährdete ihr Zuhause, ihr Transportmittel und ihr Einkommen.

Im Moment war die größte Schwierigkeit jedoch die fehlende Mobilität. Ihr Van war nicht gerade an einem günstigen Ort liegen geblieben. Ja, sie stand auf einem Campingplatz, brauchte zu Fuß aber eine Stunde bis zum nächsten Supermarkt und dafür zahlte ihr Rücken gerade den Preis.

Zurück bei ihrem Bus fing Calvin drinnen an zu bellen, als er ihre Schritte auf dem Kies hörte.

»Hey Kumpel. Ich bin's nur.«

Sie ließ ihn nicht gerne hier zurück, aber ihn vor einem Supermarkt anzubinden, wäre noch schlimmer. Der Van besaß immerhin eine Klimaanlage, und der Hund hatte es bequem.

Sie öffnete die Tür und er begrüßte sie begeistert winselnd und sprang an ihr hoch, als hätte er sie eine Woche lang nicht gesehen.

»Hi, hi, hi! Ich hab dich auch vermisst.« Sie stellte den Rucksack und die Taschen ab und kraulte ihm mit beiden Händen den kräftigen Hals, während sich sein ganzer Körper beim Schwanzwedeln mitbewegte. »Ich habe die Erdnussbutter mitgebracht.«

Sie verräumte die Einkäufe und ließ sich dann aufs Bett sinken. Calvin sprang zu ihr hoch, begeistert von der spontanen Gelegenheit zum Kuscheln.

»Hmpf.« Sie drückte den Hund fest an sich und schmiegte das Gesicht an seinen Hals. »Ich glaube, wir müssen den Van woanders hinbringen, Calvin.«

Theoretisch fuhr er noch, aber das Automatikgetriebe hatte sich im ersten Gang festgefressen, was bedeutete, dass sie nur mit eingeschalteter Warnblinkanlage auf dem Seitenstreifen entlangrollen konnte. Würde sie dafür einen Strafzettel kassieren?

Das Risiko würde sie wohl eingehen müssen. Einen Abschleppdienst konnte sie sich nicht leisten.

Außerdem kostete der Campingplatz sie Gebühren und sie würde vermutlich einen Platz finden, an dem sie kostenlos ihr Lager aufschlagen konnte. So viele Möglichkeiten in der Nähe von Zivilisation gab es nicht, aber normalerweise tat es auch ein Supermarktparkplatz, wenn es sein musste.

»Der Ausblick würde meinen Zuschauern ganz bestimmt gefallen«, murmelte sie.

Ihr Handydisplay ging an und zeigte ihr eine neue E-Mail mit dem Betreff *Anfrage Roadtrip* an. Sie wollte sie schon wegwischen und sich erst später damit beschäftigen, als ihr Blick auf den Absender fiel. Coral Lavoie. Woher kannte sie den Namen?

Sie öffnete die E-Mail.

Hi Ruby,
mein Name ist Coral und ich mache Vanlife-Videos in Vancouver, British Columbia. Mein Kanal heißt Coral Lavoies Abenteuer.

Ruby klickte auf den beigefügten Link und landete auf Corals YouTube-Seite. Ah, daher kannte sie sie. Sie war die hübsche Vanliferin, die sich ständig irgendwo in der freien Natur herumtrieb. War sie nicht letztes Jahr viral gegangen, als sie mit ihrem Bus zwei Tage lang auf dem Highway zwischen Schlammlawinen festgesteckt hatte?

Ruby kehrte zur E-Mail zurück und las weiter.

Meine ersten Zuschauer habe ich mit der Dokumentation eines Backpacking-Trips durch Südamerika bekommen. Als ich wieder in Kanada war, habe ich mich für ein Leben im Van entschieden und dafür meinen eigenen Bus umgebaut. Inzwischen folgen mir rund zwanzigtausend Abonnenten. Jetzt bin ich auf der Suche nach einer

Möglichkeit, noch mehr spannenden Content zu produzieren und trete deswegen mit einem Vorschlag an dich heran. Hättest du Lust, mit mir zusammen einen Roadtrip entlang der Pazifikküste in Oregon zu machen?

Alles in Ruby zog sich bei dieser Vorstellung zusammen. Meinte sie damit im Konvoi fahren? Oder im gleichen Van leben?

Ganz klares *Nein*. Beides war ein Albtraum für sie. Sie hatte sich ganz bewusst fürs Solo-Vanlife entschieden und hatte keinerlei Bedürfnis danach, dass jemand in ihr Privatleben eindrang und ihren ruhigen, friedlichen Lebensstil aufmischte.

Anbei findest du meine Statistiken, Kanalanalysen und eine demografische Auswertung. Ich vermute, dass sich unsere Zielgruppen zum Teil überschneiden, wir aber beide noch Raum zur Expansion haben. Meiner Meinung nach könnten unsere Kanäle sich gut ergänzen und ich sehe für uns beide Potenzial, unsere Zielgruppen zu erweitern.
Lass mich gerne wissen, was du davon hältst!
Coral

Also einen Sinn fürs Geschäft hatte sie schon mal.

Ruby klickte sich durch die Anhänge. Die Demografie ihrer Abonnenten überschnitt sich in weiten Teilen, aber Coral konzentrierte sich bei ihren Keywords eher auf die für Outdoor-Aktivitäten. Ihre Abonnenten bevorzugten Wandervideos und Campingplätze im Pazifischen Nordwesten.

Wenn Ruby neue Zuschauer für ihren Kanal gewinnen wollte, wäre das eine günstige Gelegenheit dazu. Könnte sie ihr Spektrum in die Abenteuer-Nische erweitern? Sie hatte alles, was man dazu brauchte – einen Bus, einen Hund und genug Kameraequipment.

Sie schaute sich noch einmal Corals YouTube-Kanal an und klickte auf das Video vom Vortag.

»Willkommen bei einer neuen Folge von *Coral Lavoies Abenteuern*! Schaut euch mal den herrlichen Ausblick heute Morgen an.« Coral richtete die Kamera auf das offene Heck ihres Vans und einen glitzernden Fluss dahinter. »Zum Frühstück gibt's Overnight Oats mit Zimt und Apfel.« Sie hielt ein Einmachglas vor die Linse, in dem ein winziger Löffel steckte. »Und dann geht's direkt zum Kitsilano Beach.«

Der kleine Eindruck, den sie von dem Bus bekam, verleitete Ruby nicht unbedingt, das Angebot anzunehmen. Die Einrichtung war ganz nett, entsprach aber nicht der Ästhetik, die Rubys Follower von ihrem Content erwarteten. Das Bett war nicht gemacht, überall hingen Mützen und andere Kopfbedeckungen herum und es gab kein einheitliches Thema oder Farbschema. Und lehnten da Trekkingstöcke an der Wand?

Sie legte das Handy weg. Warum dachte sie überhaupt darüber nach? So ein Umschwung würde ihre Follower völlig aus dem Konzept bringen, schließlich rechneten sie auf ihrem Kanal mit einem bestimmten Stil.

Sie setzte sich auf und rieb sich übers Gesicht. »Okay. Wir müssen uns jetzt aufraffen. Auf in die Stadt.«

Calvin blinzelte sie an. Dann rollte er sich auf den Rücken und bettelte so darum, den Bauch gekrault zu bekommen. Ruby gab natürlich nach.

Ihren Standort nach Seattle zu verlegen, würde das Problem der eintönigen Filmlocation nicht lösen, aber im Moment ging es für sie ums Überleben. Lebensmittel und andere notwendige Dinge des Alltags konnte sie leichter zu Fuß besorgen, wenn sie sich einen Platz in der Stadt suchte. Sie könnte auch so tun, als wäre das alles Absicht – eine kleine Miniserie in Form eines Stadt-Specials.

Also sicherte sie alle losen Behälter, Kleidung und ihren Klapptisch, zog ihrer externen Stromversorgung den Stecker und legte Calvins Hundebett zwischen die Sitze, bevor sie ihn sich darauf ablegen ließ und hinter dem Steuer Platz nahm.

Der Van erwachte stotternd und stöhnend zum Leben und als Ruby aufs Gas trat, blieb er wie erwartet im ersten Gang. Sie beschleunigte vorsichtig, um nicht zu viel Druck aufs Getriebe auszuüben, doch ihr Bus war definitiv am Allerwertesten.

Sie konnte nicht mal behaupten, dass das Problem einfach so aus dem Nichts aufgetaucht war. Seit einem halben Jahr lief der Van schon nicht mehr ganz rund, und schon am Anfang hatte ein Mechaniker ihr gesagt, dass sie das Getriebe irgendwann für etliche Tausend Dollar reparieren lassen musste. Vor einem Monat hatte dann das Rattern angefangen, wenn das Fahrzeug die Gänge wechselte. Das war die Art von Geräusch, bei der selbst der unerfahrenste Autobesitzer das Gesicht verzog. Sie hatte gedacht, das Geld für die Reparatur rechtzeitig zusammenzubekommen – doch in der Zwischenzeit war der Schaden noch schlimmer geworden.

Unglücklicherweise hatte Ruby einen kaputten Van nicht mit einkalkuliert, als sie angefangen hatte, ihrer Mutter finanziell unter die Arme zu greifen. Jedes Mal, wenn sie daran dachte, dass sie sich vielleicht irgendwann zwischen der Reparatur und der Unterstützung ihrer Mutter entscheiden musste, brach ihr der kalte Schweiß aus. Sie brauchte ein funktionierendes Fahrzeug, um ihrer Mutter zu helfen – aber sie konnte den Schaden nicht beheben lassen, wenn sie ihren Überschuss jedes Mal ihrer Mutter überwies. Was sollte sie denn machen?

Und auch jetzt kehrte der kalte Schweiß zurück, als sie auf die Fähre rollte. In der Stadt angekommen kroch sie mit laufendem Warnblinker die rechte Spur entlang und ihr Gesicht wurde immer heißer.

Gott, bitte mach, dass mich niemand erkennt.

Der Van kämpfte sich keuchend und stur im ersten Gang voran, während Calvin sie immer wieder anschaute, als wollte er sagen: »Bist du dir sicher, dass der Motor solche Geräusche machen soll?«

Als sie an einer roten Ampel hielt, erzitterte der Van und dann starb der Motor nach einem letzten Husten ganz ab.

»Fuck«, flüsterte sie.

Autos überholten sie und die Fahrer machten hupend ihrem Zorn über den toten Bus Luft. Calvin reagierte auf ihre Stimmung, indem er sich in den hinteren Teil des Vans zurückzog und sie von dort aus besorgt anstarrte.

»Ich glaube, wir brauchen doch einen Abschlepper, mein Bester.« Sie ließ einen langen Atemzug entweichen und zwang sich, jetzt nicht die Fassung zu verlieren.

Seit sie den Hund zu sich genommen hatte, hatte sie gelernt, besser mit ihren Emotionen umzugehen, weil er so sensibel war. Inzwischen stellte sie sich jedes Mal die Frage, ob das aktuelle Problem es wirklich wert war, sich darüber aufzuregen, und in neun von zehn Fällen war es besser, erst mal tief durchzuatmen und ruhig zu bleiben.

Aber wenn ihr Zuhause und ihr Lebensunterhalt auf einer belebten Kreuzung den Geist aufgaben? Das trieb sie schon an die Grenze ihrer Beherrschung.

Sie holte tief Luft. Und dann noch mal. Ihre Kehle und ihr Brustkorb fühlten sich schmerzhaft eng an. Das Atmen fiel ihr immer schwerer.

»Lasse ich ihn gleich in eine Werkstatt schleppen?«, fragte sie die Stille.

Das würde das Problem auch nicht lösen, solange sie nicht genug Geld auf dem Konto hatte, um die Reparatur zu bezahlen. Sie musste irgendwo umsonst unterkommen, bis der Schaden behoben war.

Sie drehte sich auf dem Sitz um und schaute Calvin in die großen Augen. »Wir lassen uns zu Moms Haus abschleppen. Hast du Lust, Grandma zu besuchen?«

Calvin spitzte die Ohren und legte den Kopf schief, was Ruby zum Lächeln brachte. Er mochte ja nicht viele Leute, aber seine Grandma liebte er heiß und innig.

Von einer Tiefgarage aus konnte Ruby keine Vanlife-Videos drehen, aber immerhin konnte sie in der Küche ihrer Mutter kochen. Ihre »Seattle im Juni«-Miniserie würde sich deutlich von ihrem üblichen Content unterscheiden. Hoffentlich löste das keine Proteste bei ihren Followern aus.

Also ergab sie sich dem Unvermeidlichen, rief einen Abschleppdienst an und verabschiedete sich vom traurigen Rest ihres Ersparten.

Ihre Mom begrüßte Ruby mit einem entzückten Aufschrei. Sie umarmten sich wie immer lange und wiegten sich von einer Seite zur anderen, bis eine von ihnen das Gleichgewicht verlor und sie sich lachend wieder voneinander lösten. Dann wandte ihre Mom sich Calvin zu und verbrachte genauso viel Zeit damit, ihn zu streicheln und ihm Küsschen zu geben. Er wedelte heftig und winselte begeistert.

»Das ist ja eine schöne Überraschung.«

»Ich habe mir gedacht, dass wir dich eine Weile besuchen kommen. Ich brauche mal eine Pause vom Leben in der Schuhschachtel.«

Mehr würde Ruby nicht dazu sagen. Ihrer Mom zu erzählen, dass der Van kaputt war, würde sie unter Druck setzen, und durch den Umzug hatte sie schon genug um die Ohren. Dass ihre Tochter kurzzeitig in finanziellen Schwierigkeiten steckte, würde ihr da auch nicht helfen.

»Du hättest mich ruhig vorwarnen können, dass du kommst.« Ihre Mom hatte rote Wangen und der Ausdruck in ihren Augen wirkte ein bisschen panisch. Sie strich sich durch die schulterlangen Haare und zupfte ihre waldgrüne Strickjacke über dem alten Schlafanzugoberteil zurecht. »Hier sieht es ein bisschen chaotisch aus.«

Das war noch sehr nett ausgedrückt. Die Wohnung sah aus wie ein Schlachtfeld, das von einem sehr großen, sehr wütenden Tornado heimgesucht worden war. Als sie das Zweizimmerapartment vor ein paar Monaten besichtigt hatten, war es hell, offen und minimalistisch eingerichtet gewesen. Jetzt war es vollgestopft mit Kartons. Der Fernseher stand auf dem Couchtisch, Kleidung hing halb aus Kisten heraus und Sägespäne und Gipskartons bedeckten den Boden. Nippes und Zierdeckchen lagen auf jeder Oberfläche. Und die Küche – oh, die Küche. Einige der Schränke waren leer und standen offen, in der Spüle stapelte sich schmutziges Geschirr, und der Mülleimer quoll über vor leeren Lieferdienst-Verpackungen.

Dass es nach einem Umzug chaotisch aussah, war ja normal – aber das hier passte so gar nicht zu ihrer Mutter. Seit Ruby denken konnte, hatte ihre Mutter ihr Zuhause blitzblank gehalten. Keine Unordnung, kein Staub und definitiv kein übervoller Mülleimer. Ruby hatte das in ihrem Van genau so übernommen, stellte sicher, dass jeder Gegenstand einen Zweck erfüllte, und kehrte und wischte mehrmals am Tag.

»Du hattest doch gesagt, dass du mit dem Auspacken gut vorankommst.« Ruby tat ihr Bestes, jetzt nicht das Falsche zu sagen, aber die immensen Schuldgefühle machten es ihr nicht einfach. Sie hätte darauf bestehen sollen, ihrer Mutter zu helfen, oder zumindest mit ihr telefonieren und hören, ob alles in Ordnung war. »Ich dachte, dass Yui dir hilft«, fügte sie hinzu, fühlte sich dann aber noch schlechter, dass sie der langjährigen Familienfreundin die Schuld zuschob.

»Ihre Kinder sind krank, deswegen musste sie das verschieben. Es geht mir gut. Ich arbeite mich einfach langsam voran, bis sie nächste Woche vorbeikommt.«

Ruby betrachtete den Gipskartondreck auf dem Boden. *Wo arbeitest du dich langsam voran? Durch die Wände?*

Die Behauptung, dass es ihr gut ging, war eindeutig eine Lüge. Ihre Mom zupfte an ihrer Strickjacke herum und ließ den Blick hektisch durch die Wohnung schweifen, als könnte sie sich nicht entscheiden, wie sie dieses Durcheinander angehen sollte.

Ruby öffnete eine Kiste. »Tja, dann helfe ich dir eben in der Zwischenzeit.«

»Nein, nein …«

»Komm schon, das wird Spaß machen!«

Ihr Mutter wusste, dass Protest keinen Sinn hatte. Also lächelte sie und zog Ruby noch einmal in die Arme.

Über ihre Schulter hinweg blieb Rubys Blick am Kühlschrank hängen. Offenbar hatte ihre Mom als Erstes die Fotos von Ruby und ihrem Vater ausgepackt. Da hing eins von ihnen, wie sie sich im Garten ihres Elternhauses in den Armen lagen, und ein weiteres, auf dem sie alle drei auf Orcas Island zu sehen waren. Damals war Ruby zwölf gewesen.

Vier Jahre waren vergangen, seit sie ihren Dad an den Krebs verloren hatten, und der Schmerz beim Anblick dieser Bilder würde wohl nie ganz verschwinden. Ihre Mom betonte immer wieder, dass es ihr gut ging, aber Ruby wusste, wie sehr sie darunter litt, dass ihr Seelengefährte nicht mehr an ihrer Seite war.

Ihre Eltern hatten sich mit vierzehn kennengelernt, als die Familie ihres Dads von Osaka nach Seattle emigriert war. Die Eltern ihrer Mutter waren Immigranten aus Japan und Italien und zu dieser Zeit hatte es nur wenige andere Kinder mit asiatischen Wurzeln gegeben. Deswegen dauerte es nicht lange, bis sich eine Freundschaft zwischen ihr und dem neuen Jungen aus Japan entwickelte. Mit zwanzig wurden sie ein Paar und mit zweiundzwanzig heirateten sie. Beide hatten immer gescherzt, dass es bei ihnen Liebe auf den ersten Blick gewesen war, ihre Schüchternheit sie aber sechs Jahre lang davon abgehalten hatte, etwas zu sagen.

Beim Anblick der Familienfotos beruhigten Rubys Nerven sich deutlich. Wen kümmerte schon ein bisschen Chaos? Sie würden sich in den nächsten Tagen eine schöne Zeit beim Auspacken der Kartons machen.

»Wie laufen die Geschäfte?«, fragte Ruby, als sie sich schließlich wieder voneinander lösten.

Ihre Mutter stellte eine Kiste mit der Aufschrift *Küche* auf die Anrichte. »Besser. Gerade kommen recht viele neue Kunden. Liegt vermutlich an den Sommertouristen.«

»Das ist toll!«

Die Teelounge hatte zu kämpfen, aber mit Rubys finanzieller Unterstützung konnte das Geschäft ihrer Mutter geöffnet bleiben. Allerdings arbeitete sie immer noch sieben Tage die Woche, statt mehr Mitarbeiter einstellen zu können, was sich hoffentlich irgendwann ändern würde.

»Ich habe deinen Tee in meinen Videos vorgestellt«, sagte Ruby. »Es kamen viele Kommentare von Leuten, die sich das Angebot gerne anschauen wollten.«

»Oh, vielen Dank. Mir ist aufgefallen, dass wir in letzter Zeit viele Onlinebestellungen bekommen haben.«

Ruby räumte Besteck in eine Schublade.

»Wie lange möchtest du bleiben?«, fragte ihre Mom. »Die Schlafcouch wird morgen geliefert und du bist hier willkommen, solange du bleiben willst.«

Ah. Dann teilen wir uns heute Nacht also Moms französisches Bett.

»Ich weiß noch nicht. Ich habe mich noch nicht entschieden, wo ich als Nächstes hinwill. Vielleicht bleibe ich lange genug, bis hier alles ist, wo es hingehört, und dann …«

»Ruby, hör auf. Ich habe dir doch gesagt, dass du dein Leben wegen mir nicht einschränken sollst und das meine ich auch so. Geh und leb dein Abenteuer.« Ihre Mutter kramte in den Kartons, bis sie die Dose in Bärenform fand, in der sie Calvins Kekse aufbewahrte. Sie fütterte ihm ein paar und er wedelte begeistert mit dem Schwanz und bettelte mit der Pfote nach mehr.

Ruby beschäftigte sich weiter mit dem Besteck. Jetzt war wohl ein Kompromiss angesagt. »Okay. Aber lass mich wenigstens für ein paar Tage helfen.«

Ihre Mom zögerte, nickte dann aber. »Danke, Liebes.«

Diesen verlegenen Gesichtsausdruck kannte Ruby gut. Ihre Mutter bat nicht gern um Hilfe, war aber immer dankbar dafür. Ruby hatte Monate gebraucht, um ihr klarzumachen, dass sie genug verdiente, um ihr bei den Ausgaben und dem Berg an Krankenhausrechnungen unter die Arme zu greifen. Aber Rubys Kanal lief gut und sie hätte es sich nie verziehen, wenn sie nach dem Tod ihres Vaters nicht einen Teil dieses Einkommens darauf verwendet hätte, dass ihre Mutter ihr Leben weiterführen konnte.

Wenn sie doch nur noch ein paar Ersparnisse übrig hätte.

Alles wird gut. Nach den nächsten beiden Zahltagen habe ich genug Geld, um den Van reparieren zu lassen.

Sie musste nur ihren Kanal bis dahin am Leben halten. Irgendwie. Ob ihre Mutter wohl zwei Monate ohne Rubys Finanzspritze klarkam, ohne mit den Rechnungen in Verzug zu geraten? Doch sie konnte sich nicht überwinden, diese Frage zu stellen.

Beim Auspacken kreisten Rubys Gedanken immer wieder darum, was sie jetzt machen sollte. Sie konnte hier keine Videos aufnehmen. Ihr minimalistischer Kanal hielt die vielen Habseligkeiten ihrer Mutter unmöglich aus, selbst wenn sie es schafften, das Ganze in Lichtgeschwindigkeit auszupacken und für alles einen Platz zu finden.

Könnte sie vielleicht ihren Van irgendwoanders hinschleppen lassen?

Nein, das wäre Geldverschwendung. Der Bus wurde nur noch in eine Werkstatt geschleppt, sonst nirgendwohin.

Sie musste irgendwoanders filmen. Einen Ort finden, mit dem ihre Zuschauer zufrieden waren – und der ihr hoffentlich mehr zahlende Abonnenten einbrachte, damit sie den Van schnellstmöglich wieder flottbekam.

Die E-Mail von Coral Lavoie fiel ihr wieder ein. Ein neues Getriebe konnte sie sich vielleicht nicht leisten, einen Roadtrip aber schon. Die Idee, sich mit jemandem zusammenzutun, war wirklich nicht schlecht.

Sie könnte ihre Sachen im Van von jemand anderem unterbringen und es ihren Followern als Tapetenwechsel verkaufen. Und diese Partnerschaft mit Coral einzugehen … na ja, warum nicht? Ruby würde es überleben, eine Weile in einem unordentlichen Bus zu wohnen, oder? Seit drei Jahren fuhr sie die gleiche Schiene, und das könnte die perfekte Gelegenheit sein, etwas Neues auszuprobieren. Waren nicht Freiheit und Unberechenbarkeit genau das gewesen, was sie ursprünglich zum Vanlife hingezogen hatte?

»Du bist nicht einsam, oder?«, fragte ihre Mutter und sortierte ihre Porzellanpüppchen-Sammlung in ihre Glasvitrine ein.

Ruby warf ihr einen ungläubigen Blick zu. »Nein. Warum?«

»Das wäre vollkommen verständlich. Du hast Calvin, ich weiß, aber … Du hast dich für ein so einsiedlerisches Leben entschieden.«

Oh. Sie denkt wahrscheinlich, dass ich hergekommen bin, weil es mir im Van zu einsam wurde.

»Du weißt doch, wie introvertiert ich bin«, gab Ruby gelassen zurück.

Ihre Mom lächelte. »Wie sieht es denn mit Dates aus?«

»Mom, oh mein Gott.« Ruby wurde viel zu warm. Sie holte sich einen weiteren Karton, um ihr brennendes Gesicht zu verbergen.

Natürlich dachte sie manchmal drüber nach, aber dann musste sie nur zwei Tage auf einer Dating-App verbringen, damit ihr wieder bewusst wurde, dass das nichts für sie war. Ihr fielen auf Anhieb eine Menge Dinge ein, die sie lieber tun würde, als mit irgendwelchen Frauen, die ein Algorithmus ihr zugeteilt hatte, über Oberflächlichkeiten zu chatten.

Außerdem war in ihrem Leben kein Platz für eine Beziehung. Sie war eine Nomadin und wenn sie mal zu Hause war, dann um ihre Mutter zu besuchen und ihr zu helfen – so wie heute.

Ihr Mutter verstaute weiteren Nippes in der Vitrine, bis alles dicht an dicht stand – die Dekoteller, die sie und Dad von einer Japanreise mitgebracht hatten, die rote, runde Daruma-Puppe, auf deren Bauch das Kanji für *Beharrlichkeit* stand, ein gerahmtes Hochzeitsfoto, Teetassen. »Ich wünsche mir doch nur, dass du glücklich bist. Auch introvertierte Menschen können einsam sein.«

»Ich habe Freunde!« Ruby atmete tief durch, um den abwehrenden Ton aus ihrer Stimme zu verbannen. »Und ich lebe vielleicht gar nicht mehr so lange allein. Ich habe heute eine E-Mail von einer anderen YouTuberin bekommen, die mich zu einem Roadtrip eingeladen hat.«

Ihr Mutter zog die Augenbrauen nach oben. »Ach ja? Das klingt toll.«

Rubys Magen krampfte sich zusammen. Warum hatte sie das erwähnt? Sie war sich ja noch nicht mal sicher, ob sie mitfahren wollte.

Sie stellte ein paar Tassen in den Schrank. »Vielleicht.«

»Findest du nicht?«

»Keine Ahnung. Ich weiß nicht, ob meine Zuschauer es mir übel nehmen, wenn sie mich auf einem Roadtrip begleiten, wo sie mich doch sonst immer nur beim Kochen beobachten oder wie ich meinen Kräutergarten gieße.« Das war eine fadenscheinige Ausrede. Kochen und ihren Kräutergarten wässern konnte sie überall. Ein Roadtrip musste nicht zwangsläufig mit ihrer Ästhetik kollidieren.

Die Mundwinkel ihrer Mom zuckten, als müsste sie ein Lächeln unterdrücken. »Ich bin mir sicher, dass es ihnen gefällt. Deine Follower mögen deinen Kanal wegen dir.«

»Hm.« Das war sehr nett von ihr, aber das Internet verzieh nicht viel und möglicherweise würde die Sache ganz anders ausgehen. Sie konnte nicht vorhersehen, wie ihr Publikum auf die Veränderung reagieren würde.

Ihre Mutter drehte sich zu ihr um und gab für den Moment den Versuch auf, ein komplettes Teeservice in der vollgestopften Vitrine unterzubekommen. Es war ein altes, angeschlagenes Set, das mit Gold repariert worden war.

»Geht es in deinem Kanal nicht darum, achtsam zu leben und Entscheidungen danach zu treffen, was dir Erfüllung bringt?«

»Ja ...«

»Bist du noch immer zufrieden und erfüllt, wenn du Videos in diesem Stil machst, oder möchtest du etwas anderes ausprobieren?«

Ruby blieb der Mund offen stehen. Okay, da hatte ihre Mutter voll ins Schwarze getroffen. Ruby redete den lieben langen Tag darüber, das Leben bewusst und achtsam zu gestalten und war selbst gerade nicht in der Lage, sich auf das zu besinnen, was sie wirklich wollte.

Abgesehen davon, dass sie die Monotonie ihrer Videos durchbrechen musste, war sie bereit für etwas Neues, Aufregendes. Die Vorstellung, einen Roadtrip mit einer anderen YouTuberin zu machen, entzündete einen Funken in ihrer Brust, den sie schon lange nicht mehr gespürt hatte. Nachdem sie so lange in bequemer Alltagsroutine gelebt hatte, war es verführerisch, sich ins Unbekannte zu stürzen.

Vielleicht bedeutete achtsam leben manchmal, dass man sich auf Veränderung einlassen musste. Wenn Ruby genau hinhörte, sagte ihr Herz ihr gerade, dass sie genau das brauchte. Sie durfte diesem Impuls nachgeben und konnte trotzdem ihrer Lebensphilosophie treu bleiben. Das *sollte* sie sogar.

Ihre Mutter schien ihr Schweigen als Antwort zu betrachten. »Du kannst deinen Van bei mir in der Tiefgarage lassen, während du weg bist. Genieß deine Freiheit.«

»Aber was ist mit dir?«, fragte Ruby hastig. »Ich bin dann zu weit weg, um schnell nach Hause zu kommen, wenn du mich …«

»Ruby, ich habe auch Freunde. Ist schon in Ordnung, wenn du ein paar Stunden von hier entfernt eine kleine Reise machst.«

Darauf zu vertrauen, fiel ihr schwer, weil Ruby immer nur durch Zufall mitbekam, wenn ihre Mutter in der Klemme steckte – wie heute, wo sie hereingeschneit kam und feststellte, dass ihre Mom dringend Hilfe beim Auspacken brauchte. Selbst von ihren finanziellen Problemen hatte sie erst Monate später erfahren, als notwendig gewesen wäre.

»Aber deine Freunde rufst du nie an, wenn du sie brauchst«, erwiderte Ruby. »Du rufst ja nicht mal *mich* an, wenn du mich brauchst.«

Ihre Mutter öffnete den Mund, schloss ihn dann aber wieder. »Ich sollte mich wohl nicht wundern, von wem du deine unabhängige Art hast.« Sie seufzte. »Wie wäre es damit: Ich verspreche, dass ich zugebe, wenn ich Hilfe brauche, wenn du versprichst, auf diesen Roadtrip zu gehen.«

Ein weiterer Kompromiss.

Sie lächelten sich an. Calvin hatte es sich auf einem Berg Mäntel gemütlich gemacht und beobachtete sie schwanzwedelnd.

Nachdem Ruby am Abend das Video des Tages geschnitten hatte, öffnete sie YouTube und suchte nach Corals Kanal. Dort scrollte sie durch die neuesten Videos, bis sie unwillkürlich an einem Thumbnail von Coral im Bikini hängen blieb.

Okay, das Bild hatte definitiv ihre Aufmerksamkeit erregt und es schien auch eine ansehnliche Anzahl von Klicks zu bekommen. Das Video war ein paar Tage alt und versprach eine Wanderung zu einem Wasserfall mit natürlichem Wasserbecken, in dem man schwimmen konnte.

Ruby spulte sich durch das Video, hielt aber inne, als Coral die Kamera abstellte und mit einem süßen Lächeln beide Daumen nach oben reckte. Dann ging sie zum Rand der Klippe und schaute hinunter. Gott, die Frau würde tatsächlich gleich in einen eiskalten Fluss springen.

»Hier gäbe es doch irgendwo ein Schild, wenn schon Leute dabei gestorben wären, oder?«, fragte Coral, was Ruby zum Grinsen brachte.

So ungern sie es auch zugab – sie brauchte einen mutigen Gegenpart, der ihr dabei half, sich aus dem Schneckenhaus zu befreien, in dem sie sich versteckt hatte. Sie hatte sich in ihrem ruhigen Leben bequem eingerichtet und dabei den Kontakt zu den abenteuerlustigeren Seiten des Vanlifes verloren.

Coral griff nach dem Seil, ging ein paar Schritte nach hinten und schwang sich mit einem Jubelschrei, der in Rubys Brust widerhallte, über die Klippe.

Ruby lächelte. Ja, Coral Lavoie war vielleicht genau das, was sie brauchte, um ihrer Online-Präsenz neues Leben einzuhauchen.

Kapitel 5
Coral

Wieder und wieder kreisten Corals Gedanken um das Gespräch mit Farrah. »*Hast du einen Plan B? Wie wäre es mit einem Nebenjob?*« So sehr sie die Fragen beiseitewischen und ignorieren wollte, so realistisch waren sie doch und ihr lief die Zeit für Antworten davon.

War sie zu stur? Sollte sie auf das hören, was ihre Eltern ihr vermitteln wollten?

Nach einer unruhigen Nacht wachte sie im Morgengrauen schon wieder auf und schnappte sich ihr Handy, um eine E-Mail zu tippen, bevor sie der Mut dazu verließ.

Hi Tante Nina,
wie ist Costa Rica? Ich stelle mir gerade vor, wie du im Regenwald umgeben von Faultieren im weichen Moos sitzt. Grüß sie von mir.
Ich wollte dich bei einer Sache um deine Meinung bitten … Erinnerst du dich an den Deal, den ich mit meinen Eltern für den Campingbus getroffen habe? Die Zeit ist jetzt fast um, und ich weiß nicht, ob ich bis zum Ablauf genug Einkommen generieren kann, um meine Seite der Abmachung einzuhalten. Aber ich will dieses Leben wirklich nicht aufgeben und den Van verkaufen. Ich will es wie du machen, Abenteuer erleben und meine Tage mit dem verbringen, was mich glücklich macht. Aber so zu leben ist auch schwieriger, als ich es mir vorgestellt hatte. Es gäbe so viele Gründe, es sein zu lassen. Glaubst du, dass ich einen Fehler mache? Sollte ich aufhören, mich an den Wunschtraum des Lebens als digitale Nomadin zu klammern?
Tut mir echt leid, dass ich das bei dir ablade. Lass dir ruhig Zeit mit der Antwort.
xo
Coral

Sie schickte die Nachricht ab und holte sich ihre Kamera, um den Tag mit einem Video zu beginnen. Doch als sie gerade erzählte, wohin sie heute wandern würde, leuchtete das Display ihres Handys auf. Sie erhaschte einen Blick auf den Absender der Nachricht und stürzte sich mit einem überraschten Keuchen auf das kleine Gerät. Die Aufnahme war dann wohl für die Katz.

Ruby hatte geantwortet.

Mit wild klopfendem Herzen ließ sich Coral im Schneidersitz auf ihrem Bett nieder und las die E-Mail gleich zweimal durch.

Hi Coral,
dein Timing ist wirklich gut. Ich habe gerade überlegt, auf meinem Kanal etwas Neues auszuprobieren. Dein Vorschlag gefällt mir. Ich bin dabei, wenn wir:
(1) deinen Van nehmen, (2) es okay für dich ist, wenn mein Hund mitkommt und du dir im Klaren bist, dass er dich vielleicht nicht mag, (3) wir eine schriftliche Vereinbarung aufsetzen, in der wir unsere Erwartungen festhalten, wem die Rechte am Bildmaterial gehören usw. Es geht hier ja um Geld und Urheberrechte.

Viele Grüße
Ruby

»Ach du Scheiße!«, entfuhr es Coral.

Sie hatte Ja gesagt! Ruby Hayashi wollte mit ihr auf einen Roadtrip gehen!

Die Bedingungen waren alle umsetzbar – und sehr durchdacht, was zu dem Eindruck passte, den Coral von ihr gewonnen hatte. Gerade kam es ihr vor, als hätte das Universum auf ihre E-Mail an Tante Nina geantwortet: »Nein, Coral, es ist kein Fehler, dir dieses Leben zu wünschen, und deine Geduld wird sich auszahlen.«

Mit vor Aufregung zitternden Fingern tippte sie eine Antwort.

Hi Ruby,
(1) Ja, wir können meinen Van nutzen, auch wenn mir nicht ganz klar ist, warum er dir lieber ist als dein eigener.
(2) Hunde lieben mich, und natürlich ist Calvin hier herzlich willkommen.
(3) Eine schriftliche Vereinbarung ist kein Problem.

Coral

In ihrem Bauch explodierte ein Feuerwerk. Würde sie wirklich einen Roadtrip machen und sich dabei den Van mit *Ruby Hayashi* teilen? Sie hatte fest mit einer Absage gerechnet. Sie hatte sogar am Vorabend eine Liste mit potenziellen anderen Kandidaten zusammengestellt.

Voller Elan wandte sie ihre Aufmerksamkeit wieder ihrer Kamera zu. Jetzt fiel ihr das Lächeln deutlich leichter als noch vor ein paar Minuten. Sie drapierte ihren Pferdeschwanz wieder über eine Schulter nach vorn und drückte auf Aufnahme.

»Mein Morgen beginnt heute am Alouette Lake und ich will nachher eine der schwierigeren Wanderrouten ausprobieren …«

Das Display leuchtete erneut auf und sie griff wieder hastig nach ihrem Handy.

Hi Coral,
zu Punkt 2: Die berühmten letzten Worte von jedem, der anschließend von einem Hund gebissen wurde. Wir werden sehen. Ich habe gestern Abend eine kleine Präsentation zusammengestellt, wie wir den Roadtrip gestalten können. Lass mich wissen, was du davon hältst.
Danke
Ruby

Coral grinste. Eine Präsentation? Wie süß. Und das hatte sie gestern Abend noch gemacht, was wohl bedeutete, dass sie begeistert von der Idee ins Bett gegangen war. Das verhieß Gutes.

Ruby,
okay, ich werde Calvin nicht ohne seine ausdrückliche Erlaubnis zu nahe kommen. Und ich kann nicht fassen, dass du deine PowerPoint-Präsentation erstellt hast, um einen Roadtrip zu planen.
Coral

Die Antwort ließ nicht lange auf sich warten.

So plane ich alle meine Reisen. Das hilft mir bei der Entscheidung, wohin ich fahren will. Außerdem müssen wir um diese Jahreszeit die Campingplätze im Voraus buchen. Wie planst du denn deine Trips?
Ruby

Ich bin da eher spontan.
Coral

Warum überrascht mich das nicht?
Ruby

Coral öffnete lachend die Präsentation. Mit einer durchorganisierten Person unterwegs zu sein, könnte ihren gemeinsamen Videos eine lustige Dynamik verleihen.

Ihr war nicht entgangen, dass Ruby sich nicht dazu geäußert hatte, warum sie nicht mit ihrem eigenen Bus fuhr, aber Coral wollte nicht nachbohren. Sicher hatte Ruby ihre Gründe – vielleicht wollte sie den Kilometerstand nicht so sehr in die Höhe treiben.

Auf jeder Folie befand sich ein potenzielles Ziel mit Bild, einer Karte mit Fahrzeit und lohnenden Sehenswürdigkeiten. Ruby hatte verschiedene Zwischenhalte die Küste in Oregon entlang bis nach Nordkalifornien vorbereitet und dann andere für den Rückweg. Außerdem hatte sie Campingplätze in State Parks ausgesucht, und Coral war zwar noch nicht oft in den USA gewesen, aber die galten als hervorragend. Das würde teurer werden, als den Van einfach auf öffentlichen Parkplätzen oder in Seitenstraßen abzustellen, aber Ruby hatte sicher gute Gründe für diese Entscheidung.

Hoffentlich geht dieser Plan auf, sonst leere ich mein Konto ganz umsonst für diesen Roadtrip.

Ein Kribbeln breitete sich in ihr aus, je länger sie sich durch die Folien klickte und sich vorstellte, diese tollen Ziele zu erkunden. Das würde ihnen mehr als genug Stoff für guten Content bieten. Sie mussten aber absprechen, ob es für Ruby okay war, ab und zu vom Plan abzuweichen. Coral hielt gerne mal spontan irgendwo an, wenn sie keine Lust mehr zum Fahren hatte oder sie an interessanten Spots vorbeikam.

Wenn sie sich besser kennen würden, würde sie Ruby damit aufziehen, dass sie so ein Nerd war und so einen detaillierten Reiseplan ausgearbeitet hatte. Stattdessen antwortete sie freundlich:

Ruby,
der Plan sieht toll aus. Ich freue mich wirklich darauf. Wollen wir zeitnah einen Videocall machen und unsere offizielle Roadtrip-Vereinbarung aufsetzen?
Coral

Dann rief sie Farrah an, weil sie vor Aufregung beinahe platzte.

»Ruby Hayashi hat Ja gesagt!«, rief sie ein bisschen zu laut ins Handy. »Wir machen zusammen einen Roadtrip entlang der Küste von Oregon bis runter nach Kalifornien.«

Farrah stieß einen Jubelschrei aus. »Das ist ja fantastisch! Wow, wir waren seit Disneyland nicht mehr in Kalifornien.«

»Ja! So weit südlich werden wir nicht kommen, aber du wirst Augen machen, wenn du siehst, wo wir überall vorbeikommen.« Hoffnung füllte sie wie ein aufblasbarer Ballon. Es gab so viele Wanderrouten, Panoramen und Naturschauspiele zu erkunden.

»Glaubst du, dass du damit genug Abonnenten bekommst, um die Abmachung mit Mom und Dad einzuhalten?«, fragte Farrah ernster.

Corals Magen zog sich unangenehm zusammen. »Ich denke schon. Zumindest ein paar von ihnen werde ich doch wohl sicher abbekommen, oder?«

Farrah zögerte kurz. »Ich habe keine Ahnung. Aber wenn sie eine Million Follower hat, wäre schon ein kleiner Prozentsatz davon ein riesiger Erfolg. Das kann überhaupt nicht schiefgehen.«

Coral ließ sich nach hinten in die Kissen fallen und stieß einen erleichterten Atemzug aus. Die Aussicht, an Rubys große Fanbase heranzukommen, war mehr, als sie je zu hoffen gewagt hatte.

»Aber hör mal«, fügte Farrah noch hinzu. »Mach das um der Reise willen und nicht für die Follower, die du damit vielleicht gewinnst. Werd nicht wie Mom und Dad.«

Coral schnaufte lachend. »Mache ich nicht! Ich lebe meinen Traum.«

»Wenn du sie fragst, sagen sie genau das Gleiche. Aber Arbeit ist Arbeit und Spaß ist Spaß. Wenn du alle Energie auf den geschäftlichen Teil dieses Trips verwendest, vergisst du dabei vielleicht, ihn in vollen Zügen zu genießen. Und wenn du wieder zu Hause bist, geht dir auf, dass du etwas Tolles verpasst hast.«

Coral seufzte. »Es ist unmöglich, dabei keinen Spaß zu haben, Farrah.«

Das hier war die Mutter aller Roadtrips. Die komplette Küste von Oregon runter und noch ein Stück weiter nach Kalifornien? Das würde großartig werden!

»Dann hat die professionell formulierte Anfrage also funktioniert?«, fragte Farrah.

»Oh ja. Sie möchte eine schriftliche Vereinbarung abschließen. Das ist vorausschauend, oder?«

»Definitiv. Dann habt ihr etwas in der Hand, falls etwas zwischen euch schiefgeht – oder falls ihr euch am Schluss über Videos streitet oder so.«

Corals Herz setzte einen Schlag aus. Würde es das Aus für ihre Karriere bedeuten, wenn diese Sache scheiterte? Was, wenn sie sich nicht ausstehen konnten und Rubys Zuschauer sich gegen Coral wendeten?

»Apropos Verträge: Weiß Ruby von der Vereinbarung zwischen dir und unseren Eltern?«, wollte Farrah wissen.

Coral krauste die Nase. »Nein, und das werde ich ihr auch nicht erzählen. Sie muss ja nicht wissen, wie dringend ich neue Abonnenten brauche. Und ich will ihr nicht den Eindruck vermitteln, dass ich sie nur benutze.«

»Benutzt ihr euch denn nicht gegenseitig?«

Coral kaute auf ihrer Unterlippe. »Stimmt schon.«

»Und das ist auch okay. Es ist ja eine Win-win-Situation.«

Wirklich? Warum hatte sich Ruby dazu bereit erklärt? Was erhoffte sie sich von Corals vergleichsweise kleiner Zielgruppe?

Das muss ich sie wohl fragen.

Eine tiefe Stimme im Hintergrund fragte Farrah, ob sie Pancakes haben wollte.

Coral erstarrte. »Oh. Mein. Gott. Ist das der Kerl vom Strand?«

Farrah kicherte. »Vielleicht.«

»Alter.«

Ihre Schwester und der Kerl, der sie zum Grillen eingeladen hatte, hatten sich vom ersten Moment an super verstanden und Coral fand auch, dass er ein guter Fang war. Er war entspannt und witzig gewesen.

Leider hatte keiner der anderen Kerle eine lesbische Schwester oder kannte überhaupt eine queere Single-Frau, aber das hatte Coral eigentlich auch nicht erwartet. Durch ihren unsteten Lebensstil wäre es sowieso schwierig, eine Beziehung zu führen.

»Was macht der noch mal?«, fragte Coral.

»Er heißt Paul und arbeitet als Personal Trainer.«

»Das erklärt dann auch, warum er so aussieht.«

Im Hintergrund fragte Paul, ob sie Kaffee wollte.

»Ich überlasse dich dann mal deinem romantischen Pancake-Frühstück«, meinte Coral.

»Okay. Bis bald, Kröte.«

»Tschüss, Lusche.«

Als sie auflegte, entdeckte sie eine neue E-Mail auf ihrem Handy.

Jep. Ich bin da, wenn du gerade Zeit hast. Oder heute Abend. Oder wann immer es dir passt. Ich habe kein Leben.
Ruby

Coral lachte. Diese Ruby wirkte so anders als die, die mit ruhiger Stimme erklärte, wie man eine winzige Tomatenpflanze ausgeizte.

In ihrem Bauch breitete sich ein nervöses Flattern aus, als sie antwortete, dass sie jetzt Zeit hatte. Sie zog ihren Pferdeschwanz fest, zupfte ihr Shirt zurecht, aber plötzlich war ihr überdeutlich bewusst, wie altbacken sie aussah – was schon absurd war, weil sie sich gerade noch mit der Kamera unterhalten hatte und es ihr da völlig egal gewesen war.

Der Link zum Videochat trudelte in ihrem Posteingang ein und ihr Puls schoss in die Höhe.

Das Abenteuer wartete. So würde sie den Deal mit ihren Eltern einhalten und weiter selbst über ihr Leben bestimmen. Ihr blieb gar nichts anderes übrig.

Kapitel 6
Ruby

»Das war eine Hammerpräsentation«, begrüßte Coral sie. Sie saß mit untergeschlagenen Beinen auf ihrem Bett und stützte sich auf einem Arm ab. »Mir hat gefallen, dass auf so vielen Bildern Hunde zu sehen waren.«

Ruby grinste. Sie freute sich darüber, dass Coral es bemerkt hatte. »So habe ich nach den Fotos gesucht. Der Name der Sehenswürdigkeit plus *Hund*.«

Direkt mit Coral zu sprechen, anstatt nur ein Video von ihr anzusehen, löste ein seltsames Ziehen in ihrem Bauch aus. Den Grund dafür konnte sie nicht genau benennen. Vielleicht war es einfach die Aufregung, sich mit einem der kleineren Internet-Promis zu unterhalten.

»Um sicherzugehen, dass man überall Haustiere mitnehmen darf?«, fragte Coral.

»Ja, genau. Ich habe schon zu viele Enttäuschungen erlebt, wenn ich mir was anschauen wollte und dort keine Hunde erlaubt waren.«

Coral zuckte zurück und verzog angewidert den Mund. »Wo war das denn?«

»An vielen Stränden und in einigen Parks sind sie verboten, auf manchen Wander- und Spazierstrecken auch. Sollte man nicht glauben.«

Coral schüttelte den Kopf. »Das ist echt ätzend.«

In dem locker fallenden, pinken, schulterfreien Shirt sah sie unglaublich hübsch aus. Ihre blauen Augen waren von dichten Wimpern umgeben und die Haare hatte sie zu einem unordentlichen Pferdeschwanz zusammengebunden. Das Bett war nicht gemacht und es sah aus, als hätte sie kurz vor dem Anruf noch darin gelegen.

Eine kleine Falte erschien zwischen Corals Augenbrauen. »Wo bist du gerade?«

Ruby hatte einen verschwommenen Hintergrund eingestellt, um das Chaos im Wohnzimmer ihrer Mutter zu verstecken, aber es war wohl offensichtlich, dass sie nicht in ihrem Van saß. Ihr Laptop stand auf dem Couchtisch und sie saß im Schneidersitz auf dem Boden davor. Calvin döste neben ihr.

»In der Wohnung meiner Mutter in Seattle. Sie ist gerade umgezogen und braucht Hilfe beim Auspacken.« Das stimmte, auch wenn es nicht der eigentliche Grund war, aus dem sie hergekommen war.

Ihre Mom war um sechs losgefahren, um die Tealounge zu öffnen, und Ruby hatte schon ein paar weitere Kartons ausgepackt. Sie war fest entschlossen, so weit wie möglich zu kommen, bevor ihre Mutter um fünf wieder nach Hause kam.

Durch die langen Arbeitszeiten war es ja kein Wunder, dass ihre Mom keine Gelegenheit zum Auspacken hatte. Ruby sehnte den Tag herbei, an dem sie ihrer Mutter helfen konnte, nicht mehr so viel zu schuften – oder sogar in Rente zu gehen, wenn sie bereit dafür war –, aber das war wohl ein schöner Traum für alle, die keine Millionäre waren. Im Moment konnte sie also nicht mehr tun, als ihre Mum bei den Rechnungen zu unterstützen, bis die Tealounge wieder Aufwind bekam.

»Das ist nett von dir«, sagte Coral.

»Danke.« Ruby betrachtete es nicht als *nett*, sondern als Selbstverständlichkeit, ihrer Mutter bei so etwas unter die Arme zu greifen. »Und du? Wo stehst du heute?«

»Im Golden Ears Provincial Park. Der ist eine Stunde östlich von Vancouver.«

Bei dem Namen klingelte was bei Ruby. »Oh, da war ich schon!«

»Stimmt! Auf dem Roadtrip durch Kanada letztes Jahr. Ich habe gesehen, wie du ... ich meine, hm, ich habe deinen Kanal abonniert, also habe ich ...« Corals Wangen färbten sich rot und sie setzte sich in den Schneidersitz.

»Ich fühle mich geehrt, dass du meine Videos verfolgst«, erwiderte Ruby. »Und vielen Dank für die E-Mail und den Vorschlag. Das wird sicher lustig. Ich bin noch nie die Küste entlanggefahren.«

»Ja, bestimmt. Ich auch nicht.« Coral hantierte mit etwas, das man über die Kamera nicht sah. »Hey, kann ich dich was fragen? Ich … Was hast du eigentlich von diesem Trip?«

Ruby rieb über eine Macke im Couchtisch. War sie bereit, einer völlig Fremden anzuvertrauen, auf was für einer Lüge ihr Kanal aufgebaut war? Durfte sie ihr gegenüber äußern, dass sie ihre Zielgruppe vergrößern musste, wenn sie nicht in finanzielle Schieflage geraten wollte?

Einfache Antwort.

Sie zuckte die Schultern. »Ich will mal was anderes ausprobieren. Seit drei Jahren mache ich die gleichen Videos und ich möchte gerne mal eine neue Richtung ausprobieren. Die Idee mit dem Roadtrip klang interessant.«

Na also. Das stimmte alles – oder zumindest das meiste davon.

Coral nickte. Es entstand eine kleine Gesprächspause.

»Und was erhoffst du dir?«, fragte Ruby vielleicht ein bisschen zu spät.

»Das Gleiche. Aus der Routine ausbrechen. Meine Zielgruppe erweitern. Und vielleicht noch ein paar Sachen von einem Profi lernen.«

»Na, dann hoffe ich mal, dass ich der Ausbruch aus der Routine sein kann, den du brauchst.«

Corals Gesicht hellte sich auf, als sie lächelte. »Da bin ich mir ziemlich sicher.«

Wenn Ruby doch nur das Gleiche behaupten könnte. Wahrscheinlich ging es ihr besser, sobald sie die Vereinbarung aufgesetzt hatten und sie ein besseres Gefühl dafür bekam, worauf sie sich bei dieser Aktion einließ.

»Könnte ich mir vielleicht mal deinen Van anschauen?«, fragte Ruby. »Ich konnte mir aus deinen Videos kein genaues Bild von der Aufteilung machen.« Sie musste wissen, wie ein normaler Tag in Corals Bus aussah.

»Oh.« Coral schaute am Laptop vorbei und ihr Blick huschte hektisch hin und her – hoffentlich nicht von Chaoshaufen zu Chaoshaufen. »Ja. Klar. Ich habe heute noch nicht aufgeräumt, also ist es ein bisschen unordentlich …«

Oh mein Gott, bitte nicht.

»Eigentlich ist er genau wie deiner, aber ich glaube, unser Aufbau ist spiegelverkehrt.« Coral drehte die Kamera um und deutete auf die entsprechenden Ecken. Ihre Hand kam ins wacklige Bild. »Essecke …«

In der Essecke stand eine benutzte Schüssel samt Löffel und auf der Bank lagen Kleidungsstücke verteilt.

»… darunter ist Stauraum …«

Auf dem Boden stand ein Paar Wanderschuhe so, als hätte Coral sie sich einen nach dem anderen auf dem Weg zum Bett von den Füßen gestreift.

»… Küchenecke …«

Fast jede Schranktür und Schublade stand ein Stück offen.

»… den Sitz vorne kann man umdrehen …«

Über dem Beifahrersitz hing eine klatschnasse Jacke, unter der sich Wasser auf dem Boden sammelte.

»… und mehr gibt es wohl nicht zu sehen.«

Rubys Puls beschleunigte sich. Es gab kein einheitliches Farbschema und nichts schien einen festen Platz zu haben. Aber die Bauart des Vans war ihr vertraut und trotz der Unordnung und des Mangels an Ästhetik … konnte sie sich vorstellen, darin zu wohnen. Mit Coral zu reisen. Neue Landschaften zu sehen und neue Dinge auszuprobieren. Das war die Veränderung, die sie brauchte, selbst wenn ihr bei diesem Anblick ein wenig schwindelig wurde.

Coral drehte den Laptop wieder zu sich. »Möchtest du noch was genauer sehen?«

»Nein.« Rubys Stimme klang ein wenig zu hoch. »Danke. Da passen wir beide und Calvin ohne große Probleme rein.«

»Absolut. Und wir können zu Hause lassen, was wir nicht brauchen.« Coral senkte den Blick und strich das zerknitterte Bettlaken glatt. »Hm, noch eins. Ist es okay für dich, wenn wir uns das Bett teilen?«

Hitze schoss so schnell in Rubys Wangen, als hätte sie sich in einen Ofen gestellt. Sie würde sich damit arrangieren müssen, dicht an dicht mit einer Fremden zu schlafen, und zwar schnell. »Klar. Müssen wir ja, oder?«

Corals Gesichtsausdruck sagte ihr, dass die Antwort ein bisschen unterkühlt rausgekommen war. Also versuchte sie, das wiedergutzumachen. »Ich meine, ja. Ich komme damit klar, ein Bett mit dir zu teilen. Ist es denn für dich okay?«

»Ja, absolut«, erwiderte Coral hastig.

Wieder eine Gesprächspause.

»Solange du kein Problem damit hast, dass ich schnarche«, sagte Coral. »Aber nur leise. Wie ein Häschen.«

Ruby lachte. Wenigstens hatte eine von ihnen keine Kommunikationsschwierigkeiten.

»Oh, und ich habe immer kalte Füße«, fügte Coral noch hinzu. »Und vielleicht bekommst du unabsichtlich mal einen Ellenbogen ab.«

»Wow, klingt immer verlockender.«

»Und du solltest vielleicht in der Vereinbarung notieren, dass wir beide jeweils die Hälfte der Decken bekommen, weil ich die so was von gerne klaue.«

Das brachte sie beide zum Lachen. Und sie wurden beide rot. Coral fummelte erneut am Bettlaken herum.

»Apropos Vereinbarung …« Ruby schob das Videocallfenster auf die linke Seite ihres Bildschirms und öffnete daneben ein Dokument. »Ich habe online eine Vorlage gefunden, die wir für uns anpassen können.«

»Super. Vielen Dank dafür.«

»Kein Problem. Wir müssen nur ein paar Eckpunkte festhalten. Abgesehen von der Hälfte der Decken nehme ich auf, dass wir zehn Tage in deinem Van verbringen werden … Die Urheberrechte unserer eigenen Videos bleiben bei uns … Wir stimmen zu, in den Videos und auf Fotos der jeweils anderen gezeigt zu werden … Keine schuldet der anderen Tantiemen … Und es gibt eine ganze Reihe rechtlicher Regelungen, die wir nicht brauchen, solange keine von uns zum Arschloch mutiert.«

Coral öffnete den Mund, aber es dauerte einen Moment, bis etwas herauskam. »Du warst immer Klassenbeste, oder?«

»Was?«

»Nichts. Was steht noch drin?«

Ruby unterdrückte ein Lächeln. »Hast du mich gerade einen Nerd genannt?«

Coral lachte und das machte sie noch hübscher. »Du bist sehr organisiert. Das ist toll. Und es ist nichts falsch daran.«

»Gut.« Ruby tätschelte Calvin und wandte den Blick einen Moment lang vom Bildschirm ab.

»Wie viel filmst du an einem normalen Tag?«, fragte Coral. »Ist es okay für dich, wenn ich in wichtigen Momenten die Kamera zücke, auch wenn es gerade eine brenzlige Situation ist?«

Ruby wollte automatisch die Drehzeit beschränken, aber der Sinn dieses Trips war, ihren normalen Content auszubauen. Sie würde lernen müssen, auch in einer stressigen Situation nach der Kamera zu greifen, anstatt sie bewusst wegzustecken. »Klar. Das sollten wir auch in die Vereinbarung aufnehmen. Alles wird gefilmt – aber wir haben beide ein Veto-Recht, wenn wir bestimmte persönliche Probleme nicht veröffentlichen wollen.«

Coral schien zu überlegen, ob die Sache einen Haken hatte. Dann nickte sie. »Klingt gut.«

Während Ruby sich eine Notiz dazu machte, zog sich ihr Magen schmerzhaft zusammen. Damit machte sie sich vor den Kameras unglaublich angreifbar. *Alles wird gefilmt.* Gott, hoffentlich bereute sie das hinterher nicht.

»Ist der Rest des Texts so okay für dich?«

»Jep«, erwiderte Coral selbstsicher. »Ich kann die Anwältin meiner Eltern drüberschauen lassen und melde mich dann in den nächsten Tagen bei dir zurück.«

Ihre Eltern hatten eine Anwältin? Wow, ihre Familie musste Geld haben. Lebte sie nur aus Spaß am Abenteuer in einem Van?

»Klar. Danke.« Der Gedanke an Geld erinnerte Ruby an eine weitere wichtige Sache, in der sie sich einig werden mussten. »Wir müssen auch eine Klausel für unsere Ausgaben aufnehmen. Die Kosten für Benzin, Ölwechsel und so weiter teilen wir. Aber was, wenn der Van eine Reparatur braucht? Wie regeln wir das?« Ruby hatte kein Problem damit, etwas beizusteuern, aber wenn Corals Bus schon ein bestehendes Problem hatte, wäre es wohl nicht sehr fair, wenn sie sich daran beteiligen musste.

»Mach dir da mal keine Sorgen.«

Ruby wartete auf eine Erklärung. Als jedoch keine kam, sagte sie: »Bist du … dir sicher?«

»Ja, ich kann das erledigen. Kein Problem.«

»Wie erledigen? Hast du einen Batzen Geld auf dem Konto, von dem du Reparaturen bezahlst, oder …?«

Coral lächelte. »Ich repariere Schäden selbst.«

»Oh.« Das schlechte Gewissen regte sich in Ruby, weil sie voreilige Schlüsse gezogen hatte. Sie stellte sich Coral in einem Overall mit dreckigen Händen vor, wie sie einen Ölwechsel oder so was machte. Das Bild war … heiß. Sie räusperte sich. »Okay, dann halte ich in der Vereinbarung fest, dass du dich um alle Reparaturen kümmerst.«

»Alles klar. Ich hätte da auch noch eine Sache: Du hast für alle Zwischenziele Campingplätze in State Parks ausgesucht. Könnten wir vielleicht ein bisschen mehr wild campen?«

»Warum?« Ruby hatte das schon oft gemacht, aber dieser Trip war vielleicht nicht unbedingt die richtige Zeit und der richtige Ort dafür.

»Na ja, wir betreiben beide Vanlife-Kanäle, also sollten wir wohl auch Dinge machen, die essenziell zum Vanlife dazugehören, oder? Wir sollten zeigen, wie unberechenbar und kostengünstig es ist, wenn man den Bus an unkonventionellen Plätzen abstellt.«

»Kostengünstig klingt gut.« Das war die Untertreibung des Jahres. »Aber wir sollten vielleicht keine Zeit damit verschwenden, einen frei nutzbaren Platz zum Schlafen zu finden, wenn wir tolles Videomaterial in den Parks drehen können, die unsere Zuschauer wahrscheinlich eher besuchen. Wir sollten Erlebnisse mit den Leuten teilen, die jeder nachmachen kann, und ein durchschnittlicher Camper wird sich eher für die regulären Plätze entscheiden. Und wir können die Namen der Parks als Keywords nutzen.«

Coral neigte den Kopf zur Seite. »Okay. Du bist der Profi.«

Plötzlich machte sich Unsicherheit in Ruby breit. Was, wenn Corals Idee mit dem Wildcampen sich mehr auszahlte? Sollte Ruby ihrem Bauchgefühl vertrauen oder lenkte sie das auf den falschen Weg?

Gott, nichts an diesem Job war einfach. Wie kam man am besten an mehr Follower?

»Also …« Ihr Herz machte einen kleinen Satz. »Wir könnten schon ein bisschen wildcampen. Denke ich. Wir wollen ja ein breites Publikum ansprechen, oder?«

»Wie wäre es, wenn wir die Hälfte der Plätze im Voraus buchen und den Rest einfach auf uns zukommen lassen?«, schlug Coral vor.

Darüber dachte Ruby einen Moment lang nach. Die Idee war nicht schlecht. Damit bot sich ihnen die Gelegenheit, beide Reiseformen auszuloten. Sie nickte. »Okay. Gefällt mir.«

»Cool. Noch irgendwas, das in die Vereinbarung gehört?« Coral lehnte sich zur Seite, sodass ihr der Ausschnitt über eine Schulter rutschte.

Oh je, sie ist echt süß.

Ruby summte leise und wandte den Blick vom Bildschirm ab, um zu überspielen, wie sehr ihr Hirn gerade zu kämpfen hatte. Vielleicht hatte sie bei der Behauptung, wie zufrieden sie mit ihrem Singledasein war, ein bisschen übertrieben. Wenn ein simples Gespräch mit einer hübschen Frau sie so aus dem Konzept brachte, sollte sie vermutlich mal wieder unter Leute gehen. Sie könnte sich noch mal eine Dating-App aufs Handy laden, wenn der Roadtrip vorbei war.

Sie besprachen noch ein paar Einzelheiten, wann und wo sie sich treffen würden, und nachdem sie aufgelegt hatte, atmete Ruby tief durch und streichelte Calvin übers Fell. »Das ist eine gute Entscheidung, oder?«

Er schaute mit großen Augen zu ihr hoch.

Sie streckte sich ausgiebig. »Das werden wir wohl bald herausfinden.«

Was, wenn sie und Coral zu verschieden waren und sich am Schluss nicht mehr ausstehen konnten? Würde sie einen kompletten Roadtrip mit dieser Frau an ihrer Seite überstehen?

Gerade hatte sie das Gefühl, am Rand eines Strudels zu stehen, der sie an einen Ort ziehen würde, an dem sie alles verlor.

Aber sie hatte auch eine Menge zu gewinnen.

In vier Tagen sollte es losgehen, also musste sie sich ranhalten, wenn sie die neue Wohnung ihrer Mutter bis dahin fertig einrichten wollte. Das konnte sie schaffen. Sie würde das alles hinbekommen.

Aber zuerst – ein nervöses Kribbeln schoss in ihren Bauch – musste sie ein Video aufnehmen und ihre Zuschauer auf die Veränderungen vorbereiten.

Kapitel 7
Coral

Hi Coral!

Ich habe die Faultiere von dir gegrüßt und sie haben mich gebeten, dir ein »Hhhiii Cccooorrrraalll« auszurichten. Ich glaube, sie wollten noch mehr sagen, aber ich hatte keine Zeit mehr, das zu übersetzen. Ich hoffe, du begleitest mich, wenn ich das nächste Mal herkomme – es wird dir bestimmt gefallen. Ein paar der Wasserfälle eignen sich wunderbar für Canyoning.

Und jetzt spitz mal die Ohren, ich teile ein paar meiner unvergleichlichen Weisheiten mit dir.

Leute mit unkonventionellen Träumen müssen sich die hart erkämpfen. Du hättest mal hören sollen, wie sehr deine Großeltern mich bearbeitet haben, als ich ihnen mit Anfang zwanzig eröffnet habe, dass ich die nächsten Jahre als Backpackerin um die Welt ziehen werde.

Du willst einen unkonventionellen Lebensstil und ich kann mir vorstellen, warum deine Mutter will, dass du damit aufhörst. Ich weiß ja, wie sie ist. Als Kind und Jugendliche hat sie Schule über alles andere gestellt – Freunde, Sport, sogar Schlaf. Da überrascht es mich nicht, dass sie nicht nachvollziehen kann, wie jemand sich nicht voll und ganz auf seine Karriere konzentriert.

Es wird immer Leute geben, die dich aufhalten wollen. Leute, die neidisch auf dich sind oder die nicht verstehen, warum du deinen Lebensstil pflegst, und ihr Umgang damit ist der Versuch, dich in eine gesellschaftsfähige Form zu pressen. Lass dich von anderen nicht an einem Leben hindern, das dich glücklich macht. Mein Umfeld hat versucht, Druck auf mich auszuüben, damit ich mir ein Haus kaufe, heirate, Kinder bekomme etc., etc., aber was ich mit meinem Leben anfange, geht niemanden außer mich etwas an. Seit ich die

Erwartungshaltung anderer Leute an meine Zukunft ignoriere, bin ich so viel zufriedener. Hier gehöre ich her, genauso wie du ins Vanlife. Mach weiter damit. Die Mittel, das umzusetzen, werden sich schon finden.
Alles Liebe
Tante N

Am Tag, an dem der Roadtrip begann, machte sich Coral wild entschlossen auf in Richtung Seattle. Tante Ninas E-Mail war genau das, was sie gebraucht hatte. Dieser Plan würde aufgehen und bis sie wieder nach Hause kam, fand sie einen Weg, ihren Van und diesen Lebensstil zu behalten.

Die ganze Fahrt über war sie unendlich aufgeregt und als die Navigationsapp ihr mitteilte, dass es nur noch drei Minuten bis zum Ziel waren, klopfte ihr das Herz bis zum Hals.

Ruby hatte sich um die Reservierung der Campingplätze für die erste Hälfte der Tour gekümmert und es war schon nicht übel, im Voraus zu wissen, wo sie schlafen würden. Coral lebte normalerweise in den Tag hinein, also war Rubys Herangehensweise eine interessante Abwechslung für sie. Und sie konnte sich schon jetzt auf die Parks freuen, in denen sie übernachteten.

Als sie neulich abends den Videocall beendet hatten, war Coral mit gemischten Gefühlen zurückgeblieben. Ruby war so zurückhaltend, wie sie es erwartet hatte, aber sie hatte auch etwas Faszinierendes an sich. Sie war vorausschauend und klug und Coral wollte unbedingt mehr über die Person erfahren, die sie ohne die Kamera war.

Coral parkte den Van vor einem Mehrfamilienhaus mit Backsteinfassade, das ihr die kleine Stecknadel auf der Karte anzeigte. Dann stellte sie die Kamera aufs Armaturenbrett und startete die Aufnahme. Zeit für die große Enthüllung.

»Wenn ihr meine Videos schon länger verfolgt, wisst ihr ja, dass ich jeden Tag auf mich zukommen lasse und mich gerne in neue Abenteuer stürze. Und jetzt steht ein Roadtrip an.« Die Begeisterung in ihrer Stimme war nicht gespielt, sie ließ einfach ihre Vorfreude an die Oberfläche steigen. »Ich freue mich so sehr, euch zu erzählen, dass ich mich gleich mit *der* Ruby Hayashi treffen werde – und natürlich ihrem Hund Calvin – und wir gemeinsam zu einem Roadtrip in meinem Van aufbrechen. Macht euch darauf gefasst, die Naturwunder der Küste im Pazifischen Nordwesten zu erkunden!«

Als sie wieder zum Gebäude schaute, schlug ihr Magen einen Purzelbaum. Da stand Ruby mit einer Kamera in der Hand vor der Eingangstür und grinste sie breit an. Dann winkte sie ihr zu. Sie musste mitbekommen haben, wie Coral den Bus abstellte, und war runtergekommen, um sie zu begrüßen.

Coral winkte zurück und ihre Haut kribbelte vor Aufregung. Zum ersten Mal sah sie Ruby in echt und sie war tatsächlich noch hübscher als in ihren Videos.

Sie schnappte sich die Kamera und stieg aus dem Van, ohne die Aufnahme zu unterbrechen. »Da ist sie! Wow, es ist so toll, sie live und in Farbe zu treffen. Hi Ruby!«

Ruby hatte etwas an sich, das Kameras nicht einfangen konnten. Ihre Körpersprache drückte Gelassenheit und Selbstbewusstsein aus. Ihre dunklen Haare hatte sie zum einem dicken Zopf geflochten, der trotz des bewölkten Himmels im Licht glänzte, und sie trug ultraknappe Sportshorts und ein neongelbes T-Shirt. Ein praktisches Outfit für die Schlepperei und den Umbau, der ihnen bevorstand – und außerdem stand es ihr *extrem* gut.

Coral hatte sich am Morgen für eine Jeansshorts und ein graues Flanellhemd entschieden, doch neben Rubys leuchtender Erscheinung kam sie sich plötzlich fürchterlich langweilig vor.

»Gab es Probleme an der Grenze?«, fragte Ruby mit einem strahlenden Lächeln.

»Oh, ich habe immer Probleme an der Grenze. Die sehen den Van und gehen sofort davon aus, dass ich illegal hier leben will.« Coral ging auf sie zu, um sie zu umarmen, bereute es jedoch sofort wieder, als Ruby sich verspannte. Doch dann erwiderte Ruby die Umarmung, vermutlich wegen der laufenden Kamera und weil ihre erste Begegnung freundschaftlich und energiegeladen wirken sollte.

»Du kannst deinen Van in der Tiefgarage neben meinen stellen«, sagte Ruby, ohne sich mit Small Talk aufzuhalten. »Wir können alles, was wir nicht brauchen, in meinem zwischenlagern, während wir weg sind ...«

»Super.« Coral wühlte in ihrem Rucksack, weil sie dringend einen Energieschub brauchte. Sie hatte schon drei Stunden auf der Straße verbracht und der Tag hatte noch nicht mal richtig angefangen. »Willst du einen Snack?«

»Hm, nein. Danke.« Ruby schaute Corals Müsliriegel an, als wäre das Angebot von etwas zu essen in diesem Moment höchst unangebracht. »Also wir brauchen keine Wintersachen und haben sicher vieles doppelt, also können wir die Sachen aufteilen. Ich habe ein paar Umzugskartons beschriftet, in die wir alles verpacken können.«

»Hmhm.« Also organisiert war sie ja. Aber es würde sie auch nicht umbringen, einen weniger perfekt ordentlichen Van zu haben.

Coral biss kräftig von ihrem Müsliriegel ab und musterte Rubys Kamera. Das war ein teuer aussehendes Modell mit einem oben aufgesetzten Mikrofon von Rode. Das hätte sie wohl angesichts der Qualität ihrer Videos erwarten sollen. Vielleicht war Corals erster Fehler gewesen, nicht in ordentliches Equipment zu investieren.

»Dann ... mache ich dir jetzt die Tiefgarage auf?«, fragte Ruby.

Coral stieg wieder in den Van, weil sie den Mund zu voll zum Antworten hatte. Ruby bedeutete ihr, um die nächste Ecke zu fahren. Dort drückte sie auf eine kleine Fernbedienung, woraufhin sich das Metalltor öffnete. Sie lotste Coral auf einen freien Platz neben ihrem Van.

Coral stieg aus und schaute sich in der kühlen, schummrig beleuchteten Tiefgarage um. »Wo ist Calvin?«

»Noch in der Wohnung meiner Mom. Er entfernt sich selten mehr als ein paar Meter von mir und ist beim Umpacken nur im Weg.«

»Wie süß. Ich freue mich echt drauf, ihn kennenzulernen.« Coral wandte sich an ihre Kamera. »Und jetzt kommen wir zum schwierigen Teil: Wir müssen aus zwei Vans einen machen. Denkt ihr, dass wir das schaffen?«

Ruby widmete sich ebenfalls ihrer Kamera. »Zeit für meine Minimalismus-Lieblingsübung: Alles durchgehen, was ich besitze. Ich mache das gerne in regelmäßigen Abständen, um zu sehen, was keinen Zweck mehr für mich erfüllt.«

Dann schalteten sie die Kameras ab und wandten sich einander zu.

»Jetzt noch mal richtig hallo«, meinte Coral.

Rubys Mundwinkel zuckten und sie senkte den Blick, als wäre sie plötzlich verlegen. »Schön, dass du gut hergefunden hast.«

Ihre Lippen waren so schön geschwungen. Das war Coral in ihren Videos schon aufgefallen, aber in der Realität sah man es noch deutlicher. Man spürte, wie sich die Stimmung zwischen ihnen veränderte. Das war interessant. Sie unterhielten sich nicht zum ersten Mal miteinander, aber plötzlich fühlte es sich an, als wäre das hier ihr erstes Gespräch.

Es würde spannend werden, sich abseits der Kameras besser kennenzulernen. Coral versuchte, sich in ihren Videos so natürlich wie möglich zu verhalten, aber die Ausstrahlung vor der Kamera war trotzdem immer anders als sonst.

Erneut schaute sie sich um. »Sollen wir unsere Sachen lieber irgendwo sortieren, wo wir besseres Licht haben?«

»Nein«, erwiderte Ruby. »Hier ist gut. Ich habe Ringlichter.«

Die prompte Ablehnung überraschte Coral, aber sie zuckte nur die Schultern. »Okay.«

Also war Ruby doch ein bisschen unflexibel bei bestimmten Dingen. Gut zu wissen.

Und die Ringlichter hatte sie auch schon vorbereitet. Nicht nur eins, sondern gleich *drei*, was weiteren Aufschluss über die hohe Qualität ihrer Videos gab. Die Dinger leuchteten jeden Winkel des Vans aus.

Coral baute ihre GoPro auf, um einen Zeitraffer mitlaufen zu lassen, während sie arbeiteten, und nachdem Licht und Kameras bereit waren, stellten sie sich mit verschränkten Armen zwischen die Vans. Das sollte nicht allzu lange dauern – eine Stunde oder zwei, um Sachen von Ruby zu Coral umzupacken –, aber die bevorstehende Aufgabe fühlte sich gerade erdrückend an.

»Fangen wir mit der Küche an«, schlug Ruby vor. »Ich poste Rezepte, also brauche ich einen bestimmten Grundstock an Ausstattung.«

Coral bedeutete ihr, sich ans Werk zu machen.

Wirkte Ruby angespannt? Ja, definitiv.

Vielleicht machte sie sich Sorgen, weil sie eine große Veränderung auf ihrem Kanal einführte. Coral hatte das Video am Vortag gesehen, in dem sie eine Überraschung ankündigte, und schon da war Ruby anzumerken, dass sie sich mit dem lebendigeren, weniger geschliffenen Tonfall unwohl fühlte.

Die Kommentare dazu waren interessant gewesen – ihre treuesten Fans schworen, weiter jedes einzelne Video anzuschauen, das sie veröffentlichte, während andere sich Sorgen machten, dass sie den Kanal verloren, dessen Stil sie so mochten. Letztere gingen Coral schon ein bisschen an die Nieren. Eine Person hatte einen halben Roman darüber verfasst, dass sie für entspannende Videos und neue vegane Rezepte hier war, und wenn Ruby das ändern würde, verlor sie damit einen Follower.

Wie konnten Leute nur so eine Anspruchshaltung bei kostenlosem Content an den Tag legen? Das machte sie stinksauer.

Außerdem war es eine harte Erinnerung daran, dass Coral den besseren Deal abgeschlossen hatte. Wenn sie das heutige Video postete, würden ihre Zuschauer wohl ausnahmslos positiv darauf reagieren, dass sie auf einen Roadtrip mit einer der bekanntesten Vanliferinnen des Internets ging.

Ruby wühlte sich stirnrunzelnd durch Corals Schränke und Schubladen. »Hast du kein Besteck?«

»Ich habe einen Göffel. Der ist vielseitig einsetzbar.«

Ruby griff nach dem roten Utensil. »Das sieht aus wie ein Spielzeug. Oder ein Löffel, mit dem man Kleinkinder füttert.«

»Der ist sehr praktisch. Und für ein Kleinkind sind die Zinken nichts. Was hast du denn dabei? Ein vollständiges Besteckset in Roségold?«

Rubys Wangen färbten sich rot.

»Du hast roségoldenes Besteck?«

»Das gehört zu meinem Stil!«

Coral grinste. »Okay, schaff gerne dein Zeug in meine Küche. Meine Secondhand-Pfanne und der eine Kochlöffel reißen dich wahrscheinlich nicht vom Hocker.«

Das entlockte Ruby ein strahlendes Lächeln. »Cool. Danke.«

Während Ruby ihre Küche in Corals Van umräumte, sammelte Coral alles zusammen, was sie nicht brauchen würden. Doch jedes Mal, wenn sie Ruby ein bisschen zu nahe kam, versteifte diese sich, was ein bisschen nervig war.

Ja, ich bin auch nicht dran gewöhnt, mir meinen Van mit jemandem zu teilen, aber du solltest dich lieber zügig daran gewöhnen.

Nachdem die Küche erledigt war, wandten sie sich ihrer Kleidung zu.

Ruby öffnete das Fach über dem Bett. »Wo hast du den Rest deiner Garderobe?«

»Das ist alles.«

»Was? Wo sind deine Socken und … deine BHs?«

Coral zuckte die Schultern. »Die Socken sind ganz hinten und ich trage keine BHs.«

»Du … was?« Rubys Blick wanderte automatisch zu Corals Brust, doch dann schien ihr aufzugehen, was sie da machte, und sie wurde wieder rot.

»Na ja, ich trage Sport-BHs und Bustiers.« Coral zog den Kragen ihres Hemds beiseite, um ihren Träger zu zeigen. »Aber meine B-Körbchen brauchen nicht so viel Halt. Und Drahtbügel sind Folter. Wenn ich nicht gerade sportlich unterwegs bin, gehöre ich lieber zu den Freischwingern.«

Ruby ließ den Blick durch den Van schweifen, als wollte sie überall hinsehen, nur nicht zu Coral. »Ich kann mich wohl auf ein oder zwei BHs beschränken.«

Coral verstaute ihre Winterkleidung, -schuhe und -ausrüstung in Rubys Van und behielt nur, was sie für diesen Trip brauchen würde. Und selbst da musste sie sorgfältig auswählen, weil nur Platz für eine sehr mickrige Anzahl an Kleidungsstücken war, was ihnen beiden auf die Stimmung schlug.

Sie schauten auf die Uhr und das Schweigen dehnte sich immer länger aus. Es war schon nach Mittag.

»Okay …« Ruby musterte den winzigen Raum mit zusammengezogenen Augenbrauen. »Brauchst du wirklich so viele Hüte? Was ist das denn da am Bettende? Ein Cowboyhut?«

»Der ist für meine Roadtrips nach Alberta und so.«

»Tja, wir fahren aber nicht nach Alberta, also kann der hierbleiben.«

»Aber …«, wollte Coral protestieren, schloss dann aber den Mund wieder, als Ruby ihr einen entnervten Blick zuwarf. Okay, der lag wirklich nur unnütz herum. Mit dem Argument, dass er auf Fotos gut aussah, kam sie wohl nicht weiter.

»Brauchst du so viel Werkzeug?«, fragte Ruby nach einem Blick unters Spülbecken.

»Ja«, erwiderte Coral fest. Das war ein Punkt, in dem sie nicht nachgeben würde.

»Wirklich einen kompletten Werkzeugkasten?«

»Man weiß nie, was als Nächstes kaputtgeht.«

»Aber …«

»Die Werkzeuge bleiben. Die brauchen wir nicht nur vielleicht, sondern auf jeden Fall. Du weißt doch so gut wie ich, wie oft in diesen Bussen was kaputtgeht.«

Ruby nickte und machte den Schrank wieder zu, weil sie Corals Tonfall wohl verstanden hatte.

Sie begnügten sich mit einem unbefriedigenden Mittagessen aus Snacks, weil sie unbedingt fertig werden und auf die Straße kommen wollten, bevor es zu spät wurde. Im Dunkeln auf einen Campingplatz zu kommen, war nie angenehm. Warum dauerte das so viel länger als erwartet? Sie waren doch eigentlich beide Minimalisten, oder?

Nach dem Essen machten sie sich an den Rest des Vans – Hygieneartikel, Technik und andere Sachen, die viel zu viel Platz brauchten. Rubys höfliche Vorschläge, wo was am besten hingehörte, wurden immer knapper. Aber auch Corals Laune ging zunehmend in den Keller. Sie waren schon zwei Stunden hinter ihrem eigentlichen Zeitplan, weil sie sich offensichtlich beide als Minimalismus-Versager bekennen mussten und sehr unterschiedliche Vorstellungen davon hatten, was essenziell notwendig war.

»Sind wir dann fertig?«, fragte Ruby schließlich und verschränkte die Arme.

Coral rieb sich übers Gesicht. »Ich denke schon.«

Es war drei Uhr und vor ihnen lagen noch vier Stunden Fahrtzeit bis Cannon Beach. Damit blieb ihnen nur Zeit für maximal eine Pause, wenn sie Glück hatten.

Coral streckte sich ausgiebig und versuchte, sich mit einem besonders breiten Grinsen auf die gute Laune vom Morgen zu besinnen. »Der Van sieht jetzt mit deiner Deko viel besser aus als vorher.«

Dafür schenkte ihr Rubys immerhin ein kleines Lächeln. »Ich bin beeindruckt, dass wir alles unterbekommen haben.«

»Dein Van kann hier stehen bleiben, bis wir wieder da sind?«

»Ja.« Ruby verlagerte das Gewicht auf den anderen Fuß. »Dann hole ich mal Calvin und wir machen uns auf den Weg?«

Coral nickte. Sie war erschöpft und wäre jetzt wirklich gerne schon am Ziel.

»Oh, noch eine Sache …« Ruby zögerte und schien ihre nächsten Worte genau abzuwägen. Dann ging sie zu den Kameras und schaltete alle aus. »Das ist eins der Dinge, die ich nicht filmen will.«

Kapitel 8
Ruby

Coral neigte den Kopf zur Seite und war sichtlich verwirrt. »Warum?«

»Ich muss mich auf Calvin konzentrieren und nicht auf die Kameras. Er hat Angst vor Fremden und ich muss dafür sorgen, dass eure erste Begegnung gut läuft.« Nervosität stieg in Ruby auf. Was sollte sie machen, wenn Calvin Coral nicht über den Weg traute? Vielleicht hätte sie die beiden einander vorstellen sollen, bevor sie den Van einrichteten. Dann hätte sie den ganzen Trip abblasen können, wenn es furchtbar lief.

Aber das wäre ein wirklich trauriger Grund für eine Absage.

Nein, sie musste das hinbekommen. Ruby würde immer wieder neue Leute um sich herum haben – und hoffentlich eines Tages auch eine Partnerin –, also musste Calvin lernen, anderen Menschen zu vertrauen. Ein Roadtrip mit Coral könnte ihm dabei helfen.

Und wenn Ruby ehrlich war, würde diese Reise ihr selbst auch helfen. Sie war schon jetzt gestresst bei der Vorstellung, sich zehn Tage den Van mit einer fremden Person zu teilen. Aber daran konnte man wachsen, oder?

Das hoffe ich schwer. Sonst weiß nicht, warum ich mir das alles antue.

»Will er dich vor anderen beschützen?«, fragte Coral, klang aber eher neugierig als ängstlich.

»Es liegt wohl eher daran, dass er früher misshandelt wurde.« Ruby atmete langsam aus. »Mit dir wird er wahrscheinlich kein Problem haben, weil du …« Sie machte eine Geste, die Corals Körper einschloss. »… klein, feminin und unbedrohlich bist. Aber wir gehen es langsam an.«

Corals Mundwinkel zuckten nach oben.

Ruby spielte nervös mit ihrem Schlüsselbund und wieder stieg ihr Hitze in die Wangen. Aber es stimmte doch. Coral strahlte eine

Freundlichkeit und Unbeschwertheit aus, die Calvin vermutlich gefallen würde, und sie war im realen Leben zierlicher, als die Kameras sie wirken ließen. Der Ausschnitt ihres Oversize-Flanellhemds rutschte ihr immer wieder über die Schulter und es war lang genug, dass ihre Jeansshorts komplett darunter verschwanden und es aussah, als hätte sie überhaupt keine Hose an. Nur glatte, nackte, golden gebräunte Oberschenkel.

»Du solltest mal sehen, wie ich um den letzten Löffel Chocolate-Chip-Cookie-Dough-Eis kämpfe, dann überdenkst du das mit dem unbedrohlich noch mal«, entgegnete Coral, der Rubys Blick zum Glück offenbar entgangen war.

Ruby schenkte ihr ein zurückhaltendes Lächeln.

»Außerdem habe ich Bestechung für Calvin mitgebracht.« Sie wühlte in ihrem Rucksack und holte eine Plastiktüte mit Keksen in Knochenform heraus.

»Du hast Hundeleckerlis dabei?«

Coral nickte. »Ist das okay?«

»Ja. Natürlich.« Das war wirklich süß von ihr. Rubys Mom zog sie immer damit auf, dass bei ihr Liebe durch den Magen ihres Hunds ging, und so unrecht hatte sie damit nicht.

Diese Geste machte ihr Coral noch mal deutlich sympathischer, was auch dringend nötig war nach dem stressigen Umbau des Vans. Coral hatte eine Menge Energie und die Angewohnheit, Ruby ständig zu nah zu kommen.

Und ja, okay, Ruby hatte ganz offensichtlich bei der Aufgabe versagt, sich nicht emotional an Gegenstände zu binden. Sie hatte versucht, ihre komplette Ausstattung in Corals Van unterzubringen und alles perfekt in einer Umgebung zu verstauen, die nicht ihre eigene war. Aber wie sollte sie die wesentlichen Elemente ihrer Filmästhetik zurücklassen? Ihre geliebten Pflanzen und ihre Kücheneinrichtung?

Ruby ging zum Aufzug und betrat wenig später die Wohnung, wo sie ihre Mutter mit einem Buch auf der neuen Couch vorfand. Sie las im Schein der Lampe, die es schon so lange gab, wie Ruby auf der Welt war. Nach vier Tagen Auspacken und Putzen war nun kein einziger Karton weit und breit mehr zu sehen und ihre Mutter hatte ihre Kunstwerke und ihren Nippes mit neuem Elan hübsch arrangiert.

Diese Wohnung würde ihr nie das gleiche Gefühl wie ihr Elternhaus vermitteln, aber sie hatte das Potenzial, sich auf ihre Art wie ein Zuhause anzufühlen.

»Ruf mich bitte an, wenn du mich brauchst, ja?« Ruby nahm Calvin an die Leine. »Oder deine Freunde. Denk an unseren Deal.«

»Mache ich. Aber jetzt, wo die Wohnung so aussieht, lebe ich hier wie im Paradies. Sei vorsichtig auf deiner Reise.«

»Das bin ich doch immer.« Sie umarmte ihre Mom zum Abschied und musste dann noch mal ein paar Minuten warten, während diese Calvin durchknuddelte. Anschließend ging es mit dem Aufzug wieder nach unten.

Als Calvin Coral neben dem Van entdeckte, blieb er stocksteif stehen und wedelte nicht mal ansatzweise.

»Schon okay«, beruhigte Ruby ihn. »Sie ist eine Freundin.«

Calvin gab ein gedämpftes Knurren von sich, ein kaum hörbares Grollen, das in seiner Kehle vibrierte.

»Lass das«, flüsterte Ruby. »Bitte?«

Calvin warf ihr einen Blick zu und sie versuchte, sich zu entspannen, während sie mit ihm zusammen weiterging.

»Calvin ist ziemlich misstrauisch, hm?« Coral sprach viel leiser als zuvor. Sie setzte sich langsam auf die Trittstufe der offenen Seitentür. »Was versteckst du sonst noch vor der Kamera, Ruby Hayashi?«

»Das Problem haben viele Tierschutzhunde«, sagte Ruby und umging damit die Frage. »Andere Leute waren gemein zu ihm, also müssen wir ihn jetzt mit Hundekeksen bestechen, damit er sich in die Nähe von Fremden wagt.«

»Schon okay. Ich hätte auch keine Lust drauf, dass mir wildfremde Leute den Kopf tätscheln.« Sie griff in die Leckerlitüte. »Soll ich die erst mal auf den Boden werfen?«

»Ja, bitte. Einfach ein Stück weg von dir.«

Coral tat es und Calvin verschlang die Kekse begeistert. Einen Moment später schaute er sie schon etwas weniger skeptisch an.

»Als ich sieben war«, sagte Coral, »ist mir auf einem Spielplatz ein Metalltor von hinten gegen die Beine geschlagen und ich bin hingefallen. Danach habe ich mich jahrelang geweigert, durch Tore zu gehen, wenn meine Schwester nicht hinter mir lief und mich beschützt hat. Also sage ich dir das als Frau, die lange Angst vor Toren hatte, weil mir mal eins wehgetan hat: Ich verstehe, warum du Angst vor Fremden hast, Calvin.«

Ruby konnte ein kleines Lächeln nicht unterdrücken. »Wirf sie langsam immer näher zu dir hin. Lass ihn einfach in seinem eigenen Tempo zu dir kommen und streichel ihn erst mal nicht.«

Coral gehorchte und Calvin wurde immer mutiger, als ihm aufging, dass dieses Spiel Spaß machte.

Ruby setzte sich neben sie auf die Trittstufe. »In dem Alter hatte ich Angst vor Sonnenblumen. Meine Mom hat mal welche auf den Küchentisch gestellt und davon habe ich so einen Heulkrampf bekommen, dass sie sie wegtun musste.«

Coral lachte leise. »Woher kam die Angst?«

»Keine Ahnung. Meine Eltern waren auch total perplex.«

»Die Dinger sind ja schon ein bisschen gruselig.«

»Und wie!«

»Hast du immer noch Angst vor ihnen?« Coral stupste sie neckend an. »Nur ein klitzekleines bisschen?«

»Ich mag Tulpen lieber.«

Coral lachte lauter und in ihren Wangen zeigten sich kleine Grübchen, die Ruby bisher noch gar nicht aufgefallen waren. Sie fütterte Calvin weiter, der sich langsam, aber sicher auf sie zubewegte.

Ruby wurde ganz warm ums Herz, als sie sah, wie vorsichtig Coral sich in Calvins Nähe bewegte. Also konnte sie durchaus ruhig sein. Vielleicht war die Aufgedrehtheit etwas, das sie sich für die Kamera angeeignet hatte. Oder vielleicht musste sie sich sehr anstrengen, um jetzt so ruhig zu sein. So oder so war es schön, sich einen Moment Zeit zu nehmen und einfach nur zu reden.

Als Calvin sich in seiner üblichen »Fütter mich«-Pose direkt vor Coral setzte, durchflutete sie Erleichterung. Ihre Schultern entspannten sich. »Na, du wurdest offensichtlich als ungefährlich eingestuft, wenn er sich dazu überwindet, dich anzubetteln.«

»Yay«, flüsterte Coral und ließ einen weiteren Keks neben ihren Fuß fallen.

So saßen sie eine Weile da, während Calvin weiter in Streichelreichweite blieb.

Coral gab ihm noch einen Keks. »Wir werden schon noch Freunde, Calvin. Wart's nur ab.«

Ruby grinste und ihre Laune stieg deutlich. »Danke, dass du das mitspielst. Manche Leute hören nicht auf mich und versuchen, ihn zu streicheln, bevor er dazu bereit ist. Deswegen bringe ich ihn nicht mehr mit Fremden zusammen. Du bist die erste neue Person in seinem Leben, seit …« Sie verstummte mit einem Schulterzucken. Der letzte Mensch war eine Frau gewesen, die sie letztes Jahr kurz gedatet hatte, aber das war nicht der richtige Zeitpunkt, um über ihr Liebesleben zu sprechen. »Wollen wir dann los?«

Das löste bei Calvin ein Ganzkörper-Schwanzwedeln aus. Er war offensichtlich bereit zur Abfahrt.

Coral schaute auf die Uhr. »Ich weiß nicht, ob wir noch Zeit zum Einkaufen haben.«

Nein, hatten sie nicht. Verflucht, das Packen des Vans hatte viel länger gedauert als geplant.

»Ich habe genug Lebensmittel für heute Abend«, sagte Ruby. »Das können wir auf morgen verschieben.«

»Finde ich gut.«

Sie schauten sich in die Augen und plötzlich regte sich Vorfreude in Rubys Bauch.

Los geht's.

Der Van war gepackt, die Campingplätze reserviert und es gab kein Zurück mehr.

Erster Halt: Cannon Beach.

Kapitel 9
Coral

Der Himmel war bewölkt und schon bald gesellte sich starker Wind dazu, der den Van auf der Interstate 5 kräftig durchschaukelte. Calvin lag zwischen ihnen auf dem Boden, entspannte sich aber noch nicht richtig, weil die neue Umgebung ihn verunsicherte.

»Erzähl mir was über dich, Ruby«, sagte Coral und umfasste das Lenkrad etwas fester mit beiden Händen. Man hatte das Gefühl, in einem Zugwaggon zu sitzen, so sehr wackelte das Auto.

Ruby warf ihr einen skeptischen Blick zu und legte Calvin beruhigend eine Hand auf den Rücken. »Was soll ich denn erzählen?«

»Keine Ahnung, irgendwas über dein Leben? Wer du bist? Was dich zu dem gemacht hat?«

»Warum?«

Okay, Ruby war also zurückhaltend *und* misstrauisch. Oder vielleicht nur schüchtern? Aber sie mussten ja irgendwo anfangen, wenn sie diesen Trip genießen wollten. Immerhin würden sie bald sehr vertraut mit den Toilettengewohnheiten der jeweils anderen werden.

Coral drehte die Musik leiser. Das Rauschen des Winds übertönte die Gitarrenklänge von »Send Me On My Way« von Rusted Root – gerade lief ihre eigens zusammengestellte Roadtrip-Playlist. »Was meinst du mit: warum? Wir werden die nächsten zehn Tage miteinander verbringen. Da sollten wir uns ein bisschen besser kennenlernen.«

»Hast du nicht gesagt, dass du meine YouTube-Videos verfolgst?«

»Ja. Deswegen habe ich dich angeschrieben.«

»Dann kennst du mich doch schon.«

Coral entfuhr ein spöttisches Schnauben.

»Was denn?«, fragte Ruby und in ihrer Stimme lag ein abweisender Unterton.

»Dein Leben besteht also nur aus veganen Rezepten und einem Tierschutzhund?«

Ruby warf ihr einen finsteren Blick zu. »Dann erzähl du mir doch was über dein Leben.«

»Das steckt noch in den Kinderschuhen.«

»Wie meinst du das?«

Coral zog eine Schulter hoch. »Meine Eltern wollten, dass ich studiere, aber stattdessen lebe ich in einem Van, damit ich tun und lassen kann, was ich will. Und daraus baue ich mir ein Leben auf.«

»Verstehe.« Ruby griff in ihren Rucksack, den sie neben ihren Füßen abgestellt hatte, und holte eine Tüte Studentenfutter heraus. »Findest du es nicht ein bisschen negativ, dass du das Gefühl hast, bis jetzt nichts Nennenswertes getan zu haben, und dass du immer noch auf etwas wartest, das dein Leben berichtenswert macht?«

»Ich bin noch nicht mal vierundzwanzig.«

»Na und? Ich bin fünfundzwanzig und betrachte mein bisheriges Leben als erfüllt.« Ruby schüttelte den Kopf. »Genau deswegen habe ich mit meinem Kanal angefangen ...« Sie schob sich eine Handvoll Studentenfutter in den Mund und hielt ihr die Tüte hin.

Coral nahm sich etwas davon. Eine Mischung aus salzig und süß traf ihre Zunge – Mandeln, Cranberrys, Kürbiskerne, Schokolade und etwas, das nach Zimt schmeckte und knusprig war. Geröstete Quinoa? Mit Sicherheit eine selbst gemachte Mischung. Verflixt, die Frau konnte wirklich gut kochen.

»So viele Leute lassen das Leben an sich vorbeiziehen«, fuhr Ruby fort. »Sie warten auf große Ereignisse wie teure Urlaube und berufliche Erfolge, obwohl die kleinen Dinge des Alltags doch so bedeutungsvoll sind. Wie man aufsteht und beim Anblick eines Sonnenaufgangs frühstückt. Mit dem Hund spazieren gehen. Einer Freundin erzählen, wie der Tag gelaufen ist. Den ersten Schnee auf Berggipfeln sehen. Einfache Dinge bestimmen unseren Alltag und da müssen wir ansetzen, um sie achtsam wertzuschätzen.«

Coral lauschte dem leidenschaftlichen Monolog grinsend. Rubys Stimmlage wurde ein bisschen höher und sie sprach schneller, vielleicht, weil sie sich zunehmend wohler fühlte. Aus irgendeinem Grund war ihr Ton dadurch noch angenehmer als bei ihrer Kamerastimme.

»Was? Warum lächelst du?«, fragte Ruby.

»Ich habe dich noch nie so begeistert gesehen.«

Ruby sank ein wenig tiefer in ihren Sitz. »Gelassenheit ist mein Markenzeichen.«

»Ich weiß.« Ein Windstoß versuchte, den Van in den Graben zu schieben und Coral musste gegensteuern. »Ich kann das auch alles nachvollziehen, aber an die großen Ereignisse erinnert man sich intensiver. Denk mal drüber nach, welche Erinnerungen am stärksten sind. Die hängen doch sicher mit bestimmten Erlebnissen zusammen, oder?«

Ruby neigte den Kopf zur Seite. »Bis zu einem gewissen Grad vielleicht.«

»Reisen an neue Orte«, hielt Coral dagegen. »Urlaube. Momente, in denen man was Verrücktes wie Bungee-Jumping ausprobiert hat.«

»Dann gehst du davon aus, dass Leute, die keine großen Urlaube machen, ein bedeutungsloses Leben ohne Erinnerungen leben?«

»Natürlich nicht. Aber jeder hat große Momente in seinem Leben und das sind die schönsten Erinnerungen.«

»Aber der *Alltag* besteht nicht aus großen Erlebnissen. Ja, das sind Schlüsselmomente, aber sie machen nicht das Leben an sich aus.«

Sie schwiegen beide. Offensichtlich waren sie sehr von ihren jeweiligen Standpunkten überzeugt. Ruby lag mit ihrem leider falsch, aber na ja.

Calvin hielt die großen Augen auf Coral gerichtet. Sie löste die linke Hand vom Steuer und griff nach der Leckerlitüte, die sie im Türfach verstaut hatte. Er spitzte die Ohren, als er das Geräusch des Plastiks hörte, und als sie ihm den Keks unter ihrem rechten Arm hindurch anbot, nahm er ihn vorsichtig an.

Wieder ein kleiner Schritt in Richtung Freundschaft.

»Dein Vortrag lässt mich vermuten, dass du eine gute Lebensgeschichte zu erzählen hast«, sagte Coral. »Viele kleine Dinge, die dir etwas bedeuten.«

Ruby steckte das Studentenfutter in den Becherhalter und lehnte sich gegen die Kopfstütze zurück. »Schon. Meine erste Kindheitserinnerung ist ein Spinnennetz – riesig, perfekt, mit Tautropfen und einer dicken Spinne in der Mitte. Da war ich etwa fünf und es hat in mir eine Bewunderung für die Natur geweckt, die mich bis heute begleitet.« Sie schwieg einen Moment, vielleicht um die Erinnerung Revue passieren zu lassen. »In anderen Erinnerungen aus dieser Zeit spielt mein Vater Flugzeug mit mir und dreht uns im Kreis, bis uns beiden schwindelig wird. In der zweiten Klasse hat meine Lehrerin morgens vor dem Unterricht jedes Kind einzeln umarmt. Na ja, wir konnten entscheiden, ob wir das wollen, und meine Wahl ist immer auf die Umarmung gefallen. Ich weiß noch genau, wie sich das angefühlt hat. Wahrscheinlich sind Umarmungen deswegen immer noch etwas Besonderes für mich. Meine Mutter und ich machen das oft.«

Coral lauschte ihr aufmerksam und in ihrer Brust zog sich etwas zusammen, weil Ruby so offen über dieses Thema sprach. Sie war wohl wirklich so umsichtig und introvertiert, wie ihre Videos es vermuten ließen. Aber in ihrem Ton schwang auch Traurigkeit mit, oder vielleicht Sehnsucht nach der Vergangenheit. Coral kannte sie nicht gut genug, um das zu entschlüsseln.

Eine ganze Weile war Ruby still und schaute aus dem Seitenfenster. Sie kamen an einem kleinen Rudel riesiger Elche vorbei, die am Straßenrand grasten, und beobachteten die Tiere einen Moment lang schweigend. Coral blieb nicht viel Zeit, um die Bewegung ihrer dicken Mähnen im Wind zu bewundern, bevor sie auch schon vorbei waren.

Ruby schien nichts weiter sagen zu wollen, also führte Coral das Gespräch fort. »Mein Vater hat mich auch immer so im Kreis gedreht. Aber er hat damit aufgehört, als er Rückenschmerzen davon bekommen hat. Seiner Meinung nach war seine Arbeitsfähigkeit wichtiger als mein Wunsch, durch die Luft zu fliegen.« Die Erinnerung an diesen Moment schmerzte immer noch, aber davor war es schön gewesen. »Und meine erste Kindheitserinnerung habe ich an einen verrottenden Baumstamm.«

Ruby schaute zu ihr rüber. »Was war so besonders daran?«

»Ich wollte sehen, was drin ist. Meine Eltern wussten eine Stunde lang nicht, wohin ich verschwunden war und haben mich panisch gesucht. Währenddessen steckte ich keine zehn Meter entfernt in einem Baum.«

Das brachte Ruby zum Grinsen. »Abenteuerlustig von Kindesbeinen an.«

Sie fuhren von der I-5 ab und schlugen den Weg Richtung Westen nach Astoria ein. Die hohen Bäume zu beiden Seiten des Highways schirmten sie vom Wind ab, was die Reise deutlich ruhiger machte. Calvin legte den Kopf auf die Pfoten und seine Atemzüge wurden tiefer, als er einschlief.

»Nur fürs Protokoll: Ich mag deine Philosophie«, sagte Coral. »Achtsam leben. Sich auf die kleinen Dinge konzentrieren.«

»Vielen Dank.«

Natürlich versuchte Coral auch, achtsam zu leben, aber Ruby ging noch mal einen großen Schritt weiter. Wer sonst erzählte solche winzigen Details, wenn er über sein Leben sprach? Corals beste Geschichten drehten sich um besondere Ereignisse, wie Orte, die sie schon bereist hatte. Aber vielleicht hatte Ruby gar nicht so unrecht. Es war leicht, Dankbarkeit für die alltäglichen Dinge zu vergessen. Zeit mit Farrah zu verbringen und Videospiele zu spielen, war nichts Besonderes, aber es machte Spaß und war ein wichtiger Teil ihres Lebens.

»In meiner Lebensgeschichte gibt es ziemlich viele Nachmittage im Freien«, sagte Coral. »Als Kind habe ich mit meiner Schwester oft Verstecken gespielt – ich bin mir sicher, dass sie geschummelt und nie richtig bis hundert gezählt hat – und wir haben im Garten gezeltet, meiner Tante Nina im Garten geholfen und sind am Wochenende mit ihr am Fluss spazieren gegangen.«

Ruby lächelte. »Das klingt nach einer schönen Geschichte.«

»Ich kann mich nicht beschweren«, sagte sie, weil sie sonst hätte zugeben müssen, wie schwer es gewesen war, mit Eltern aufzuwachsen, die selten zu Hause und emotional nicht verfügbar waren, sondern sich lieber mit ihrer Arbeit beschäftigten als mit ihren Kindern.

Sie hielten für eine Pinkelpause an, tankten dabei gleich und waren kurz darauf schon wieder auf der Straße. Postkartenreife Marschlandschaft wechselte sich mit dichten Waldgebieten ab, durch die die Straße wie eine Schneise führte. Ruby filmte mit und versprach, ihre Aufnahmen mit Coral zu teilen, damit sie diese in ihre eigenen Videos einfügen konnte. Schließlich erreichten sie die lange Brücke, die nach

Astoria führte. Auf der Überfahrt bliesen die Windböen noch stärker als zuvor. Möwen kämpften in der Luft dagegen an und segelten auf gleicher Höhe mit dem Van.

»Nicht der beste Tag zum Fahren«, murmelte Ruby, die immer noch filmte. Mit der freien Hand tätschelte sie Calvin, der sich jedes Mal wachsam umsah, wenn sie wieder von einem Windstoß erfasst wurden.

Coral machte sich keine großen Sorgen. Das Wetter würde sich bald bessern.

Am Ende der Brücke erwarteten sie bunte Einfamilienhäuser und andere Gebäude auf einer grünen Anhöhe. Sie schlängelten sich die Straße hinunter in die Stadt, von der aus man meilenweit nichts als die schaumgekrönten Wellen des Pazifiks sah.

Coral entfuhr ein aufgeregtes Quietschen. »Astoria! Mein inneres *Goonies*-Fangirl platzt gerade vor Freude.«

Ruby lächelte. »Als Teenager war ich so ein großer Fan von der Liebesgeschichte zwischen dem Sport-Ass und der Cheerleaderin.«

»Ich auch!« Coral erinnerte sich noch gut an die Schmetterlinge im Bauch, als sie den Film geschaut hatte – das war das erste Mal, dass sie für ein Mädchen geschwärmt hatte. Sie ließ das Fenster runter und lehnte den Kopf hinaus. »Heyyyy Leuuuute!«

»Pscht!« Ruby rutschte lachend auf ihrem Sitz ein Stück nach unten. »Die Leute hier hören bestimmt gerne jeden Tag Touristen dieses Zitat brüllen.«

Rubys Lachen ließ Coral ganz warm ums Herz werden und brachte sie zum Grinsen.

»Du hast übrigens einen kanadischen Akzent«, sagte Ruby.

»Was? Nein, habe ich nicht.«

»Und wie. Bei manchen Wörtern hört man es deutlich. Vor allem bei den O-Lauten in *Astoria* und *Orte* und *besonders*.«

»So spreche ich Os eben aus.« Coral reckte das Kinn nach vorn. »Na und?«

Ruby lachte erneut. »Nichts und. Mir gefällt es.«

Coral hatte schon den Mund geöffnet, um sich zu verteidigen, doch dann drangen die Worte zu ihr durch.

Je näher sie Cannon Beach kamen und je weiter die Sonne sich über den Rand der herrlichen Küste Oregons senkte, desto sicherer war sie sich, dass es eine gute Entscheidung gewesen war, Ruby als Partnerin für diesen Roadtrip anzufragen. Bis jetzt lief es doch ganz gut. Sie versuchte, die Sache nicht zu dramatisch zu sehen, aber das hier musste für ihren Kanal wirklich gut laufen. Ihr Leben, ihr Van und ihre komplette Zukunft hingen davon ab.

Kapitel 10
Ruby

Sie erreichten Cannon Beach nach sechs und damit sehr spät, was Ruby explizit hatte vermeiden wollen, aber jetzt war das Kind schon in den Brunnen gefallen. Damit konnten sie heute Abend eben keine Tour mehr durch die Stadt machen.

»Haben wir auf dem Rückweg vielleicht Zeit für einen Abstecher in die Stadt?«, fragte Coral, der wohl das Gleiche durch den Kopf ging, als sie den Bus so nah wie möglich am Haystack Rock abstellten.

»Ja. Heute Abend reicht es nur noch für den Strand.«

Coral ließ langsam einen Atemzug entweichen. »Deswegen mag ich flexible Reisepläne so sehr. Man weiß nie, wo man länger braucht als erwartet.«

»Na ja, mein Reiseplan ist der Grund, dass wir eine Platzreservierung haben«, erwiderte Ruby etwas angefressen.

»Stimmt schon …«

Ja, Ruby musste vielleicht an ihrer Spontanität arbeiten, aber Vorausplanung hatte ihr bisher immer gute Dienste erwiesen. Hätte man das Coral überlassen, müssten sie sich jetzt erst noch einen Platz suchen, an dem sie über Nacht parken durften.

Sie fütterte Calvin und ließ ihn in Ruhe fressen, während sie sich wärmere Kleidung anzogen und ihre Kameras und Taschen packten. Sie war am Verhungern, aber das Abendessen für sie und Coral würde bis nachher warten müssen.

Als sie den Van verließen, schlug ihnen sofort der Wind ins Gesicht.

»Ach du Schande!«, rief Coral und schloss den Reißverschluss ihrer Kapuzenjacke. »Das wird spannend.«

»Jep.« Ruby zog den Kragen ihrer Windjacke über ihre Nase, damit sie vernünftig atmen konnte.

Und tatsächlich trafen die Böen sie mit voller Wucht, als sie sich über die letzte Anhöhe gekämpft hatten. Ihr stockte der Atem, als sie den Anblick vor sich betrachtete.

Der Ozean erstreckte sich in alle Richtungen, so weit das Auge reichte, und trieb riesige Wellen schäumend und spektakulär ans Ufer. Das Rauschen des Wassers war ohrenbetäubend. So ein Geräusch hatte Ruby noch nie gehört. Der Strand war größer, als sie ihn sich vorgestellt hatte – eine endlose Weite aus hartem, nassem Sand.

»Wow«, flüsterte sie, doch das Wort wurde ihr von den Lippen gerissen.

In der Ferne konnte sie Haystack Rock im Sprühnebel der Gischt ausmachen, ein Anblick, von dem sie schon lange geträumt hatte. Sie nahm sich eine ganze Weile Zeit, um die Eindrücke in sich aufzusaugen und zu filmen.

Dann traf sie jedoch eine Böe mit aufgewirbeltem Sand und zwang sie, sich zur Seite zu drehen und die Augen mit einer Hand abzuschirmen. »Ahh!«

Coral lachte begeistert auf. »Das ist unglaublich!«

Calvin stand in einer regelrecht erhabenen Pose mit zusammengekniffenen Augen auf der Düne. Seine kleinen Ohren flatterten im Wind, und Ruby ging in die Knie, um eine Aufnahme davon zu machen.

»Gilt das schon als Orkan?«, brüllte sie, als sie sich wieder aufrichtete. Der Wind peitschte ihre Haare kreuz und quer, und sie hatte Mühe, die Strähnen in einem Dutt zusammenzufassen.

»Definitiv. Los, komm!« Coral sprintete los.

Calvin schaute schwanzwedelnd zu Ruby und gab ein freudiges Bellen von sich.

»Okay.« Ruby machte die Leine ab und stemmte sich gegen den Wind, während sie Coral folgte.

Calvin sprang neben ihr her und bellte, als wäre das der schönste Tag seines Lebens. So viel Platz zum Spielen hatte er noch nie gehabt und seine pure Lebensfreude erfüllte auch Ruby mit Glück.

Ein paar Möwen hatten sich auf dem Haystack Rock niedergelassen, winzige weiße Punkte, die einen Eindruck vermittelten, wie groß dieser

Felsen tatsächlich war. An seinem Fuß standen ein paar Leute und machten in gebührendem Sicherheitsabstand zum Wasser Fotos.

Coral reckte jubelnd eine Hand in die Luft. Dann strauchelte sie jedoch, als der Wind versuchte, sie in die Richtung zurückzutreiben, aus der sie gekommen waren. Sie lachte.

Ruby blieb neben ihr stehen. Adrenalin schoss durch ihre Adern, und Calvin raste im Kreis um sie herum wie ein Windhund auf einer Rennstrecke.

»Ich kann nicht fassen, dass ich das mit eigenen Augen sehe«, sagte Ruby. »Die Felsen sehen wirklich aus wie auf den Fotos. Sogar der Sprühnebel ist echt.«

Coral griff nach ihrem Handgelenk und deutete nach vorn. »Sieh mal, wie die Wellen dagegenschlagen.«

Sie nahm die Hand wieder weg, doch Rubys Haut kribbelte, wo sie sie berührt hatte. Inmitten des Winds und der tosenden Wellen standen sie einen Moment lang einfach nur da und bewunderten die Aussicht. Die Kameras liefen weiter, nahmen jede Sekunde auf. Später würden sie einfach alles Unnötige rausschneiden und nur die guten Aufnahmen drinlassen.

»Au, Sand in den Augen!« Coral schützte ihre Augen und wandte sich zu Ruby, wodurch sie beinahe in ihren Armen landete.

Rubys Herz klopfte wie wild. Sie legte Coral eine Hand auf die Schulter und drehte sie vom Wind weg. »Bleib so stehen, ich mache ein Video von dir. Mach die Haare auf.«

Coral zog das Gummi aus ihrem Pferdeschwanz und ließ sich die blonden Strähnen ums Gesicht wehen. Sie sah wunderschön aus, wie sie lachend die Arme ausbreitete und sich zum Wind drehte.

Sie schossen einige Fotos und machten wechselseitig Videos – und Coral wollte ein Bild zusammen mit Calvin –, bevor sie schließlich noch ein Selfie von ihnen drei zusammen aufnahmen, das zwar nicht gut genug zum Veröffentlichen war, aber als Erinnerung auf ihren Handys bleiben würde.

Nachdem sie so viel Material gesammelt hatten, wie heute möglich war, verstauten sie die Kameras und schauten noch eine Weile aufs Wasser.

»Kennst du den Film *Das letzte Einhorn*?«, fragte Coral.

»Nein.«

»Da gibt es diese Szene, in der ganz viele Einhörner aus dem Meer galoppieren, nachdem sie sich aus den Schaumkronen materialisiert haben.« Sie deutete aufs Wasser. »Bei dem Anblick muss ich an Einhörner denken.«

Gott, dieser Frau schien wirklich die Sonne aus dem Hintern. Das war süß, aber niemand konnte ständig so gut gelaunt sein. Was versteckte sich darunter?

»Ich muss daran denken, wie viele Schiffe wohl an Felsen wie diesen schon zerschellt sind«, sagte Ruby.

Coral lachte leise.

In diesem Moment wurden sie von einer besonders starken Böe erfasst, was Coral ein erschrockenes Quietschen entlockte. Sie griff nach Rubys Arm, um nicht das Gleichgewicht zu verlieren, doch dadurch landeten sie beide lachend im nassen Sand. Rubys Herz machte einen kleinen Satz.

»Der Wind sorgt echt für eine coole Aussicht«, sagte Coral.

»Wenn einem nicht gerade die Augen brennen oder man Sand drin hat, klar.«

Coral lachte erneut.

Sie spazierten mit gesenkten Köpfen weiter, während Calvin immer noch um sie herumrannte.

»Ich fühle mich immer wie ein Glückspilz, dass ich so was jeden Tag erleben darf«, meinte Coral.

Zeit, mal ein bisschen unter die Sonnenscheinfassade zu schauen. Und außerdem beschäftigte Ruby eine ernst gemeinte Frage. »Machst du dir nie Sorgen, dass dieses Leben deine beruflichen Chancen zunichtemacht?«

»Du meinst, dass ich hier nichts lerne, was ich auf andere Jobs übertragen könnte?«

»Ja.«

Coral schwieg einen Moment und verschränkte die Arme vor der Brust, um dem Wind weniger Angriffsfläche zu bieten. »Bisher habe ich mich voll und ganz darauf konzentriert, das hier zu meiner beruflichen

Zukunft zu machen, also habe ich noch nicht viel weiter gedacht. Ich bin wohl einfach davon ausgegangen, dass sich schon irgendwas ergeben wird. Warum? Beschäftigt dich das?«

Zitternd streifte sich Ruby die Kapuze über den Kopf und zog die Bänder fest – egal, wie albern das vielleicht aussah. »Ich bin kurz nach der Highschool in einen Van gezogen und dokumentiere meine Reise seitdem. Eine Weile habe ich in einem Café gejobbt und als mein Kanal genug abwarf, habe ich dort gekündigt. Aber manchmal habe ich Angst, dass ich keine Fähigkeiten oder Ausbildung habe, auf die ich im Notfall zurückgreifen kann.«

»Du klingst wie meine Eltern.«

»Wirklich?«

Coral zögerte. »Sie halten nicht besonders viel von meinem Lebensentwurf.«

»Oh.« Okay, das war ein Blick auf die echte Coral und entsprach gar nicht dem, was Ruby erwartet hatte. Vielleicht war Corals Situation doch ein bisschen anders als das, was Ruby sich zusammengereimt hatte – dass sie in einem tollen Van lebte und von ihren reichen Eltern voll unterstützt wurde. »Was, wenn deine Eltern recht haben? Die haben uns immerhin Jahre der Weisheit voraus.«

»Fang du nicht auch noch so an. Außerdem verdienst du doch eine Menge Geld mit deiner Online-Präsenz, das könntest du investieren und von den Zinsen leben, oder?«

Ruby lachte freudlos auf. »Wenn denn was übrig bleiben würde, das man investieren kann.«

Coral stutzte sichtlich. »Ich dachte, dass du … hm … gut bei Kasse bist?«

»Das dachte ich über dich auch«, gab Ruby zu.

»Ich? Oh, nein. Ich habe noch nicht mal rausgefunden, wie der Kanal mich irgendwann ordentlich durchfüttert.«

»Das ist die Frage aller Fragen.«

Verdammt, sie hatte Coral wirklich falsch eingeschätzt. Sie war kein verwöhntes Gör, deren Eltern ihr einen Van geschenkt hatten. Sie arbeitete daran, sich eine Karriere aus ihren persönlichen Interessen aufzubauen. War das nicht genau das, wovon alle träumten?

»Aber du hast doch so unglaublich viele Abonnenten.« Coral zog verwirrt die Augenbrauen zusammen – und in ihren Augen schimmerte etwas wie Erschrecken. »Spiegelt sich das nicht in den Einnahmen wider?«

Ruby runzelte die Stirn und schob die Hände tiefer in die Taschen ihrer Jacke. Am besten war es wohl, die Wahrheit zuzugeben. Sie tat sich keinen Gefallen damit, wenn sie es vor Coral verheimlichte, und vielleicht fühlte es sich sogar gut an, mit jemandem darüber zu sprechen. »Meine Mom braucht im Moment finanzielle Unterstützung und damit bleibt nichts übrig, das ich investieren könnte.«

Na gut, das war zumindest ein Teil der Wahrheit.

Corals Blick huschte zwischen Ruby und dem Strand hin und her. »Tut mir leid.«

»Schon okay.«

Sie gingen schweigend weiter und entfernten sich langsam vom Haystack Rock.

»Meine Mutter betreibt eine Tealounge in Seattle«, fuhr Ruby fort, weil sie befürchtete, dass ihre Mutter sonst in schlechtem Licht dastehen würde. »Sie macht das super und es ist ein toller Laden, aber …« *Wie soll ich das erklären, ohne Dads Tod zu erwähnen?* »Hm, sie braucht trotzdem meine Hilfe.«

Es fiel ihr schwer, die persönlichsten Aspekte ihres Lebens mit jemandem zu teilen, den sie nicht gut kannte. Über Gefühle zu sprechen, war generell nicht leicht für sie.

Coral schwieg einen Moment. »Na, dann haben wir ja ordentlich Motivation, um mit unserem Roadtrip viral zu gehen, oder?«

Ruby lächelte und war dankbar, dass Coral nicht weiter nachhakte. »Absolut.«

Als Coral den Van auf ihren reservierten Platz manövrierte, war es schon zu dunkel, um viel vom Nehalem Bay State Park zu sehen, in dem sie heute übernachteten. Auf der halbstündigen Fahrt von Cannon Beach hatten sie nicht viel geredet. Sie brauchten beide dringend was zu essen und eine Pause.

»Müssen wir jetzt noch lange rummachen?«, fragte Ruby.

»Was?« Corals Kopf ruckte zu ihr herum.

»Mit dem Stromanschluss des Vans? Dauert das lange?«

»Oh. Ja. Nein.« Aus irgendeinem Grund färbten Corals Wangen sich rot. »Ich mach das schon. Dauert nur zwei Minuten.«

»Okay. Ich kümmere mich ums Abendessen. Darf ich dich bekochen?«

»Wirklich?« Coral hielt mitten in der Bewegung inne, einen Fuß schon aus der geöffneten Fahrertür gestreckt. »Das musst du nicht …«

»Ich koche gerne und ich würde mich freuen, wenn du das Rezept testest. Es schmeckt echt gut. Ich habe genug Zutaten für zwei dabei.«

»Okay. Cool.« Corals Schultern entspannten sich. Vielleicht hatte sie sich Sorgen gemacht, was sie essen sollte, nachdem sie keine Zeit zum Einkaufen gehabt hatten. »Danke.«

Ruby ließ Calvin zum Schnüffeln und Pinkeln raus und schrieb währenddessen ihrer Mutter eine Nachricht, dass sie sicher angekommen waren. Ihre Mom antwortete sofort mit einem Umarm-Emoji und mehreren Herzen.

»Coral, ich lasse die Kamera beim Kochen mitlaufen!«, rief Ruby, während sie ihr Equipment und Licht aufbaute. »Also keine verfänglichen Aussagen in der nächsten halben Stunde.«

»Alles klar«, erwiderte Coral von draußen. »Ich warte, bis du fertig bist, bevor ich dich frage, wo wir die Leiche vergraben sollen.«

Ruby grinste.

Sie hatte alles vorbereitet, filmte aber noch nicht, als Coral wieder reinkam.

Dann habe ich heute wohl Live-Publikum bei meiner Aufnahme.

Das war ziemlich komisch – vor allem, wenn sie etwas wiederholen musste. Würde Coral es lächerlich finden, dass sie so eine Perfektionistin war? Wie viele Takes mussten andere Leute durchschnittlich machen?

Sie versuchte, ihre Zweifel beiseitezuschieben, überprüfte noch mal ihre Frisur und drückte dann auf Aufnahme.

»Wir sind gerade auf dem Campingplatz angekommen und ich koche uns mediterrane Pasta zum Abendessen«, sagte sie in die Kamera und hoffte, dass ihre Nervosität die Videoqualität nicht beeinträchtigte.

Coral äußerte sich nicht, sondern beschäftigte sich auf dem Bett mit ihrem Laptop.

Während Ruby die Nudeln kochte und Zwiebeln und Knoblauch andünstete, wanderte ihr Blick immer wieder zu Coral. Sie schien sich nicht an Rubys Dreh zu stören, warum fühlte sie sich dann so unwohl mit der Situation?

Sie filmte eine Nahaufnahme, in der sie in der Mischung aus Tomaten und Kalamata-Oliven rührte, und war sich dabei sehr bewusst, dass Coral sie gerade beobachtete.

»Das riecht fantastisch«, sagte Coral mit einem leisen Stöhnen.

»Mich hat noch nie eine hübsche Frau beim Kochen beobachtet«, gab Ruby zurück und lachte angespannt. »Gerade habe ich das Gefühl, alles zu vergessen und all mein Charisma zu verlieren.«

Ihre Wangen wurden heiß bei dem Kompliment, das ihr so rausgerutscht war. Warum musste sie *hübsch* erwähnen? Sie hätte es doch einfach bei »jemandem« belassen können.

Coral schenkte ihr ein kleines Lächeln. »Dein Charisma ist da, wo es hingehört. Würde es dir helfen, wenn ich Kopfhörer aufsetze, damit ich nichts mitbekomme?«

»Schon okay. Ich muss mich ja dran gewöhnen.« Ruby wandte sich wieder der Kamera zu. »Als Nächstes füge ich Weißwein, pürierte Tomaten und Balsamicoessig hinzu.«

Ihr war bisher noch nie aufgefallen, wie sehr sich ihr Ton veränderte, wenn sie mit der Kamera sprach. War das komisch oder peinlich?

Als Nudeln und Soße fertig waren, mischte sie alles miteinander, richtete das Essen auf Tellern an und streute noch etwas frischen Basilikum darüber.

»Abendessen ist fertig.«

Coral sprang auf und klatschte begeistert in die Hände. »Lecker! Vielen Dank fürs Kochen, Ruby.«

»Kein Problem. Ist es okay für dich, wenn ich filme, wie wir die ersten Bissen essen?«

»Klar. Gott, das sieht so gut aus.«

Ruby beobachtete Corals Reaktion. Sie selbst mochte das Gericht wirklich gerne, aber nicht jeder kam auf den Geschmack von veganem Essen.

Coral strahlte jedoch übers ganze Gesicht. »Das schmeckt wirklich gut«, sagte sie mit vollem Mund.

Ruby überspielte ihre Erleichterung mit einem Grinsen. Es war schön, mal mit jemand anderem als ihrer Mom zu essen. Vielleicht hatte ihre Mutter ja doch ein bisschen recht. Möglicherweise war Ruby einsam gewesen, ohne es zu merken.

»Bist du beleidigt, wenn ich mir noch ein bisschen Käse drüberreibe?«, fragte Coral.

»Mach ruhig. Ich meine, die Pasta ist perfekt, wie sie ist, aber wenn du sie unbedingt ruinieren willst mit ... Oh Gott, Cheddar? Ich dachte, dass du wenigstens Parmesan nimmst.«

Coral rieb schamlos was von einem großen Käseblock über ihre Schüssel und grinste dabei auch noch frech. »Was würdest du machen, wenn ich noch Ketchup draufkippe?«

Ruby hielt sich stöhnend den Bauch. »Du bist furchtbar.«

»Ganz ruhig. Das mach ich nicht.«

Calvin beobachtete die Käseaktion ganz genau und legte den Kopf schief, woraufhin Coral ein Stückchen aufhob, das auf den Tisch gefallen war. Sie warf Ruby einen fragenden Blick zu, die nickend ihre Zustimmung gab.

Als Coral dem Hund den Käse hinhielt, zögerte er kurz, streckte sich dann aber und nahm es vorsichtig entgegen. Ruby konnte ein Lächeln nicht unterdrücken, als Coral ihm noch ein Stückchen gab und dann noch eins, bis er mit dem Schwanz wedelte und sich zwischen den Happen nicht mehr vor ihr zurückzog.

»Siehst du? Vertrauen ist gar nicht so schwer«, flüsterte Coral.

Nach dem Essen kümmerten sie sich um die Bearbeitung ihrer Videos und Social Media – Ruby im umgedrehten Beifahrersitz und Coral am anderen Ende des Busses auf dem Bett. Calvin lag zwischen ihnen auf dem Boden. Sie sprachen nur, um einander Bescheid zu geben, bevor sie Audioaufnahmen machten.

»Der Strand war so flach, dass ich zu gerne noch mal mit dem Rad herkommen und einfach nur drauflosfahren möchte ...«, sagte Coral in ihrem üblichen begeistert-aufgedrehten Tonfall.

»Die Dimensionen dieses Strands lassen sich in einem Video nur schwer rüberbringen …«, sagte Ruby gelassen und beruhigend. Sie lehnte sich dichter ans Mikrofon für einen wärmeren Klang.

Kurz vor Mitternacht ließ Coral sich nach hinten aufs Bett fallen. »Fertig. Wie weit bist du?«

»Ich kann auch Schluss machen.« Ruby rieb sich über die Augen. Sie war gerade die Kommentarbenachrichtigungen durchgegangen und beantwortete einige, aber das war eine Sisyphusarbeit, mit der sie jetzt lieber aufhören sollte.

Sie gingen noch im Waschhaus des Campingplatzes duschen, um den Sand und das Salz loszuwerden. Coral machte sich als Erste auf und kehrte wenig später frisch geschrubbt zurück.

Als Ruby anschließend ins Waschhaus ging, schlug ihr Herz ein bisschen schneller und sie brauchte einen Moment, um zu begreifen, woran das lag. Sie näherten sich dem Moment, in dem sie ein Bett miteinander teilen mussten. Sie würden die Nacht nebeneinander auf einer Matratze verbringen, die kaum breit genug für zwei Leute war.

»Da ist doch nichts dabei, oder?«, flüsterte sie ihrem Spiegelbild zu und holte ihre Zahnbürste aus der Waschtasche.

Es wäre vielleicht einfacher, wenn Coral nicht so eine einnehmende Persönlichkeit hätte. Aber ein Bett mit einer langjährigen Freundin bei einer Übernachtungsparty zu teilen oder neben einer Frau zu liegen, zu der sie sich durchaus ein kleines bisschen hingezogen fühlte, waren zwei Paar Schuhe.

Ruby unterdrückte entnervt das Kribbeln in ihrem Bauch, das hier vollkommen fehl am Platz war. Dieser Trip war eine *geschäftliche Vereinbarung.*

Als sie zurückkehrte, kletterte Coral als Erste ins Bett und wich Rubys Blick dabei aus. Sie trug ein T-Shirt mit einem Logoaufdruck von *Lavoie Autowerkstätten*, das ihr viel zu groß war, und ultraknappe Shorts, die darunter quasi verschwanden.

Ruby atmete tief durch und folgte ihr auf die Matratze. Normalerweise hatte sie zum Schlafen nur ein Oberteil an, aber heute hatte sie sich für eine karierte Flanellhose zu ihrem Tanktop entschieden. Zwei

Drittel des Betts waren zwischen ihnen frei, weil sie beide jeweils ganz an den Rand rutschten.

Okay. Das ist in Ordnung. So kann ich einschlafen. Ich bewege mich einfach nicht mehr.

Coral lachte leise.

»Was ist?«, fragte Ruby.

»Der riesige Abstand zwischen uns.«

»Willst du lieber kuscheln?«

»Nein, ist schon okay ...« Coral strich mit der Hand über die leere Fläche. »Meine Grandma hat das immer ›Platz für Jesus lassen‹ genannt.«

Ruby prustete laut los. »Dein armer Großvater.«

Coral stimmte mit ein und das Lachen war so ansteckend, dass sie eine ganze Weile brauchten, um sich wieder zu beruhigen. Ruby schaute grinsend an die Decke. Das hatte sich gut angefühlt und jetzt war sie deutlich entspannter. So was hatten sie nach dem langen Reisetag gebraucht. Gerade kam es ihr vor, als wäre es schon eine Woche her, dass sie sich kennengelernt und in der Tiefgarage ihre Habseligkeiten sortiert hatten.

»Gute Nacht, Ruby«, sagte Coral und ihre Stimme schwebte über der Fläche zwischen ihnen, die sie für Jesus freihielten.

Ruby lächelte in die Dunkelheit und genoss die angenehme Empfindung in ihrer Brust, die sich nach so was wie Abenteuer anfühlte. »Gute Nacht, Coral.«

Kapitel 11
Coral

Nachdem sie einkaufen gegangen waren und getankt hatten, folgten Coral und Ruby weiter dem Highway 101, der sich an der malerischen Küste Oregons entlangschlängelte, vorbei an Ortschaften, die so klein waren, dass sie innerhalb eines Wimpernschlags vorbeizogen. Sie wechselten sich beim Fahren ab, damit sie beide die Möglichkeit hatten, aus dem Fenster zu filmen und Material für Content zu sammeln, der hoffentlich viral gehen würde.

»Okay, würdest du lieber zehn Hunde oder gar keinen Hund adoptieren?«, fragte Coral, die gerade auf dem Beifahrersitz saß. Dieses Spiel spielten sie schon seit einer ganzen Weile und sie hatte viel mehr Spaß daran, als sie am Anfang gedacht hatte. Und gemessen daran, wie sehr Ruby dabei aufgetaut war, ging es ihr wohl genauso.

Ruby summte leise und tippte mit den Fingern aufs Lenkrad. »Zehn. Ich hätte lieber zu viele Hunde als gar keinen. Allerdings müsste ich dann meinen Van verkaufen und mit einem umgebauten Schulbus durch die Gegend ziehen.«

Coral nickte. »Stimmt. Ein Hund ist ... Oh, wow, schau dir die Aussicht an!«

Das war bestimmt das fünfzehnte Mal, dass eine von ihnen das heute gesagt hatte, aber angesichts der dramatischen Felsküste, an der sich riesige Wellen brachen, fiel es wirklich schwer, die Begeisterung im Zaum zu halten. Dazu kamen noch die Flüsse und andere Gewässer, die es hier überall gab und die zu schön waren, um nicht darauf hinzuweisen.

Sie beobachteten den Ozean, bis sie um die nächste Kurve bogen und ihn nicht mehr sehen konnten.

»Würdest du lieber …« Ruby kaute auf ihrer Unterlippe. »Okay, würdest du lieber auf Socken oder auf Unterwäsche verzichten?«

Coral dachte eine ganze Weile ernsthaft über die Frage nach. »Unterwäsche. Ohne die könnte ich leben, aber ohne Socken würde ich so viele Blasen bekommen, dass ich wahrscheinlich nie wieder wandern gehen könnte.«

»Macht Sinn. Ich bin nicht so wanderlustig wie du, also entscheide ich mich für die Unterwäsche. Ich könnte auch in Sandalen überleben.«

»Nachvollziehbar. Hm … Würdest du lieber umsonst in einem Sterne-Restaurant essen oder eine Nacht Sex mit deinem Promi-Schwarm haben?«, fragte Coral.

Ruby zögerte eine halbe Sekunde. »Kostenloses Sterne-Essen.«

Coral nahm die Kamera runter und wandte sich zu ihr um. »Echt? Du würdest Essen Sex vorziehen?«

»Ein Weltklasse-Menü für Hunderte von Dollar? Ja.«

Coral musterte sie eingehend, bevor sie sich wieder nach vorn drehte und sich ein wissendes Grinsen nicht verkneifen konnte. »Verstehe.«

»Was denn?«

»Nichts.«

»Was?« Ruby wurde lauter.

»Dafür gibt es eigentlich nur zwei mögliche Gründe: Entweder hast du keinen Promi-Schwarm … oder du hattest noch nie guten Sex.«

»Wie bitte?«, fragte Ruby perplex.

»Ja, ich denke, es ist Letzteres«, gab Coral trocken zurück.

»Ich hatte schon guten Sex!«

»Nicht gut genug, dass du den lieber hättest als Essen.«

»Weltklasse-Essen.«

»Es ist immer noch nur Essen.«

»Bei so was geht es um das ganze Dinner-Erlebnis«, erwiderte Ruby nachdrücklich. »Das Menü besteht aus mehreren Gängen, verschiedenen Getränken, Nachtisch, Kerzen … Man fühlt sich wie ein VIP.«

»Beim Sex bekommt man Vorspiel. Und wenn man mit der richtigen Person zusammen ist, fühlt man sich auch wie ein VIP.« Coral wackelte zweideutig mit den Augenbrauen.

»Oh, hör auf.« Ruby kicherte angespannt. »Und außerdem wäre der Promi-Sex bedeutungslos. Wenn ich das genießen soll, muss es mir etwas bedeuten.«

»Okay, gutes Argument.«

Ruby schaute lächelnd nach vorn. Sie hatte ein kleines Muttermal an der Schläfe, direkt oberhalb ihres Wangenknochens. Ein paar Strähnen hatten sich aus ihrem Pferdeschwanz gelöst und flatterten im Fahrtwind, der durch den Fensterspalt in den Van fuhr. »Vielleicht hast *du* ja noch nie gutes Essen genossen. Hast du daran schon mal gedacht?«

»Ich habe schon gut gegessen.«

Ruby schüttelte den Kopf. »Jetzt musst ich die schweren kulinarischen Geschütze für dich auffahren.«

»Ich freue mich drauf.«

In Corals Körpermitte regte sich etwas, das nur ein Gespräch über Sex auslösen konnte. Und etwas, das auf die Mischung von Sex und Ruby zurückzuführen war. Sie griff erneut nach der Kamera, um sich mit dem Panorama abzulenken, bevor ihr Verstand sich noch weiter auf absolut unangebrachte Wege bewegen konnte.

»Mit wem hattest du denn die ganzen VIP-Erlebnisse?«, fragte Ruby. »Bist du in einer Beziehung?«

Coral grinste. Also dachte Ruby auch noch darüber nach. »Single. Ich hatte bisher zwei Partnerschaften. Eigentlich drei, aber die erste zählt nicht, weil die mit einem Kerl und der Sex definitiv nicht gut war. Die anderen beiden waren mit Frauen und *da* bekommt man die VIP-Behandlung.«

Ruby stutzte. Und zwar nicht nur ein bisschen, sondern gewaltig und sichtbar. Ihr blieb der Mund offen stehen, und die Frage in ihrem Blick war unübersehbar.

»Ja, bitte?«, fragte Coral.

»Du bist ... Ich wusste nicht ... Bist du lesbisch?«

Coral zog eine Augenbraue nach oben. »Eh, ja. Wusstest du das nicht?«

»Nein. Woher denn?«

»Ich habe auf meinem Kanal schon darüber geredet ...« Corals Magen krampfte sich zusammen, als ihr klar wurde, dass sie da wohl etwas falsch eingeschätzt hatte. »Sorry, das weißt du wahrscheinlich nicht, wenn du meine Videos nicht verfolgst.«

Ruby schwieg eine Weile und Coral hätte so einiges gegeben, um zu wissen, was ihr gerade durch den Kopf ging.

»Ich spreche in meinen Videos nie über Beziehungen«, meinte Ruby schließlich. »Aber ich bin auch lesbisch.«

Corals Hirn legte eine Vollbremsung hin. »Oh mein ... Ist das dein Ernst?«

»Warum sollte ich nicht ...«

»Das hätte ich nie vermutet!« Der kleine Funken in ihrem Inneren loderte hell auf. Ruby war nicht nur schön und erfolgreich, sondern stand auch auf Frauen? War diese Göttin wirklich ein echter Mensch?

Hör auf damit. Ihre Sexualität sollte nicht wichtig sein.

Ihre Partnerschaft war eine geschäftliche Vereinbarung. Sie anzumachen wäre wie eine Arbeitskollegin anzumachen. Das überschritt eine Grenze. War unangebracht.

»Warum spielt das eine Rolle?« Ruby verengte die Augen misstrauisch zu Schlitzen.

Coral lächelte. »Ich freue mich nur darüber, dass wir beide queer sind. Für unsere Kanäle. Vielleicht sollten wir das nutzen, um unser Marketing ...«

»Nein«, unterbrach Ruby sie nachdrücklich.

»Warum nicht?«, wollte Coral wissen. Das war doch ein vernünftiger Vorschlag.

»Dafür gibt es keinen Grund. Ich bin sowieso Dauersingle und meine Sexualität sollte für meine Follower keine Rolle spielen.«

»Ja und nein. Es ist Teil deiner Identität. Mein Publikum steht voll drauf, wenn ich Dinge aus meinem Privatleben mit ihm teile.«

Ruby bog auf einen Rastplatz namens Boiler Bay ab, von dem aus man den vermutlich schönsten Ausblick des bisherigen Tags hatte – eine hohe Klippe mit dem Panorama einer türkisfarbenen Bucht.

»Wir sind zwei Frauen auf einem Roadtrip, das ist unser Aufhänger«, sagte Ruby.

»Zwei Lesben«, murmelte Coral.

Sie stiegen aus und lehnten sich ein Stück weiter an einen Holzzaun. Selbst Calvin schien von dem Anblick fasziniert zu sein und streckte den Kopf zwischen den Balken durch, um aufs Wasser zu spähen. Unter ihnen donnerten die Wellen gegen das zerklüftete, felsige Ufer, und die Gischt spritze dabei so hoch, dass es den Leuten, die mit Kameras um sie herumstanden, ein überraschtes Keuchen entlockte. Der eiskalte Sprühnebel benetzte Corals Wangen und sie schmeckte Salz auf der Zunge.

»Können wir einfach dabei bleiben, dass wir zwei Vanliferinnen sind, die sich zusammengetan haben?«, fragte Ruby. »Ich verstecke meine Sexualität nicht, aber ich will auch nicht in eine bestimmte Schublade gesteckt werden. Mein Thema ist *weibliche, achtsam lebende Vanliferin* und wenn ich da noch *lesbisch* hinzufüge, schränkt das meine Zielgruppe zu sehr ein.«

»Okay. Ich sehe das anders, aber okay.« Vielleicht war das auch eine dieser Sachen, bei denen Coral offener war als Ruby. Das war in Ordnung. Also würde sie darüber nicht in ihrem nächsten Video sprechen. Es gab ja noch genug andere Themen, oder?

Ruby wandte sich ihr zu und löste die verschränkten Arme. »Bist du wirklich so naiv?«

»Wie meinst du das?«

»Wir posten Content im *Internet*. Da draußen sind so viele Trolle und Perverse unterwegs, die uns fetischisieren würden. Ich muss jetzt schon täglich irgendwelche Spinner blockieren. Das wäre wie …« Sie erschauerte und drehte sich stirnrunzelnd wieder zum Wasser.

Hitze stieg Coral in die Wangen. Den Teil hatte sie nicht bedacht – und sie würde auch nicht so viel abbekommen wie Ruby, weil ihre Plattform so viel kleiner war. »Tut mir leid.«

Ruby vermied es, ihr in die Augen zu sehen. Der Wind peitschte ihr Haarsträhnen ins Gesicht und sie hielt den Blick finster aufs Wasser gerichtet. »Schon okay. Gehört dazu, wenn man Creator ist, oder?«

Sie betrachteten die Landschaft einen Moment lang und das Schweigen zwischen ihnen dehnte sich aus.

»Was ist mit all den Menschen, die sich inspiriert und positiv bestärkt fühlen würden?«, fragte Coral leise. »Wie hättest du dich vor ein paar

Jahren gefühlt, wenn du auf YouTube jemanden gesehen hättest, der so etwas mit dir gemeinsam hat?«

Endlich schaute Ruby sie wieder an. »Ich hätte vermutlich gejubelt.«

Coral lächelte. »Das sind die Leute, für die ich das mache. Ich will die Repräsentation *sein*, die ich mir immer gewünscht habe. Weißt du, was ich meine?«

Ruby musterte sie mit zusammengezogenen Augenbrauen. Dann nickte sie kaum wahrnehmbar.

»Ich überlasse dir die Entscheidung«, sagte Coral. »Ich kann beide Seiten nachvollziehen.«

Rubys Mundwinkel zuckten nach oben. »Danke.«

Sie blieben noch eine Weile, um die mächtigen Wellen schäumen und branden zu sehen. Die ruhigen Strände zu Hause konnten dem hier nicht das Wasser reichen, und Coral griff nach ihrer Kamera, um ein paar wirklich spektakuläre Aufnahmen zu machen. Das angenehme Rauschen vibrierte in ihren Ohren, beruhigend und energiespendend zugleich.

Ruby ging mit Calvin auf und ab, damit er sich die Beine vertreten konnte, blieb aber ab und zu stehen, um Fotos und Videos aufzunehmen. Sie bewegte sich mit der Eleganz einer Tänzerin, genau wie Coral es schon in ihren Videos gesehen hatte. Als sie ihren Pferdeschwanz neu band, um die entflohenen Strähnen unter Kontrolle zu bringen, musste Coral sich zwingen, den Blick von ihren Armen und ihrem Hals abzuwenden.

Von der Geschäftspartnerschaft mal abgesehen, spielte Ruby weit außerhalb ihrer Liga. Sie war älter, erfolgreicher, interessanter, selbstbewusster und auch sonst einfach *mehr*. Es war peinlich, dass Coral überhaupt darüber nachdachte.

»Wollen wir los?«, fragte Ruby und holte Coral damit abrupt in die Realität zurück.

»Ja!«, gab Coral ein bisschen zu enthusiastisch zurück.

Sie stiegen wieder in den Van und setzten die Fahrt mit Ruby hinterm Steuer fort.

Hatte Ruby recht, dass sie lieber beim Thema *weibliche Vanliferin* bleiben und damit noch mehr eklige Kommentare vermeiden sollten?

Oder könnten sie sogar Zuwachs gewinnen, wenn sie offen über ihre Sexualität sprachen?

Letzteres löste ein aufgeregtes Flattern in Corals Brust aus. Mit einer erfolgreichen Content-Creatorin auf eine Reise zu gehen, war eine Sache, aber es gab so viel Potenzial für noch interessantere Videos – für so viel mehr als eine normale Roadtrip-Serie.

Wie viel besser würden ihre Videos ankommen, wenn ihre Zuschauer wüssten, dass sie beide Single waren, beide auf Frauen standen und jede Nacht im gleichen Bett schliefen? Und was für einen Zulauf würden sie dafür aus der queeren Community bekommen?

Coral würde das Thema nicht noch mal anschneiden und Ruby Zeit lassen, darüber nachzudenken, aber nach dieser Erkenntnis gab es eigentlich kein Zurück mehr – und der Samen einer Idee keimte bereits in ihrem Hinterkopf.

Kapitel 12
Ruby

»Tut mir leid, dass du jetzt überall Hundehaare hast.« Ruby versuchte, die Bank abzuwischen, aber es war hoffnungslos. Corals Van war nachhaltig infiltriert worden.

»Schon okay.« Coral lachte. »Das macht mir nichts aus. Wirklich nicht.«

Sie hatten die Oregon Dunes erreicht, einen Dünengürtel, der durch tiefen hellbraunen Sand gekennzeichnet war. Ihr Campingplatz befand sich in einer wunderschönen Waldoase namens Umpqua Lighthouse State Park, in dem hohe Bäume einen Flickenteppich aus Licht und Schatten erschufen. Die Luft roch sauber und frisch und in der Ferne hörte man das Rauschen des Meers.

Coral ging die Wasserkanister auffüllen, die durch die lange Fahrt gefährlich leer geworden waren, während Ruby den Strom anschloss und den Dreck rauskehrte, der sich auf dem Boden gesammelt hatte und dort bereits ein kleines Ökosystem etablierte. Dann räumte sie die Kleidung auf, die auf dem Bett herumlag, und warf die Kassenzettel und Verpackungen weg, die Coral gerne überall rumliegen ließ. Damit war der Van in einem akzeptablen Zustand, bei dem sie aufatmen und die Kamera anmachen konnte.

Etwas, das sich nach Frust anfühlte, regte sich in ihrem Bauch. War ein Video über eine ganz normale Campingroutine überhaupt interessant genug? Warum sollten ihre Zuschauer sich das anschauen? Das gestrige Video hatte nur eine durchschnittliche Anzahl an Klicks und Kommentaren erzielt und es waren nicht nennenswert mehr Follower dazugekommen. Nachdem sie im Moment eher mäßige Erfolge erzielte, kreisten ihre Gedanken nun doch wieder um Corals Vorschlag, offen mit ihrer Sexualität umzugehen.

Das hatte sie aus gutem Grund abgelehnt. Es gab wenig, was gruseliger war als Privatnachrichten von wildfremden Kerlen, die sie fragten, ob sie gerade allein war, oder ihr mitteilten, dass sie sie vor Kurzem gesehen hatten, oder die herausfinden wollten, wohin sie als Nächstes fuhr.

An solchen Tagen war sie dankbar für Calvin und Bären-Abwehrspray.

Aber leider ließen sich solche Dinge im Internet nicht vermeiden, und ob sie nun offen über ihre Sexualität sprach oder nicht, würde nichts an der Tatsache ändern, dass es solche ekelhaft-gruseligen Typen immer geben würde.

Coral hatte schon recht mit dem Argument, selbst die Art von Repräsentation zu sein, die man sich früher immer gewünscht hatte. Die Entscheidung wurde ihr ziemlich leicht gemacht, als sie sich die Reaktion ihres jüngeren Ichs auf eine sapphische Asian-American YouTuberin vorstellte. Sie könnte ein Vorbild für Leute sein, die diesen Teil ihrer Identität mit ihr gemeinsam hatten. Und außerdem bekam man mehr Klicks, wenn man sein Privatleben mit der Kamera teilte. Man musste sich ja nur mal durch die Vanlife-Kanäle auf YouTube scrollen, die Beweis genug dafür waren.

Bis vor Kurzem hatte sie nie in Betracht gezogen, auf ihrem Kanal aus dem Nähkästchen zu plaudern. Ihre Inhalte verfolgten einen anderen Zweck. Was sollte sie überhaupt erzählen? Sie war wirklich ein Dauersingle und hatte nicht vor, das in naher Zukunft zu ändern. Ihr Leben war so schon kompliziert genug, auch ohne ein Liebesleben.

»Wollen wir eine Runde über den Platz drehen?«, fragte Coral.

Ruby warf einen Blick auf die Uhr. Es war noch ein bisschen früh, um mit dem Kochen anzufangen. »Ich hole Calvins Leine.«

Bei der Erwähnung seiner Leine sprang Calvin begeistert auf und ab. Sie machten einen Spaziergang, auf dem sie die anderen Camper abcheckten und die unterschiedlichen Wohnmobile und Wohnwagen bewunderten, bevor sie einem Pfad hinunter zum Lake Marie folgten. Die Oberfläche des kleinen Sees war spiegelglatt und außer dem ausgetretenen Weg gab es keine Anzeichen auf menschliche Eingriffe. Sie nahmen die Kameras zur Hand, um die Szenerie einzufangen.

»Das wäre ein toller See zum Paddleboarden«, sagte Coral sehnsüchtig. »Sieh nur, wie ruhig er ist.«

»Ich habe Paddleboarden noch nie ausprobiert. Verpasse ich da was?«

»Das würde dir mit Sicherheit gefallen. Ist wie Meditation.«

Ruby stellte sich vor, wie sie mit Calvin zu ihren Füßen auf einem schwimmenden Brett stand. »Bis man reinfällt.«

Coral warf ein Steinchen ins Wasser und beobachtete die Ringe, die sich auf der Oberfläche ausbreiteten. »Auf einem See wie dem hier fällt man nicht rein.«

»Ich würde bestimmt eine Möglichkeit finden.«

Coral lachte. »Du kommst mir nicht sehr tollpatschig vor.«

»Nicht tollpatschig, aber ich habe kaum Erfahrung mit körperlichen Aktivitäten.«

»Haben dich deine Eltern nicht zu irgendeinem Sport geschickt?«

Ruby schüttelte den Kopf und ignorierte den schmerzhaften Stich, der sie immer noch jedes Mal durchzuckte, wenn jemand von *Eltern* sprach und davon ausging, dass sie noch beide hatte.

Vielleicht konnte sie Coral doch von ihrem Dad erzählen. Nach den letzten zwei Tagen war sie eher bereit, ihr so persönliche Dinge anzuvertrauen.

Sie umrundeten weiter den See, und Calvin hielt Ausschau nach einer Lücke im Uferbewuchs, um sich eine Schwimmrunde zu genehmigen.

»Ich würde ja behaupten, dass Paddleboarden eine der leichtesten Übungen ist ... aber ich hatte auch schon zu kämpfen«, sagte Coral.

Ruby lächelte. »Wieso das?«

»Ich bin mal – und auch nur einmal – bei Wind auf einen See rausgepaddelt. Hatte ein bisschen zu viel Vertrauen in meine Muckis.«

Sie spannte die Oberarme an und tätschelte ihren Bizeps.

Ruby lachte.

»Gegen den Wind kam ich einfach nicht an, da konnte ich paddeln, so viel ich wollte«, fuhr Coral fort. »Ich war zu erschöpft für den Rückweg und wurde so weit von meinem Startpunkt abgetrieben, dass ich keine Chance hatte. Also bin ich auf einem Privatgrundstück an Land gegangen, habe mich mit meinem Brett durch Brombeerbüsche geschlagen und bin schließlich blutig zerkratzt an einer Straße rausgekommen. Ich musste per Anhalter zu meinem Campingplatz zurück. Eine nette Familie in einem Jeep hat angehalten und mich gerettet.«

Ruby starrte sie mit offenem Mund an. »Okay, ich hätte geheult.«

Coral lachte. »Hätte ich auch fast.«

»Ich weiß nicht, was Furcht einflößender ist – das Beinahe-Ertrinken oder das Trampen.«

Coral zuckte die Schultern. »Ich musste schon ein paarmal per Anhalter fahren, wenn ich in anderen Ländern unterwegs war. Ein bisschen Angst ist immer mit im Spiel – man hat ja Horrorgeschichten im Hinterkopf –, aber bis jetzt ist es immer gut gegangen.«

Ihr Handy piepte und sie zog es aus der Tasche, um aufs Display zu sehen. Was auch immer in der Textnachricht stand, es ließ ein zauberhaftes Lächeln auf ihren Lippen erscheinen.

Sie war einer der spannendsten Menschen, die Ruby je kennengelernt hatte. Sie selbst hatte noch nicht mal Paddleboarden ausprobiert, geschweige denn ein Abenteuer, bei dem sie beinahe irgendwo im Nirgendwo strandete. Und Trampen? Sie würde lieber zu Fuß gehen, als ihr Leben einer wildfremden Person anzuvertrauen.

So kleine Details aus Corals Reisen und Abenteuern zu hören, ließ in Ruby den Verdacht aufsteigen, dass sie selbst eigentlich ziemlich langweilig war. Es gab keine Katastrophen, von denen sie erzählen könnte. Selbst wenn sie es versuchte, es gab keine einzige interessante Geschichte über sie.

Calvin fand tatsächlich eine Lücke zwischen den Büschen und stürzte sich platschend ins Wasser. Er schwamm eine Runde im Kreis und seine Augen strahlten pure Lebensfreude aus, was Ruby und Coral zum Lachen brachte, während sie ihn filmten.

Corals Handy meldete sich erneut. Sie blieb stehen, um zu antworten, und das kleine, herzförmige Lächeln erschien wieder auf ihren Lippen.

Sie merkte, dass Ruby sie beobachtete, und sagte: »Meine Schwester. Sie hat einen neuen Freund.«

Ruby wandte den Blick ab und ihre Wangen wurden heiß, weil sie beim Gaffen erwischt worden war. »Ah ja?«

»Na ja, mehr oder weniger. Sie hat neben dem Studium kaum Zeit für ihn.« Coral verdrehte die Augen. »Sie hat keine Zeit für irgendwas, das ihr Spaß macht.«

»Das Leben ist eben oft stressig, oder?«

Coral neigte den Kopf zur Seite. »Keine Ahnung. Bei manchen Leuten scheint es schlimmer zu sein als bei anderen. Ich habe oft das Gefühl, dass ich durch den minimalistischen Lebensstil mehr Zeit zur Verfügung habe. Du nicht auch?«

»Hm. Ich lebe minimalistisch, aber ich habe trotzdem keine Zeit für ein Sozialleben.«

»Nicht mal für eine Beziehung?«

Ruby schüttelte den Kopf. »Vor allem nicht für eine Beziehung. Ich habe bessere Dinge zu tun.«

Und mit *Dingen* meinte sie, ihrer Mutter zu helfen, was realistisch betrachtet wohl auch der einzige Punkt auf der Liste war. Aber das war wichtig.

Coral nickte. Eine kleine Falte erschien zwischen ihren Augenbrauen, als sie Ruby nachdenklich musterte. Was ging ihr wohl gerade durch den Kopf?

Ruby schaute auf die Uhr. »Lass uns zurückgehen, dann mache ich uns Abendessen. Was hältst du von Sushi-Bowls?«

Corals Gesichtsausdruck hellte sich auf und sie grinste. »Lecker! Aber soll ich heute nicht das Kochen übernehmen?«

Ruby schüttelte den Kopf. »Ich brauche Content für meinen Kanal.«

Zurück am Van blieb Coral mit Calvin draußen, während Ruby ihre Ringlichter und die Kamera aufbaute. Sie erklärte jeden einzelnen Schritt, während sie den Reis aufsetzte und dann gewürfelten Tofu und Jamswurzel mit einer Gewürzmischung marinierte.

»Spart nicht mit dem Ingwer«, sagte sie in die Kamera und hielt ein kleines Gläschen hoch.

Als Nächstes dünstete sie fein geschnittenen Weißkohl, Karotten und Edamame mit ein bisschen Sojasoße an. Das Gericht sah fantastisch aus und würde sicher seine Fans finden. Aber reichte das?

Zu prognostizieren, welches Video viral ging, war ein unmögliches Unterfangen – aber vielleicht hatte Coral recht und es war an der Zeit für eine drastische Veränderung. Für ein bisschen Abenteuerlust. Ruby sollte zumindest nicht mehr ganz so zurückhaltend sein, und wenigstens ein bisschen was aus ihrem Privatleben mit der Kamera teilen.

Sie konnte nicht leugnen, dass sie eine tiefe Abneigung dagegen hegte. Das lag vor allem an der Gefahr, sich angreifbar zu machen, indem sie wildfremden Menschen sehr schmerzhafte Dinge erzählte – wie zum Beispiel vom Verlust ihres Vaters. Fremde Leute im Internet waren nicht ihre Therapeuten und sie schuldete denen auch keine Geständnisse von Dingen, die nur sie etwas angingen.

Aber über einen Aspekt ihres Privatlebens zu sprechen, hieß ja nicht, dass sie gleich alles erzählen musste. Sie konnte sich entscheiden, was sie mit der Öffentlichkeit teilte. Sie musste nicht über Dinge sprechen, die wehtaten.

Würde das bei ihren Zuschauern ankommen? Oder würden sie die Augen verdrehen und zu einem anderen Kanal abwandern, der ihnen den Content lieferte, den sie haben wollten?

Die aktuellen Kommentare lieferten kein eindeutiges Bild. Einige Leute waren begeistert von dem Roadtrip, andere sagten ihr klipp und klar, wie sehr sie jegliche Veränderung ablehnten.

Hör bitte nicht auf, deinen normalen Content zu machen! Ich liebe die entspannten Momente mit Ruby & Calvin!

Oh, wie toll. Mein Freund und ich überlegen, den gleichen Roadtrip zu machen. Freue mich sehr auf deine Videos!

Frust stieg in ihr auf. Wie sollte sie bloß so viele Abonnenten wie möglich zufriedenstellen? Warum gab es nicht einfach eine Anleitung, um neue Zuschauer zu gewinnen, ohne die alten zu verlieren?

Sie mischte Reisessig unter den gekochten Reis und teilte diesen dann auf zwei Schüsseln auf. Darauf verteilte sie den Tofu, die Jamswurzel und das Gemüse, bevor sie noch jeweils eine halbe Avocado aufschnitt und sie fächerförmig auf den Bowls drapierte.

»Und zum Schluss gibt es noch ein Seetang-Topping«, sagte sie in die Kamera. »Dafür benutzen wir Nori.«

Sie röstete zwei Nori-Blätter an, die sie anschließend über die Bowls krümelte, und dann garnierte sie das Ganze noch mit etwas geröstetem Sesam. Abgerundet wurde alles mit einem Klecks veganer Siracha-Mayonnaise.

Wunderschön. Ein Regenbogen in der Schüssel.

Sie sah das Ergebnis finster an.

Dann schauen wir mal, was das Publikum davon hält.

Kapitel 13
Coral

Während Ruby kochte, kümmerte Coral sich um den Aufbau ihres Außenbereichs. Sie legte eine Bambusmatte aus, damit sie barfuß nach draußen konnten, und hatte gerade eine Tischdecke über den hölzernen Picknicktisch ausgebreitet, als ihr Handy eine weitere Nachricht von Farrah anzeigte.

Wie läuft's denn mit Ruby Hayashi? Ist sie toll?

Coral zögerte mit der Antwort. Ja, Ruby war toll. Sie war so elegant und perfekt wie ihre Videos, und ab und zu ließ sie Coral einen Blick auf den Menschen hinter dieser Fassade werfen – die Frau, die ihrer Mutter unter die Arme griff, die sich Sorgen um ihre berufliche Zukunft machte, die sich die Haare flocht, bevor sie ins Bett ging, und die in einem Tanktop und Flanellshorts schlief.

Coral beschränkte sich auf eine einfache Antwort.

Es macht echt Spaß. Ruby ist cool und Calvin einfach nur süß. Jetzt will ich auch einen Hund adoptieren.

Sie holte die Lichterketten und hängte sie vor dem Van auf. Dabei trudelte Farrahs nächste Nachricht ein.

Tu es! Hol dir einen Bernadoodle.

Coral schüttelte grinsend den Kopf.

Bleib mal auf dem Teppich. Bernadoodles sind schweineteuer. Ich hatte eher an einen Hund aus dem Tierheim gedacht. Calvin hat ein schweres Trauma.

Oooh. Mag er dich?

Coral betrachtete den Hund, der noch feucht von seinem Schwimmausflug lang ausgestreckt auf dem Boden lag. Er hob den Kopf, um sie mit seinen riesengroßen Augen anzuschauen, ließ ihn aber sofort wieder sinken. Sie lächelte.

Es wird langsam. Käse stärkt die Freundschaft.

Und Ruby?

Coral brauchte einen Moment, um die Frage zu verstehen. Mochte Ruby sie?

Im Van rumorte Ruby gerade in der Küche und erklärte das Rezept für die Kamera.

Trotz der nervenaufreibenden Erfahrung beim Umräumen und der späten Ankunft in Cannon Beach lief es ziemlich gut bisher. Sie lachten oft und unterhielten sich über das echte Leben. Ruby hatte ihr sogar das mit ihrer Mom erzählt. Sie war nur zurückhaltend und dadurch schwer einzuschätzen.

Es machte sie aber auch faszinierend.

Ja, Ruby mag mich auch.

Coral verlagerte das Gewicht unruhig aufs andere Bein und das Thema trieb ihr Röte in die Wangen.

In diesem Moment verließ Ruby mit zwei Schüsseln in den Händen grinsend den Van. »Sieht gut aus!«

»Danke.« Coral verabschiedete sich noch schnell von Farrah und steckte dann das Handy weg.

Ruby neigte den Kopf zur Seite und schenkte ihr ein süßes Lächeln. »Es ist angerichtet.«

Sie bauten eine Kamera auf dem Picknicktisch auf und machten es sich bequem.

Coral probierte und *wow*, das schmeckte unglaublich gut. »Okay, das kann es mit Sex aufnehmen«, gab sie zähneknirschend zu.

»Ha!« Ruby machte eine triumphierende Geste.

»*Aufnehmen*. Ich habe nicht gesagt, dass es besser ist.«

»Damit kann ich leben.«

Vogelgezwitscher und Blätterrascheln begleitete das Abendessen, und Ruby veränderte zwischendurch immer mal wieder die Einstellungen ihrer Kamera.

Es war interessant, dass sie bisher nichts an den ruhigen Kochvideos verändert hatte, die sie postete. Und Coral hatte auch noch nichts anderes in ihren eigenen Aufnahmen ausprobiert. Sie machten beide weiter ihren üblichen Stiefel, steckten im gleichen Fahrwasser fest, nur die Kulisse hatte sich geändert. Waren sie nicht auf dieser Reise, um aus der Komfortzone herauszukommen und aufregenden Content zu produzieren?

»Wie ist denn das Video angekommen, das du gestern gepostet hast?«, fragte Coral.

Ruby zuckte die Schultern. »So lala. Bei dir?«

»Genauso.« Coral zögerte. Sie wollte morgen ein kleines Abenteuer mit Ruby wagen, hatte aber Angst vor der Antwort. Also bemühte sie sich um einen unbeschwerten Tonfall. »Vielleicht solltest du es morgen mal mit einem Video von uns in einem Strandbuggy versuchen anstatt wieder mit einem Rezept.«

Leider funktionierte das mit dem Tonfall nicht.

»Meine Follower wollen den gleichen Content wie immer«, erwiderte Ruby ein bisschen schnippisch. »Ich hatte viele Kommentare, in denen ich darum gebeten wurde, einfach so weiterzumachen. Ich kann es mir nicht leisten, mein Bestandspublikum zu vergraulen.«

»Okay, sorry. Ich dachte nur, dass du mal was anderes machen willst.«

»Das tust du doch auch nicht. Versuch doch mal, die kleinen Dinge zu genießen, anstatt alles in ein großes Abenteuer verwandeln zu wollen.«

»Ich genieße die kleinen Dinge doch!«, entgegnete Coral. Das hatte gesessen. »Aber Abenteuer sind das, woran man sich bei einem Urlaub erinnert, und das weißt du auch. Wann bist du das letzte Mal ein Risiko eingegangen?«

Calvin schaute mit gespitzten Ohren zwischen ihnen hin und her, als würde er den Grund suchen, warum ihre Stimmen auf einmal lauter geworden waren.

»In einem Van leben ist schon ein Risiko an und für sich«, sagte Ruby.

Am liebsten hätte Coral erwidert: »Nicht so, wie du es machst.« Stattdessen sagte sie jedoch ruhiger: »Ich werde morgen einen Strandbuggy mieten. Kommst du mit?«

Ruby starrte sie finster an. Sie sah wirklich süß aus, wenn sie so ein verkniffen-wütendes Gesicht zog, was es wirklich schwer machte, sauer auf sie zu sein.

Ihr Blick huschte über Corals Gesicht. »Ich verstehe dein Argument mit den Abenteuern und den schönen Erinnerungen. Aber ich weiß nicht, ob mir die Vorstellung einer Fahrt in einem Strandbuggy zusagt.«

»Probier es wenigstens mal aus. Dann kannst du ein Strandbuggy-Video *und* ein Rezept posten.«

Eine Pause entstand, während Ruby offenbar nach einem Gegenargument suchte. »Ich denk drüber nach.«

Das war immerhin ein Anfang.

Nach dem Essen widmeten sie sich schweigend dem Schneiden der heutigen Videos. Coral wollte Ruby um Rat bitten – es gab eine Menge Funktionen, die sie bislang nicht nutzte, und vielleicht gab es sogar eine bessere Software –, aber Ruby wirkte so in ihre Arbeit vertieft. Also behielt Coral ihre Fragen für sich und störte sie nicht.

»Meinst du, dass ich vielleicht den Soft-Filter in meinen Videos weglassen sollte? Würden sie damit ein bisschen weniger durchgestylt und … anders aussehen?«

Moment mal, hatte Ruby Hayashi, die Expertin in Sachen Videobearbeitung, gerade Coral um einen Rat gebeten?

Coral zögerte. »Hmm … möglicherweise? Meinst du damit Farbkorrekturen?«

»Ja.«

Coral rutschte ein wenig auf der harten Bank herum und überschlug die Beine. »Ich finde, dass du bei deinem Stil bleiben solltest, weil das dein Markenzeichen ist. Wenn du etwas verändern willst, würde ich eher am Inhalt schrauben. Neue Sachen ausprobieren und so.«

Ruby kaute auf ihrer Unterlippe. »Ja.«

»Deine Schnitttechnik und Nachbearbeitung sind perfekt, Ruby. Eigentlich hatte ich sogar gehofft, dass du *mir* ein paar Tipps dafür geben kannst. Ich nutze kaum Filter und weiß immer noch nicht, welchen visuellen Stil ich etablieren soll.«

Ruby stand auf. »Klar, ich zeig dir ein paar Sachen.«

Coral machte Platz, als Ruby den Tisch umrundete und sich neben sie setzte. Ihr Arm streifte Corals, was deren Herz einen kleinen Hüpfer machen ließ. Aus irgendeinem Grund lehnte sie sich etwas zur Seite, als würde sie sich stumm bei Ruby für die Berührung entschuldigen.

Verdammt, warum muss sie so hübsch sein? Ich verhalte mich albern.

»Welche Programme nutzt du?«, fragte Ruby.

Coral zeigte es ihr, und es folgte ein Crash-Kurs in Sachen Video- und Tonbearbeitung. Sie machte sich Notizen und war verblüfft über Rubys umfangreiches Wissen. Dass Ruby ein paar Online-Kurse zu dem Thema gemacht hatte, wunderte sie allerdings nicht.

Sollte ich das vielleicht auch mal machen?

Das wäre möglicherweise auch ein Argument, um ihre Eltern davon zu überzeugen, dass sie eine bewusste Geschäftsentscheidung traf.

»Dich schickt echt der Himmel«, sagte Coral eine Stunde später. Sie hatte sich schon wortreich bei Ruby bedankt, aber das kam ihr nicht genug vor, um das Ausmaß ihrer Gefühle auszudrücken. Das Material, das sie heute aufgenommen hatte, sah exorbitant viel besser aus, als hätte sie es zu einer professionellen Produktionsfirma geschickt. Sie hatten zusammen einen hellen, leicht rosa gefärbten Filter erstellt, den sie zukünftig bei all ihren Videos benutzen konnte, um einen einheitlichen Farbton zu erhalten.

Ruby schaute ihr in die Augen. »Gern geschehen.«

»Hast du noch ein paar heiße Tipps fürs Marketing?«, wollte Coral mit einem hoffnungsvollen Lächeln wissen.

Ruby neigte den Kopf leicht zur Seite. »Schick es raus in die Welt und hoff auf das Beste.«

Kapitel 14
Ruby

»Ach komm schon, du hast so viele positive Kommentare bekommen!«, rief Coral vom Bett aus, wo sie sich durch die Zuschauerreaktionen auf Rubys Video vom Vortag scrollte. »Hör dir den hier an: *Wieder ein fantastisches Video, Ruby. Jetzt will ich auch nach Cannon Beach. Bleib, wie du bist, deine Schönheit strahlt von innen und außen!* Das ist doch nett, oder?«

Ruby rieb sich mit beiden Händen übers Gesicht und ließ sich auf der Bank gegen Calvin sinken. Corals Bemühungen waren wirklich süß, aber sie verstand das Problem nicht. »Der stammt von Mrs. Peppermint, die kommentiert alles positiv, was ich mache. Ich spreche von der allgemeinen Reaktionsquote.« Das Video gestern hatte nicht besser performt als das davor. Ja, es gab nette Kommentare, aber die Klickzahlen waren nicht in die Höhe gegangen. Tatsächlich setzte sich der Abwärtstrend weiter fort, den sie schon seit zwei Monaten beobachtete. War dieser Trip reine Energieverschwendung?

Mist, Mist, Mist. Ich bin so erledigt.

»Wie ist dein Video angekommen?«, fragte Ruby, um sich von ihrer Panik abzulenken.

Coral krauste die Nase und klappte ihren Laptop mit Schwung zu. »Na ja, mehr Follower habe ich durch dich schon bekommen, aber meine Klickzahlen sind nicht so gut wie erhofft. Aber heute ist erst Tag drei. Vielleicht brauchen wir einfach nur ein bisschen mehr Zeit.«

»Kann sein.«

Hoffentlich. Was sollten sie denn noch machen, um besseren Content zu produzieren? Aber das war natürlich die ultimative Frage, die wie eine dunkle Wolke über jedem hing, der damit Geld verdienen wollte.

Ruby stand seufzend auf, um Calvin sein Frühstück zu machen. Er beobachtete sie aufmerksam mit gespitzten Ohren.

Zum Glück war Coral nicht auf den Top-Kommentar unter dem Video eingegangen:

Ihr zwei seid so süß zusammen!

Ruby wusste nicht recht, wie sie das interpretieren sollte oder was sie davon hielt. »Süß« hatte ein ziemlich breites Bedeutungsspektrum. War damit gemeint, wie Coral und sie miteinander umgingen? Und was meinte die Person mit »zusammen«? Und warum hatten so viele Leute auf den Kommentar mit Zustimmung reagiert?

Sie frühstückten und machten sich fertig für den Tag, um dann zur Strandbuggy-Vermietung zu fahren, die sich nur ein paar Minuten die Straße runter befand. Coral wollte sich für zwei Stunden so ein Gefährt ausleihen und Ruby würde ... was anderes machen?

Argh.

Das Gespräch vom Vorabend lag Ruby immer noch schwer im Magen und machte sie unruhig und angespannt. Es war an der Zeit, abenteuerlustiger zu werden. Sie wollte frische Inhalte und das war eine gute Gelegenheit. Eigentlich hatte sie vorgehabt, einen Spaziergang über die Dünen zu machen, aber sie musste zugeben, dass man die berühmte Landschaft mit einem Strandbuggy besser erkunden konnte. Coral hatte eine Klimaanlage im Van, also konnte sie Calvin beruhigt hierlassen. Damit hatte sie keine Ausrede mehr.

Coral stellte den Van ab und wandte sich mit einem fragenden Ausdruck in den Augen zu Ruby um. Auf der Fahrt hierher hatten sie kein Wort gesprochen.

»Okay, ich habe mich entschieden.« Ruby wappnete sich gegen eine überschwängliche Reaktion. »Ich miete den Strandbuggy mit dir zusammen. Aber erwarte ja nicht, dass wir irgendwelche halsbrecherischen ...«

»Ja!« Coral lehnte sich zu ihr, als wollte sie Ruby umarmen, aber der Abstand zwischen ihren Sitzen war zu groß und der Hund im Weg. Die kleinen Grübchen zeigten sich wieder in ihren Wangen. »Oh mein Gott, ich freue mich so. Das wird toll.«

»Und ein bisschen teuer.«

»Wenn wir die Gebühr teilen, ist es nicht so schlimm. Und wir nutzen es für unsere Kanäle, also können wir das von der Steuer absetzen.« Sie zwinkerte Ruby zu,

»Ja …« Ruby verzog das Gesicht. Steuererleichterung hin oder her – sie betete, dass die hundert oder zweihundert Dollar, oder was auch immer das kostete, das Ganze wert waren.

Sie betraten den Empfangsbereich und das Kribbeln in Rubys Bauch wurde immer stärker, während sie Formulare ausfüllten und ihre Führerscheine und Kreditkarten über den Tresen schoben. Die Sicherheitsvideos machten es nur noch schlimmer. Das war gefährlich. Was, wenn sie über ein Loch im Sand fuhren und umkippten? Was, wenn das Fahrzeug auf ihr landete und sie sich etwas brach?

Zurück vor dem Gebäude stieß Coral sie sanft mit dem Ellenbogen an. »Ich sehe, dass du dich in deine Angst reinsteigerst, und du musst damit aufhören. Familien mit Kindern fahren damit herum und wir machen immer schön langsam.«

»Okay«, sagte Ruby, war aber nicht überzeugt.

Sie folgten einem Pick-up mit Anhänger zu einem kleinen Parkplatz die Straße runter, wo ihnen der Buggy übergeben wurde. Die Landschaft sah hier eher aus wie in einer Wüste als im Pazifischen Nordwesten. Sie ließen Calvin im klimatisierten Van mit einer Schüssel Wasser und einem mit Erdnussbutter gefüllten Beschäftigungsball zurück.

Ein Kerl in ihrem Alter – der definitiv mit ihnen beiden flirtete – zeigte ihnen, welche Knöpfe sie an dem kleinen Fahrzeug drücken mussten. Und schneller, als es Ruby lieb war, verabschiedete er sich und ließ sie mit einem Zweisitzer-Strandbuggy, Helmen und Schutzbrillen zurück.

»Das war's?«, fragte Ruby und ihre Stimme klang ein bisschen zu hoch. »Wir steigen einfach ein und fahren los?«

»Jep.« Coral setzte sich hinters Steuer. »Na komm. Ich mache den Anfang, dann siehst du, wie einfach das ist.«

Ruby schaute sich auf dem Parkplatz um. So viel Sand hatte sie noch nie in ihrem Leben gesehen. Er war weich und tief, als wären sie an einem tropischen Strand. Bäume versperrten den Ausblick und ihre

Neugier drängte sie, in den Buggy zu steigen, damit sie herausfinden konnte, was sie hinter der Baumgrenze erwartete.

»Okay«, sagte sie wenig begeistert.

Coral drückte auf einen Knopf, und der Buggy erwachte lautstark zum Leben.

»Oh mein Gott, oh mein Gott …«, murmelte Ruby vor sich hin, als sie auf den Beifahrersitz rutschte.

Coral lachte begeistert, als sie sich mit einem Ruck in Bewegung setzten und sich in die Weiten der Oregon Dunes vorwagten.

Coral hatte sich ihre GoPro vor die Brust geschnallt und ihr Handy so aufgebaut, dass es ihre Gesichter einfing. Ruby beschloss, erst nachher mit ihrem eigenen Handy zu filmen – im Moment war sie zu beschäftigt damit, sich am Sitz festzuhalten.

Als sie die Bäume passiert hatten, ließ der Anblick Ruby den Atem stocken. Endlose Sandhügel erstreckten sich zu beiden Seiten. Vor ihnen erhob sich eine steile Anhöhe, deren Kamm mit Bäumen bewachsen war. Überall waren Reifenspuren im Sand zu sehen und Ruby fragte sich unwillkürlich, wie es hier wohl ohne menschliche Eingriffe aussehen würde. Plastikflaschen und anderer Müll bestätigten ihre Vermutung, dass viele Leute die Dünen eher als Parcours sahen und nicht als Naturwunder.

Coral beschleunigte, um die erste riesige Düne zu erklimmen.

Ruby packte sie am Arm. »Mach langsam!«

»Gerade ist ein Kind an uns vorbeigedüst, Ruby«, erwiderte sie lachend.

Da hatte sie nicht unrecht. Ein Junge, der nicht älter als neun sein konnte, raste auf seinem Quad vor ihnen her, dicht gefolgt von seiner noch jüngeren Schwester und dann den Eltern in einem Zweisitzer-Buggy. An den Quads waren hinten orangefarbene Fahnen befestigt, die wild hin- und herschwangen.

»Dann fahr den Kindern nach«, sagte Ruby. »Ich will nicht, dass du eins dieser fiesen Löcher erwischst, die in dem Sicherheitsvideo vorkamen.«

»Den Kindern folgen? Klar doch.« Coral trat kräftig aufs Gas und riss das Steuer herum.

Ruby schrie erschrocken auf und klammerte sich fester an Corals Arm. Die lachte noch lauter und das war so ansteckend, dass Ruby irgendwann einstimmte. Eigentlich hätte sie sich gar nicht an Coral festhalten müssen, aber es gefiel ihr. Sie zu berühren war angenehm und entspannt.

Auf der Düne angekommen bekamen sie einen tollen Blick auf das abgesteckte Freizeitareal und man hatte das Gefühl, als wäre man irgendwo falsch abgebogen und auf dem Mars gelandet. Schwungvoll und immer schneller ging es über die holprige Ebene, während sie zunehmend mutiger wurden. Ruby musste eingestehen, dass Coral es wirklich draufhatte, sie nicht an gefährliche Stellen zu manövrieren.

An der Grenze der ausgewiesenen Strecke angekommen entdeckten sie eine Tsunami-Sirene und parkten den Buggy auf dem Kamm einer Düne, um das Panorama zu genießen und sich ein bisschen vom Krach und den Vibrationen des Motors zu erholen.

Ruby ließ Corals Arm los und lockerte ihre angespannten Schultern ein wenig. Jetzt konnte sie sich wieder entspannen.

»Das macht doch echt Spaß, oder?«, fragte Coral. Es war süß, wie sie übers ganze Gesicht strahlte, wenn sie aufgeregt war. Solche Sachen gaben ihr offenbar einen gewaltigen Energieschub.

»Ja. Na gut. Ich bin froh, dass ich mitgekommen bin«, gab Ruby zögerlich zu und erwiderte das Lächeln.

Coral stoppte die Aufnahme der GoPro und Ruby kümmerte sich um die des Handys.

»Hey, tut mir leid, dass ich dich so angefahren habe, als du den Vorschlag gemacht hast«, sagte Ruby. »Ich bin nur … Ich mache mir in letzter Zeit ein bisschen Sorgen um meine Einnahmen.«

Coral machte eine wegwerfende Handbewegung. »Das war doch kein Anfahren. Und mir geht es genauso. Eine blöde Nebenwirkung, wenn man kein regelmäßiges Einkommen hat, was?«

Gott, sie war so umgänglich. Das war ein angenehmer Charakterzug.

Sie beobachteten ein paar Teenager, die an ihnen vorbeidüsten, sich auf die Hinterräder stellten und wie wild im Kreis fuhren – so viel Mut würde Ruby nie aufbringen.

»Also ich …« Ruby schluckte hart. Die volle Wahrheit lag ihr auf der Zunge und wollte ausgesprochen werden. Das könnte der erste Schritt sein, mehr über ihr Privatleben preiszugeben. Es Coral zu erzählen fühlte sich sicher an, ungefährlich.

Und je länger sie darüber nachdachte, desto mehr *wollte* sie das mit Coral teilen. Es passierte nur selten, dass sie sich neuen Bekanntschaften gegenüber so schnell öffnete, aber Coral wollte sie näher an sich heranlassen.

Coral wartete, ohne den Blick von ihr abzuwenden. Wenn sie nicht gerade für die Kamera lächelte oder begeistert über etwas sprach, wirkten ihre Züge weicher, runder.

Ruby holte tief Luft. »Mein Dad ist vor vier Jahren gestorben und hat meiner Mutter Schulden hinterlassen. Das war nicht seine Schuld – das meiste sind Krankenhausrechnungen. Meine Mutter hatte Schwierigkeiten, uns durchzubringen – vor allem, weil die Tealounge durch die Wirtschaftskrise einiges einstecken musste. Als mein Kanal erfolgreicher wurde und ich angefangen habe, damit Geld zu verdienen, konnte ich endlich etwas beitragen. Ich konnte nicht nur für meinen eigenen Lebensunterhalt aufkommen, sondern auch Mom unterstützen. Aber manchmal ist es schwer, zwei Leute und einen Hund in Seattle durchzufüttern. Deswegen bin ich so angespannt. Es ist einfach schwer.«

Nach diesem Geständnis konnte sie Coral nicht mehr in die Augen sehen, also drehte sie den Kopf, als würde sie den Ausblick aufs Meer betrachten.

»Das mit deinem Dad tut mir sehr leid«, sagte Coral. »Danke, dass du mir das erzählt hast. Ich verstehe den finanziellen Druck, glaub mir. Die Lebenshaltungskosten in Vancouver sind nicht viel anders.«

Ruby presste die Lippen aufeinander und versuchte sich an einem Lächeln.

»Das ist ziemlich viel zu stemmen«, meinte Coral.

»Bisher war es okay. Ich habe nur keinen finanziellen Puffer mehr.«

Das war noch milde ausgedrückt, aber für heute war ihr Limit an Geständnissen erreicht. Jetzt auch noch zuzugeben, dass ihr Van kaputt war, würde eine Büchse der Pandora öffnen, mit der sie sich noch nicht auseinandersetzen wollte – ihre Familie, Geld und ihre größten Ängste und Sorgen. Coral musste nicht wissen, dass sie sich hinter einer Fassade versteckte, und auf gar keinen Fall wollte sie vor ihr losheulen.

Coral nickte. Eine Gruppe Motocrossfahrer schoss vorbei. Die Lautstärke der Bikes ließ Ruby das Gesicht verziehen. Als sie weg waren, sagte Coral: »Ich bin da, wenn du reden willst.«

»Danke.« Ruby war dankbar, dass sie die Situation nicht durch mitleidige Blicke oder leere Phrasen über das, was ihr Dad gewollt hätte, unangenehm machte. »Sollen wir weiterfahren?«

»Gerne. Willst du mal ans Steuer?«

Ruby zögerte. Ein Video von ihr, wie sie einen Strandbuggy fuhr, würde guten Content abgeben. Also sollte sie das machen.

Sei mutig.

»Ja, okay.«

Sie tauschten die Plätze.

»Ich wette, deine Mom ist superstolz auf dich«, sagte Coral, während sie ihren Helm wieder aufsetzte. »So erfolgreich wie deine Plattform ist. Wie viele Eltern können sagen, dass ihre Kinder sie finanziell unterstützen? So was machen doch normalerweise nur Profisportler und Promis.«

Ruby war auf jeden Fall stolz darauf, dass sie ihrer Mom helfen konnte. Ihr wurde bei Corals netten Worten ganz warm ums Herz. Aber mit diesem Stolz ging auch eine Menge Stress und Verantwortung einher. Nichts, was mit Geld zu tun hatte, war einfach.

»Am Anfang hat sie sich Sorgen um mich gemacht, aber sie will nur, dass ich glücklich und sicher bin. Calvin war ein Geschenk von ihr.«

»Ach echt?«

»Sie hat gesagt, dass ich mir jeden Hund aussuchen kann, solange er groß ist.« Die Erinnerung brachte Ruby zum Lachen. »Sie hat wohl so was wie einen Deutschen Schäferhund mit langer Ahnengalerie erwartet, aber ich wollte einen Hund aus dem Tierschutz. Also habe ich den ausgesucht, der mich am meisten gebraucht hat. Er war schon über ein Jahr im Tierheim, bevor ich ihn adoptiert habe.«

»Über ein Jahr?«, entfuhr es Coral.

»Die meisten Leute wollen keine Pitbull-Mixe, vor allem keine mit einer traumatischen Vorgeschichte, die keine Männer mögen. Aber von denen gibt es so viele. Es hat mir das Herz gebrochen, nur einen mitnehmen zu können, wenn so viele auch noch ein Zuhause brauchen.«

Coral hatte gerade die Kameras wieder in Position gebracht, hielt nun aber inne. »Es gibt viele Hunde, die keine Männer mögen?«

Ruby zuckte die Schultern. »Das Tierheim meinte, dass ängstliche Hunde oft mit Frauen besser zurechtkommen.«

»Hm …« Coral neigte nachdenklich den Kopf zur Seite.

Ruby schaute zu ihr rüber und wartete noch einen Moment mit dem Anlassen des Buggys. »Was?«

»Ich habe gerade entschieden, dass ich eines Tages ein Tierheim betreiben werde, das sich speziell um Hunde kümmert, die Angst vor Männern haben und ein neues Zuhause suchen. *Tierschutzhunde für Lesben.*«

Ruby lachte laut auf. Sie drückte den Startknopf und der Motor des Buggys dröhnte laut auf. Coral startete die Aufnahmen und lehnte sich dann zurück.

Da war das Thema wieder. Der Elefant im Raum.

Unwillkürlich stellte sie sich ein Szenario vor, in dem Coral und sie sich unter anderen Umständen kennenlernten, in einem Coffeeshop oder so. Der Roadtrip war ein geschäftlicher Anlass, also durfte es auf keinen Fall zwischen ihnen knistern. Außerdem hatte Ruby mit ihrer Mutter so viel um die Ohren, und es war auch nicht gelogen, dass sie keine Zeit für eine Beziehung hatte. Ihre Mom, Calvin und ihr Kanal beanspruchten ihre ganze Zeit und Energie.

Aber unter anderen Umständen …

Hör auf damit. Es bringt nichts, über »was wäre wenn« nachzudenken.

»Du musst schon Gas geben, damit er sich in Bewegung setzt«, neckte Coral sie.

Ruby umfasste das Lenkrad fester. »Ich rede mir noch gut zu.«

Sie beschleunigte so langsam, dass Coral einen Lachanfall bekam. Sie lehnte sich zu ihr rüber und klammerte sich an Rubys Arm, was ein angenehmes Kribbeln durch Rubys Körper schickte.

Sie lächelte zurückhaltend. »Ich lebe nach meinem eigenen Tempo!«

Im Schneckentempo folgte sie dem Kamm der Düne, bevor sie sich an den Abhang wagte.

»Versuch mal, zu den Bäumen da drüben zu fahren.« Coral deutete auf einen Pfad, der seitlich abbog. »Da kannst du langsam fahren und wir bekommen ein paar nette Nebenstrecken zu sehen.«

Ruby lenkte den Buggy zwischen die Bäume, wo der Pfad in Schlangenlinien zwischen Büschen hindurchführte. Ihr Puls schoss in die Höhe. »Okay, aber wir bleiben auf dem Weg. Wenn es hier irgendwo steil runtergeht, schauen wir in die Röhre.«

»Ach, hör auf damit. Es würde hier nicht so viele Reifenspuren geben, wenn es gefährlich wäre.«

Sie fuhren einen weiten Bogen um einen Baum herum und Ruby bremste.

»Du musst das Tempo beibehalten«, sagte Coral.

»Wir kippen doch schon zur Seite!«

»Und wir kippen noch weiter, wenn du nicht ... oh nein!«

»Shit!«

Wie in Zeitlupe verloren die rechten Räder des Buggys den Halt und Ruby konnte nichts tun, um das Gleichgewicht wiederherzustellen. Sie lehnte sich nach rechts und Coral tat es ihr gleich, aber der Buggy kippte weiter ganz langsam nach links.

»Was soll ich machen?«, rief Ruby panisch.

Der Buggy landete auf der Seite und Coral auf Ruby. Ihre Gesichter streiften sich und sie suchten fieberhaft nach Halt. Einen Moment lang hätte Ruby schwören können, dass sie eine von Corals Brüsten unter den Fingern spürte.

»Tut mir ...«

»Uff!«

»Ich stecke fest ...«

»Halt dich da ...«

Ihre Nasen berührten sich. Ineinander verknäuelt schafften sie es aus dem Gefährt raus und kamen im tiefen Sand auf alle viere. Der Buggy blieb mit laufendem Motor, wo er war. Eilig schaltete Coral ihn ab.

Ruby rang nach Luft. »Du hast gesagt, dass es zwischen den Bäumen sicher ist.«

»Ja, wenn man wie ein normaler Mensch fährt!«

»Seit wann ist langsam gefährlicher als schnell?«

»Du hattest nicht genug Schwung!«

Sie starrten einander an, doch Coral klebte so viel Sand im Gesicht, dass Ruby laut losprustete. Das löste bei ihnen beiden einen Lachanfall aus, bis sie schließlich im Sand saßen und sich die kratzigen Tränen aus den Augen wischten.

»Tut mir leid.« Ruby rieb sich verlegen übers Gesicht. Natürlich musste ihr so was passieren. Genau deswegen vermied sie wilde, riskante Dinge – sie endeten offenbar jedes Mal in einer Katastrophe.

Coral kam auf die Beine und hielt Ruby eine Hand hin, um ihr aufzuhelfen. »Du musst dich nicht entschuldigen, Babe. So was passiert eben mal, und aus dem Sicherheitsvideo schließe ich, dass die Dinger ständig umkippen.«

Babe. Rubys Magen machte einen großen Hüpfer, als sich ihre Hände berührten.

»Wahrscheinlich hast du recht.« Ruby seufzte und holte ihr Handy aus der Hosentasche. »Ich rufe bei der Vermietung an.«

»Alles okay?«, fragte Coral.

»Ja. Ich fühle mich nur wie ein Kind, das etwas angestellt hat.«

Doch dann konnte sie sich ein Grinsen nicht verkneifen, als sie begriff, was da gerade passiert war. Sie hatte sich eine gute Geschichte gewünscht, ein abenteuerliches Missgeschick, das sie so interessant wie Coral machte – und nun hatte sie genau das in Form eines umgekippten Strandbuggys bekommen.

»Sieh es positiv …« Coral stupste das Fahrzeug mit der Schuhspitze an.

»Guter Content?«, fragte Ruby und schnitt eine Grimasse.

Coral machte eine Geste in Richtung des blinkenden roten Lichts ihrer GoPro. »*Exzellenter* Content.«

Kapitel 15
Coral

Bullards Beach State Park hatte einen wunderschönen Campingplatz mit einer Bilderbuch-Wanderroute zum Strand. Im Licht der untergehenden Sonne genossen sie ihr Abendessen und bearbeiteten ihre Videos nach. Die hinteren Türen des Vans standen offen und ließen die kühle Waldluft ins Innere. Alles lief so harmonisch und selbstverständlich, als würde Ruby schon immer in Corals Van wohnen.

Bevor sie am nächsten Morgen losfuhren, ölte Coral noch die quietschenden Scharniere eines Schranks und bückte sich dann, um die Schrauben an einem anderen festzuziehen, dessen Tür jedes Mal aufging, wenn sie über einen Huckel fuhren. Rubys Hilfsangebot lehnte sie dankend ab, während sie nach ihrem Kreuzschlitzschraubenzieher suchte. »Dauert nur einen Moment.«

Die Kamera zeichnete die kleine Reparatur auf. Zwischen Spaß und Abenteuern zeigte sie ihrem Publikum auch gerne die Realität dieses Lebensstils.

»Ich kann das Wasser noch eben auffüllen«, bot Ruby an.

»Klar, gerne.« Coral holte die Kanister unter der Spüle hervor und stoppte die Aufnahme. »Hey, ich wollte dir noch erzählen, dass ich gute Reaktionen auf die Nachbearbeitung des letzten Videos bekommen habe. Manche haben sogar gesagt, dass man deine Hilfe sieht.« Sie grinste. Sie hatten einander am Vorabend Feedback gegeben und Coral hatte ihr Video mit gutem Gewissen in die Welt entlassen. Die Zusammenarbeit hatte sich ausgezahlt.

»Schön, dass ich helfen konnte. Und ich habe Komplimente bekommen, weil ich eine andere Seite von mir gezeigt habe, also … geht unser Plan offensichtlich auf.«

Mit Calvin im Schlepptau ging sie die Wasserkanister auffüllen. Es war niedlich, dass er Ruby nie aus den Augen ließ.

Die Worte »unser Plan geht auf« waren allerdings subjektiv. Sie hatten immer noch nicht die unsichtbare Barriere durchbrochen, die ihnen mehr Einkommen verschaffte. Aber wenn sie mit dieser Strategie weitermachten, war das vielleicht in greifbarer Nähe. Mit einem Strandbuggy umzukippen, hatte ihnen definitiv mehr Klicks eingebracht.

Als Ruby zurückkam, räumte Coral gerade das Werkzeug auf.

»Alles fest!« Sie vollführte eine Runde Jazz-Hands vor den geschlossenen Schränken und Ruby honorierte das mit einem langsamen Klatschen.

»Bravo.«

Nachdem sie alles für die Weiterfahrt vorbereitet hatten, zog Ruby Calvins Hundebett an seinen üblichen Platz zwischen den Vordersitzen.

Was Coral ganz bewusst nicht erwähnte, war die Vielzahl an anderen Kommentaren, die sie gerade bekam. Ruby ebenso – Coral hatte heute Morgen die Reaktionen auf das Strandbuggy-Video überprüft. Ihre Zuschauer waren alles andere als subtil.

Omg, ich halte das Knistern in diesem Video nicht aus. Küsst euch endlich!

Süüüß! Jetzt müsst ihr nur noch zugeben, dass ihr heimlich ineinander verknallt seid!

Geht noch jemandem durch den Kopf, dass die beiden jede Nacht im gleichen Bett schlafen?

Und der wahrscheinlich peinlichste Kommentar von allen stammte von Tante Nina:

Burrito Blake?

Das war seit ein paar Jahren ein Insider-Witz zwischen ihnen. Sie hatten in einer Boulderhalle festgestellt, wie viele attraktive Menschen sich hier aufhielten, also hatten sie sich einen Code ausgedacht. Jedes

Mal, wenn eine die andere anstupste und ihr »Burrito Blake« zuraunte, war ein potenzielles Date in der Nähe. Keine von ihnen war an diesem Tag mit einer Telefonnummer nach Hause gegangen, aber das war die Geburtsstunde eines Codeworts, dass sie seitdem jedes Mal zum Lachen brachte. Coral wusste nicht mal mehr, was Burritos damit zu tun hatten.

Tante Nina implizierte offensichtlich, dass Ruby ein Burrito Blake war – eine attraktive Single-Frau, die Coral mal näher unter die Lupe nehmen sollte. Sie verfluchte die Hitze, die ihr bei dem Gedanken in die Wangen stieg, und warf Ruby einen Seitenblick zu. Kreisten ihre Gedanken auch um die Kommentare, oder war ihr das egal?

Gemessen an der spürbar merkwürdigen Stimmung und dem minimalen Blickkontakt dachte Ruby definitiv auch darüber nah. *Argh.*

»Fertig?«, fragte Coral, als Ruby auf den Beifahrersitz kletterte.

»Los geht's.«

Rubys Unbeschwertheit wirkte so gezwungen, dass es Coral vielleicht zum Grinsen gebracht hätte, wenn sie nicht so mit Erröten beschäftigt gewesen wäre.

Na ja, immerhin hatte sie recht damit gehabt, dass ihr Publikum sich dazu äußern würde, dass sie sich ein Bett teilten. Und dabei hatten sie vor der Kamera noch kein Wort über ihre Sexualität verloren. Die Leute zogen einfach ihre eigenen Schlüsse – und fehlinterpretierten das Adrenalin der Situation im Buggy-Video als Verknalltheit.

Sie folgten weiter dem Highway 101 zu den Klängen von Bastilles »Pompeii«. So viele Stunden waren sie in den letzten Tagen schon gefahren und hatten nicht mal die Grenze des Bundesstaats passiert. Es war verblüffend, wie dünn dieser Landstrich besiedelt war. Ein guter Teil der Waldflächen war leider bereits gerodet, aber vieles war durch Naturschutzgebiete erhalten worden. Coral würde sich nie an den Wäldern, dem Ozean und den Sumpfgebieten sattsehen. Der flache Horizont zog immer wieder ihren Blick auf sich. Alles hier war so anders als zu Hause in Vancouver.

»Warum müssen wir zu Hause *Millionen* von Dollar zahlen, um auch nur annähernd einen Blick aufs Meer zu bekommen, während es hier entlang der Küste Hunderte von Meilen unbewohntes Land mit freier Sicht auf den Ozean gibt?« Das erschloss sich Coral einfach nicht.

Ruby schüttelte den Kopf. »Keine Ahnung. Aber ich bin froh, dass die Küste hier nicht aus einer Stadt an der nächsten besteht.«

Hier fühlte sich die Welt unberührt, friedlich und unendlich weit an. Es war schön, diese Erfahrung mit jemandem zu teilen. Coral liebte die Freiheit und Unabhängigkeit von Solo-Reisen, aber manchmal war es angenehm, jemanden dabeizuhaben, mit dem man seine Gedanken teilen konnte. Selbst wenn es nur ein kleines Anstupsen und ein »Schau mal da!« war.

Sie legten einen Zwischenhalt im Port Orford Heads State Park ein und folgten einem gepflegten Wanderweg zu einem Aussichtspunkt. Calvin übernahm die Führung, gefolgt von Ruby und dann Coral. Die kühle Brise sorgte für Abkühlung und machte den drückend heißen Tag angenehm.

»Was glaubst du, wie lange du in einem Van leben willst?«, fragte Ruby in einem Tonfall, der ein bisschen zu beiläufig war. Hatte sie vielleicht auch Zukunftsängste?

Coral brummte leise. Darüber hatte sie noch nicht groß nachgedacht. »Im Moment konzentriere ich mich darauf, dass ich überhaupt weiter in einem wohnen kann und nicht auf den Endpunkt.«

»Oh. Gehst du davon aus, dass du aufgeben musst, wenn wir am Ende des Roadtrips nicht mehr Follower generiert haben?«

»Na ja …« Sollte sie Ruby die Wahrheit sagen? Warum nicht? Ruby hatte sich ihr gegenüber geöffnet, und ein Teil von ihr wollte Ruby unbedingt an ihrem eigenen Leben teilhaben lassen. »Ehrlich gesagt habe ich einen Deal mit meinen Eltern abgeschlossen, dass sie mich damit weitermachen lassen, wenn ich innerhalb eines Jahres genug Geld verdiene. Ansonsten muss ich den Van verkaufen und für sie arbeiten.«

Ruby schnappte entsetzt nach Luft. »Deinen Van verkaufen?«

»Jep. Sie haben ihn für mich angeschafft und das war der Deal.«

Ruby stieß einen leisen Pfiff aus. »Verdammt. Wann ist die Deadline?«

»An meinem Geburtstag. Zweiter Juli.«

»Dann müssen wir uns wohl echt was überlegen, wo wir mehr Follower herbekommen.«

»Was du nicht sagst.« Coral versuchte, sich von ihren miesen Zukunftsaussichten nicht runterziehen zu lassen, aber nachdem bislang nichts viral genug ging, um einen echten Ausschlag zu geben, wuchs ihre Sorge zunehmend.

Sie gingen schweigend weiter. Der herrliche, bequeme Pfad führte unter dichtem Blätterdach hindurch und über zauberhafte Lichtungen.

»Dann nimmst du es mir nicht übel, dass ich dich benutze?«, fragte Coral.

»Was? Oh. So empfinde ich das gar nicht. Ich glaube, wir benutzen uns gegenseitig, oder nicht?«

Corals Mundwinkel zuckten nach oben. »Schön, dass du das so siehst.«

Der Weg führte erneut über eine Lichtung und dann kam der Ozean mit einem so atemberaubenden Panorama in Sicht, dass sie stehen blieben, um ein paar Fotos zu schießen. Calvin schnüffelte sich aufmerksam voran – in den Büschen hing bestimmt der Geruch nach anderen Hunden.

Coral spielte kurz mit dem Gedanken, bei Ruby nachzuhaken, ob sie auf die ganzen Kommentare reagieren würde, die ihnen Flirten unterstellten, aber dann konnte sie sich doch nicht dazu überwinden. Das wäre genau das unangenehme Thema, das diesen schönen Spaziergang ruinieren würde.

»Klingt, als wären deine Eltern ziemlich auf beruflichen Erfolg aus«, meinte Ruby.

Coral schnaubte spöttisch. »Sie sind so was von drüber. Also ja, sie führen ein erfolgreiches Unternehmen, aber das macht ihnen das Leben zur Hölle. Sie fahren nie in Urlaub, haben keine Hobbys ... Wenn meine Schwester und ich was unternehmen wollen, müssen wir das allein machen. Letztes Jahr haben sie beide meinen Geburtstag vergessen, bis meine Schwester ihnen deswegen eine Predigt gehalten hat.«

»Wow. Jetzt verstehe ich, warum du dich fürs Vanlife entschieden hast.«

»Ich *weigere* mich, so zu werden wie sie.«

Sie machten noch ein paar Fotos, weil die Aussicht immer noch besser wurde.

»Klingt, als würden deine Schwester und du euch nahestehen«, sagte Ruby.

Coral lächelte. »Ja, Farrah ist toll. Manchmal habe ich Angst, dass sie den gleichen Weg wie unsere Eltern einschlägt, aber ... Sie kennt die Problematik und vielleicht rettet sie das ja.«

»Und sie hat dich, die ihr ab und zu ins Gewissen redet.«

»Das stimmt.«

»Sind eure Eltern bei ihr genauso? Ich kann mir vorstellen, dass sie nie einen Campingbus-Deal mit ihnen abschließen musste.«

»Nein, mit ihrem Studium sind sie natürlich zufrieden. Aber sie setzen sie trotzdem ordentlich unter Druck.« Coral seufzte, weil sie wirklich nicht mehr über ihre Eltern sprechen wollte. »Und wie sehen deine Pläne aus? Wie lange wirst du noch in einem Van leben?«

»Keine Ahnung«, sagte Ruby nachdenklich. »Aber eines Tages hätte ich gerne eine Hütte an einem See. Eine echte Hütte.«

»Nicht eins von diesen großen, schicken Häusern, die die Leute dann Hütte nennen?«

»Genau.« Ruby grinste sie über die Schulter hinweg an. Calvin suchte sich genau diesen Moment aus, um stehen zu bleiben und mal wieder einen Busch anzupinkeln, wodurch Ruby prompt über ihn stolperte. »Verflixt, Calvin!« Coral lachte und Ruby scheuchte den Hund weiter. »Ich hatte auf der Highschool eine Freundin, die immer erzählt hat, dass ihre Eltern eine Hütte am See haben. Aber das war ein Haus. Ein Anwesen. Was war ich enttäuscht, als ich bei der Ankunft dort nicht vor einer Holzhütte oder einer Jurte stand.«

Coral lächelte. »Was würdest du denn auf dein Grundstück am See bauen?«

»Ein Tiny House. Vielleicht einen umgebauten Schiffscontainer oder eine Dreieckshütte.«

»Oh, das klingt toll.« Coral seufzte sehnsüchtig. »Ich wünsche mir auch so was. Um deine Frage zu beantworten: Ich will nicht für immer in einem Van leben, aber ein kleines, abgelegenes Haus wäre ein Traum. Am liebsten würde ich es selbst bauen.«

»Wirklich? Wie cool wäre das denn! Ich habe mal ein YouTube-Video von einem Kerl gesehen, der sich mitten im Nirgendwo eine Hütte gebaut hat.«

»Ich glaube, den kenne ich!«

»Zu schade, dass ich mich mit Handwerk überhaupt nicht auskenne.«

»Zusammen könnten wir das hinbekommen«, sagte Coral, doch dann stieg ihr Hitze in die Wangen, weil sie einfach so annahm, dass sie auch nach diesem Trip Freundinnen bleiben würden. Würden sie getrennte Wege gehen, oder könnten sie tatsächlich irgendwann zusammen ihre Hütten bauen? Sie wusste, worauf sie hoffte. Die Frage war nur, ob es Ruby genauso ging.

Calvin war ein Stück vorausgelaufen und fing plötzlich an zu bellen. Ruby rannte ihm hinterher. »Oh, wir sind da!«

Coral ging ebenfalls schneller, um zu den beiden aufzuschließen. Am Ende des Wegs eröffnete sich ihnen eine atemberaubende Aussicht. Tief unter ihnen erhoben sich riesige Felsformationen aus dem Meer. Auf der linken Seite brachen sich die Wellen donnernd und weiß schäumend in einer Bucht. Rechts erstreckte sich ein langer Strand. Nebel verlieh der ganzen Szenerie eine verträumte Atmosphäre.

»Schau mal, Robben!«, rief Ruby begeistert und packte Coral am Arm, während sie nach unten deutete. Calvin streckte schwanzwedelnd den Kopf durch die Zwischenräume des Geländers.

»Ooh!« Coral lehnte sich mit der Kamera in der Hand übers Geländer und zoomte auf das Dutzend Robben, das sich auf einem Felsplateau inmitten der wilden Wellen sonnte. »Wow, ist das nicht wunderschön?«

Sie filmten und machten Fotos, packten dann die Kameras aber ein, um das Panorama ohne sie zu genießen.

Als sie so nebeneinanderstanden, keimte etwas Undefinierbares in Corals Brust auf. Es war schön, diese Seite von Ruby zu erleben und mehr über ihre Zukunftsträume zu erfahren. War es seltsam, dass sie sich einen Platz darin wünschte? Sie kannten sich erst seit ein paar Tagen, aber irgendwas an dieser Freundschaft war vielversprechend – als wäre es durchaus möglich, dass sie den Kontakt auch nach dem Roadtrip weiter hielten.

Zurück am Van machten sie Mittagspause und setzten ihren Weg dann entlang der Küste fort. Auf der kurvigen Straße bekamen sie noch mehr herrliche Aussichten auf Strände mit riesigen Felsformationen zu sehen. Beim Aussichtspunkt Natural Bridges bekam Coral glatt weiche Knie beim Anblick der Wellen, die durch die immensen Felsbögen schwappten. Sie machte unendlich viele Fotos und Videos, wofür sie sich später sicher verfluchen würde, wenn sie das alles durchsehen und sortieren musste.

Der Tag endete im Harris Beach State Park, wo sie sich Tofu-Souvlaki zum Abendessen schmecken ließen und sich dann an die Bearbeitung der heutigen Videos machten. Das Material war voller unfassbar fotogener Landschaften und Coral platzte beinahe vor Aufregung. Dieser Content *musste* einfach viele Klicks bekommen.

Aber … Was war für die Zuschauer so besonders daran? Andere Leute teilten Shots der gleichen Panoramen. Andere Leute machten den gleichen Roadtrip. Warum sollte jemand Corals und Rubys Videos anschauen, wenn es Alternativen gab?

Coral klopfte neben sich aufs Bett. »Würdest du eine Zusammenfassung des Tags mit mir zusammen aufnehmen?«

»Klar.« Ruby kam zu ihr und richtete sich auf dem Weg rasch die Haare.

In Coral breitete sich ein kleines, triumphierendes Kribbeln aus. Sie starteten die Aufnahme und Coral setzte ein breites Grinsen auf. Sie klatschte in die Hände. »Wir haben heute einen *unglaublichen* Tag auf der Straße verbracht. Am meisten hat mir Port Orford gefallen. Die Wanderung war super und der Ausblick am Schluss …« Sie tat, als würde sie in Ohnmacht fallen und ließ sich gegen Ruby sinken.

Lachend schob Ruby sie wieder in eine aufrechte Position. »Port Orford war großartig. Eigentlich war alles toll, aber ich glaube, den Halt mochte ich auch am meisten. Der Spaziergang war wunderschön und hat es zu einem echten Erlebnis gemacht.«

»Wenn du nicht gerade über deine eigenen Füße gestolpert bist«, sagte Coral.

Ruby schubste sie leicht. »Das war Calvins Schuld!«

Das brachte Coral zum Lachen.

Als sie fertig waren und ihre Videos hinaus in die Welt entlassen hatten, machte Coral sich ans Beantworten der Kommentare des gestrigen Videos.

Der Kommentar mit den meisten Likes ließ ihre Wangen heiß werden:

Arrghhh, ich shippe die beiden so hart.

Bildete sie sich nur ein, dass die Stimmung im Van schon wieder komisch war? Als sie Ruby einen vorsichtigen Seitenblick zuwarf, hatte diese ebenfalls rote Wangen. Ihre Kommentare mussten wohl ähnlich aussehen.

»Ich mache mich bettfertig«, sagte Ruby urplötzlich und klappte den Laptop mit etwas zu viel Schwung zu.

Coral kaute auf ihrer Unterlippe herum und die Idee in ihrem Hinterkopf nahm immer mehr Gestalt an. Vielleicht war der Gedanke gar nicht so schlecht.

Wenn sie mehr Follower wollten, mussten sie Videos posten, die spannend und einzigartig waren. Ihr Publikum sollte eine emotionale Bindung zu ihnen aufbauen. Und vor allem mussten sie den Zuschauern geben, was sie haben wollten.

Und basierend auf den Kommentaren ... war es ziemlich offensichtlich, was ihre Zuschauer sich wünschten.

Kapitel 16
Ruby

Das Pärchen, das mit seinem Campingbus den Platz neben ihnen bezogen hatte, machte ein Fotoshooting. Die beiden waren vielleicht Mitte zwanzig und durch die offenen Hintertüren konnte Ruby beobachten, wie der Mann Fotos von seiner Partnerin machte, die in einem Tanga-Bikinihöschen und einem weißen Croptop auf dem Bett lag.

Als sie zu Coral schaute, war deren Aufmerksamkeit ebenfalls auf die beiden gerichtet. Das brachte sie zum Lachen, was Coral aus ihrer Trance riss.

Coral lächelte verlegen. »Was?«

»Wir sind wohl beide ein bisschen abgelenkt von der Aussicht.«

Der Campingplatz im Harris Beach State Park war erstklassig – groß, gepflegte Rasenflächen und im Hintergrund der saphirblaue Ozean mit malerischen Felsformationen. Im Sonnenuntergang hatte man hier perfekte Voraussetzungen für ein Fotoshooting.

Der Mann sah, dass Ruby und Coral zu ihnen rüberschauten und nickte ihnen grüßend zu. »Mann muss jede Gelegenheit nutzen.«

Coral lachte. »Verstehen wir absolut. Für Social Media?«

»Ja, sorry.« Die Frau wurde rot. »Wir sind auch gleich fertig.«

»Nichts zu entschuldigen. Wir sind mit unserem Pensum schon durch. Worauf habt ihr euch spezialisiert?«

Coral ging zu ihnen rüber und Ruby beobachtete fasziniert, wie sie einfach so ein Gespräch mit wildfremden Leuten anfing. Wie schaffte sie es, so ungezwungen mit anderen Menschen zu reden? Was war ihr Geheimnis?

Während Coral sich unterhielt, öffnete Ruby die hinteren Türen des Vans und bereitete alles für den Abend vor.

»… wir starten bei Tagesanbruch«, sagte der Mann. »Aber an eurer Stelle würde ich frühmorgens runter zum Strand, bevor es da zu voll wird. Das lohnt sich so richtig.«

»Vielen Dank!«, erwiderte Coral. »Viel Spaß für den Rest eures Trips.«

Als sie zurück zum Van kam, schüttelte Ruby den Kopf. »Ich bin einem Pärchen wochenlang immer wieder über den Weg gelaufen, bis ich mich endlich getraut habe, mich mit den beiden zu unterhalten. Und du machst das einfach so, kaum dass wir hier sind.«

Coral zuckte die Schultern. »Ich lerne gerne neue Leute kennen.«

Annie und Parm kamen ihr wieder in den Sinn. Was die beiden wohl gerade trieben? Sie schaute auf ihren Kanal und war wenig überrascht, dass das aktuellste Video den Titel »Unser Fußboden FAULT! VANLIFE-ALBTRAUM« trug. Sie schloss die App wieder, ohne das Video anzuschauen, weil sie nicht in Stimmung für eine Rekapitulation von allem war, was in einem Campingbus schiefgehen konnte – und den Stress, den ihr das machte.

Am Morgen folgten sie der Empfehlung ihrer Platznachbarn und gingen an den Strand, um dort ein bisschen Zeit zu verbringen und zu drehen, bevor der Rest der Camper wach wurde.

Coral warf die Hände in die Luft. »Wir sind die Ersten!«

Ruby ließ Calvin von der Leine, damit er ein bisschen rennen konnte. Er drehte eine Schleife um sie beide und forderte sie zum Spielen auf. Sie grinste. Dass er Coral miteinbezog, war ein Fortschritt.

Der Strand lag still und verlassen da. Sie rannten ein Stück und kletterten dann auf hohe Felsen, wo sie unzählige Fotos und Videos machten, in der Hoffnung, den perfekten Shot zu bekommen. Ruby spielte Fangen mit Calvin, damit er vor der Fahrt noch ein bisschen Dampf abließ. Er spielte mit, bellte begeistert und stellte sich auf die Hinterbeine, um mit den Vorderpfoten nach ihr zu tatzen.

Coral hielt lachend mit der Kamera drauf und beobachtete das wilde Treiben. »Genau so was solltest du mehr auf deinem Kanal zeigen!«

»Meine Zuschauer sollen mich interessant finden und mich nicht für verrückt halten!«, rief Ruby zurück und rannte neben Calvin her.

Der nasse Sand spritzte ihr gegen die Beine, aber in ihren wasserdichten Schuhen fühlte sie sich unbesiegbar.

Oder hatte Coral vielleicht recht? Das mit der Öffentlichkeit zu teilen, entsprach vielleicht nicht ihrer Marke, aber sie hatte ja jetzt schon ein paar Dinge in andere Richtungen ausprobiert und hatte damit keine katastrophalen Konsequenzen heraufbeschworen. »Okay, ich kann wohl ein bisschen was von dem Material einbauen.«

Calvin forderte sie mit einem Bellen heraus. Sie ging in die Hocke. »Komm schon, Kumpel.« Calvin duckte sich ebenfalls.

Es war ein perfekter Sommertag. Eine warme Brise ließ die Wellen ans sandige Ufer schwappen und brachte den Geruch nach Meer und den Geschmack nach Salz mit.

»Mit der Beschäftigung dieses Hunds bist du echt gut im Training«, sagte Coral, als Calvin irgendwann zu ihr trottete. Sie ließ die Hand locker hängen, damit er in Ruhe daran schnüffeln konnte. Das tat er – und setzte sich dann neben sie, um sich an ihr Bein zu lehnen.

Ruby kam keuchend zu ihnen rüber. Oh Mann, er suchte den Kontakt zu Coral! »Du bist so ein guter Junge, Calvin!«

Corals Augen leuchteten auf. »Was heißt das jetzt?«

»Geh in die Hocke und warte ab, was er macht.«

Sie folgte der Anweisung. Calvin schaute sie an und klopfte mit dem Schwanz auf den feuchten Sand.

Ruby nickte. »Du kannst ihn streicheln. Nur nicht über den Kopf.«

»Yay«, flüsterte Coral und kraulte Calvin an der Brust. »Igitt, du bist voll mit nassem Sand und Sabber. Warum bist du nicht auf die Idee gekommen, als du noch sauber warst?«

Calvin grinste sie breit an und ließ die Zunge aus dem Maul hängen.

Ruby wäre beinahe geplatzt vor Glück bei diesem Anblick. Endlich vertraute er Coral. Er schaute wieder zu Ruby und in ihrem Kopf sagte er: »Siehst du, wie einfach das ist? Jetzt bist du dran.«

Sie vertraute Coral. Jeden Tag wurde ihr mehr bewusst, dass sie mit ihr über alles reden konnte. Also würde sie ihr tatsächlich von ihrem kaputten Van und den Gründen erzählen, warum sie das bisher geheim gehalten hatte. Sobald sie bereit war, diese Schleusen zu öffnen.

Calvin blieb noch einen Moment sitzen und ließ sich von Coral Brust und Hals kraulen, bis er offenbar genug davon hatte und wieder ging.

Coral schaute aus großen, tränenfeuchten Augen zu ihr rüber. »Er hat mir vertraut, Ruby!«

»Wurde auch Zeit. Guter Junge, Calvin!« Sie klopfte auf einen der Steine. »Komm, hopp.«

Gehorsam kletterte er hinauf und stellte sich groß und erhaben hin. Fotos von ihm erzielten normalerweise genauso viele Likes wie die von Ruby – wenn nicht sogar mehr –, also nahm sie so viele auf, wie er sich gefallen ließ.

Coral beobachtete sie ein wenig geistesabwesend. Worüber grübelte sie heute Morgen so schwer nach?

Sie blinzelte und suchte dann Rubys Blick, nachdem sie offenbar wieder in der Realität angekommen war. Dann deutete sie aufs Meer hinaus. »Hey, probier mal deine coolen, wasserdichten Schuhe aus und geh ein bisschen tiefer rein. Ich mache ein schickes Video von dir.«

»Gerne.«

Ruby ging ein paarmal auf und ab, wandte den Blick in die Ferne, und anschließend zeigte Coral ihr die Aufnahmen.

»Sieht perfekt aus.«

Sie tauschten und Ruby filmte, wie Coral den Strand entlangschlenderte und auf einen Felsen kletterte, um von dort aufs Meer zu schauen. Coral wusste, wie sie der Kamera ihre Schokoladenseite zeigte. Ruby beobachtete sie durch die Linse und versuchte, sich auf den Shot zu konzentrieren, und nicht darauf, wie attraktiv das Model war.

Coral winkte sie zu sich. »Komm hoch zu mir!«

Ruby zögerte. Die Flut stieg immer höher um den Felsen, auf dem Coral stand. Nur eine höhere Welle und sie wurden in die Strömung gespült. Andererseits war das Wasser hier ziemlich flach. Wahrscheinlich machte sie sich einfach zu viele Gedanken.

»Okay.« Ruby legte ihre teure Kamera in sicherem Abstand zum Wasser ab und beeilte sich dann, zu Coral auf die Felskante zu klettern. Calvin blieb ihr dicht auf den Fersen und sprang hinter ihr hoch.

Das war ein herrlicher Platz – über dem Wasser, inmitten der Wellen, die ein Stück unter ihnen gegen den Stein schlugen, fühlte sie sich wie eine Meerjungfrau.

Gischt benetzte Rubys Gesicht. Sie leckte sich über die Lippen und schmeckte Salz. Coral summte ein Lied aus *Arielle, die Meerjungfrau*, was Ruby zum Lachen brachte. »Ich habe gerade das Gleiche gedacht.«

»Stell dir mal vor, wie es wäre, hier zu zelten«, sagte Coral.

»Ja, bis man aufwacht, weil die Flut eingelaufen ist und man nicht mehr wegkommt. Das Wasser steigt schon, sieh nur.«

Calvin schaute hinunter auf die Wellen, dann zu Ruby, und machte dann demonstrativ kehrt. Er sprang mit einem Satz zurück auf den Sand, wo er sich zu ihnen umdrehte und sie mit großen Augen besorgt ansah.

Ruby wollte ihm gerade sagen, dass er dort bleiben sollte, als Coral erschrocken aufkeuchte. Rubys Puls schoss in die Höhe. Als sie herumfuhr, duckte Coral sich bereits. Eine riesige Welle traf den Felsen und das Wasser durchnässte sie beide von oben bis unten.

Ruby schrie auf.

»Kalt!«, rief Coral.

Sie klammerten sich aneinander fest und machten, dass sie von dem Stein runter und zu Calvin kamen.

»Ich wusste, dass das klatschnass endet!«, beschwerte Ruby sich und wischte sich mit zitternden Händen übers Gesicht.

Coral fuhr sich lachend durch die zerzausten Haare. »Das war schweinekalt!«

»Du bist ja nicht mal richtig nass!« Ruby wrang den Saum ihres T-Shirts aus. »Schau mich mal an.« Sie wedelte mit den nassen Händen in Corals Richtung, die sich mit einem Quietschen in Sicherheit brachte.

»Wag es ja nicht.«

»Komm her. Das mit dem Felsen war deine Idee!« Ruby wusste nicht, was über sie kam – vielleicht lag es am Adrenalin –, aber sie jagte Coral im Kreis hinterher. Nach ein paar Schritten holte sie sie ein und schlang die Arme fest um sie, wodurch sie etwas von dem eiskalten Meerwasser an Corals noch halb trockenes Hemd abgab.

»Ich hasse dich«, stöhnte Coral.

Ruby ließ sie wieder los und war zufrieden, dass Coral jetzt fast genauso nass war wie sie selbst. Immer noch lachend schüttelten sie sich das Wasser aus den Haaren und zupften an ihren Oberteilen, während sie sich zum Wind drehten.

Als sie Corals Blick auf sich spürte, schaute Ruby lächelnd auf. Coral wurde rot und wandte sich ab, als hätte Ruby sie beim Gaffen erwischt. Sie deutete auf Calvin. »Kein Wunder, dass er nicht bei uns bleiben wollte.«

»Er hält uns definitiv für dumm.«

Irgendetwas an dieser Situation war ... schön. Hier mit Coral zu sein. Es machte Spaß und die Stimmung war angenehm.

Coral bückte sich, um ihre GoPro aufzuheben. Ruby hatte gar nicht gemerkt, dass sie die zuvor im Sand aufgestellt hatte.

Oh, verdammt. Sie hatte das *alles* aufgenommen.

Warum hatte Ruby sich so an sie klammern müssen, als die Welle sie getroffen hatte? Warum musste sie ihr hinterherlaufen und sie dann umarmen? Das würde ihrem Publikum noch mehr Zündstoff liefern. Und den brauchten sie eigentlich nicht. Sie hatte auch so schon reichlich Kommentare bekommen, dass Coral und sie miteinander flirteten. Selbst ihre treuen Stammzuschauer reagierten darauf, wie sie sich in Corals Nähe verhielt. Mrs. Peppermint hatte geschrieben: *Coral wirkt sehr nett und ihr seht so glücklich miteinander aus* – was bei ihr praktisch die Vermutung implizierte, dass sie miteinander vögelten.

Warum mussten die Leute Romantik in etwas hineininterpretieren, wo es keine gab? Bei Fernsehserien passierte das ständig – Figuren wurden geshippt, weil das Publikum sah, was es sehen wollte. Und jetzt machten sie das Gleiche mit zwei Vloggerinnen.

Bislang hatte sie die Kommentare ignoriert, aber allmählich wurde das schwierig. Jetzt gingen die Leute davon aus, dass ihr Schweigen ihre Vermutungen bestätigte. Sollte sie einen Videokommentar posten, in dem sie erklärte, dass Coral und sie nichts miteinander hatten? Wie peinlich.

Als sie ihre Sachen einsammelten und sich auf den Rückweg machten, räusperte Coral sich. »Hey, also wegen diesen Kommentaren ...«

Ruby blieb stehen. Oh nein. Auf in den Kampf. Oder in ein unangenehmes Gespräch, immer der Nase nach, keine Umwege.

»Wie geht's dir damit? Fühlst du dich unwohl dabei?« Coral wandte sich ihr mit knallrotem Gesicht zu. Sie sah aus, als würde ihr das Schlucken schwerfallen.

»Nein. Das ist schon okay. Ich habe es mir durch den Kopf gehen lassen und …« Rubys Mund wurde staubtrocken. »Du hast recht, dass es gut wäre, mich über meine Sexualität zu äußern. Für mich selbst und für die Follower, denen ich ein Vorbild sein kann.«

Ein Strahlen trat in Corals Augen. »Bist du dir sicher?«

Ruby nickte.

»Okay.« Coral trat unruhig von einem Bein aufs andere. »Dann sollten wir es vielleicht einfach laufen lassen.«

Ruby starrte sie perplex an.

Äh, was?

Sie verengte die Augen ein wenig. »*Was* laufen lassen?«

»Na ja …« Coral schnaufte leise und ging weiter, als könnte sie nicht ruhig stehen bleiben, während sie darüber sprach. Um sie herum kamen immer mehr Leute zum Strand. »Die Annahme, dass wir miteinander flirten, ist überall in den Kommentaren, ganz egal, welchen Inhalt das Video hat. Das erregt die Aufmerksamkeit der Leute. Also könnten wir das zu unserem Vorteil nutzen. Wir sollten so tun, als würden wir tatsächlich flirten und …«

»Was?!«, entfuhr es Ruby viel zu laut. Prompt wurde sie von einer Familie angestarrt, die ein Stück entfernt stand.

»… uns vor der Kamera küssen«, beendete Coral den Satz mit einem gelassenen Schulterzucken.

Ruby hatte sich ja alle möglichen Reaktionen von Coral auf die Kommentare vorgestellt, aber *das* hatte sie nicht erwartet.

»Uns … küssen … vor …« Ruby öffnete und schloss den Mund ein paarmal. »Coral!«

»Was denn? Du tust ja so, als hätte ich vorgeschlagen, einen Porno zu drehen. Es ist nur ein Kuss. Eigentlich sogar nur ein Küsschen. Eine aufkeimende Romanze wäre gut für unsere Klickzahlen, und das weißt du genauso gut wie ich.«

»Aber damit würden wir unser Publikum belügen!«

Der Weg stieg ein wenig an, als sie den Strand hinter sich ließen.

»Aha«, sagte Coral. »Und bei allem anderen, was wir so machen, lügen wir die Leute nicht an? Wir zeigen ihnen in diesen Videos immer nur kleine Ausschnitte. Keiner von uns gibt auch nur die Hälfte der Realität preis.«

»Ja, na ja ... Aber das ist was anderes, als eine Romanze vorzutäuschen.«

»Ist es das? Was ist denn so schlimm daran, eine Liebesgeschichte zu erzählen? Das bringt uns die Aufmerksamkeit, die wir wollen. Das ist die Geheimzutat.«

»So steht das aber nicht in unserer Roadtrip-Vereinbarung!«

»Dann setzen wir eben einen Zusatz auf.«

Schweigend überquerten sie den Parkplatz für Tagesgäste und bogen in den Pfad durch den Wald ab. Hier zwischen den Bäumen war es so still, dass man das Gefühl hatte, sich im Vakuum des Weltalls zu befinden.

»Nein«, erwiderte Ruby nachdrücklich. »Ich spiele keine Romanze vor, um Klicks zu bekommen. Tut mir leid.«

Coral seufzte. »Denk wenigstens drüber nach. Wir wollen beide mehr Reaktionen und du *weißt*, dass das funktionieren wird.«

»Wird es das wirklich?«

»Ruby, folgst du eigentlich irgendwem auf YouTube?«

»Ein paar Leuten.«

»Okay, dann stell dir mal vor, einer von denen hätte einen Gast auf seinem Kanal, sie nehmen zusammen ein paar Videos auf und fangen an, miteinander zu flirten. Dann führt das Flirten zu einem Kuss vor der Kamera. Wärst du nicht total aufgeregt und würdest wissen wollen, wie es weitergeht? Würdest du nicht erwarten, dass dieses Video einen Riesenhaufen Klicks bekommt?«

»Ich ... nicht zwing...« Ruby schnaufte leise. *Verdammt.* »Okay. Ja. Ich kann das Argument nachvollziehen. Aber mir gefällt die Vorstellung nicht, unsere Zuschauer zu täuschen, indem wir so tun, als würden wir uns ineinander verlieben.«

Coral schwieg einen Moment. »Das verstehe ich. Aber denk mal drüber nach, okay?«

»Okay. Können wir uns jetzt ein bisschen beeilen? Mir ist kalt und ich will mich dringend umziehen.« Ruby marschierte schneller und Calvin trabte neben ihr her.

Coral ließ sich ein Stück zurückfallen und sagte nichts weiter.

Das überschritt eine Grenze. Nicht alles aus ihrem Leben mit der Öffentlichkeit zu teilen, war etwas anderes, als vorzugeben, jemanden zu daten. Bei Ersterem ging es um den Schutz ihrer Privatsphäre und die Etablierung ihrer Marke. Letzteres war einfach ... Betrug. Wenn ihre Zuschauer die Wahrheit herausfanden, war es auch mit ihrer Karriere vorbei.

Außerdem sperrte sich etwas in ihr dagegen, Coral für die Kameras zu küssen. Wenn sie sich schon küssten, sollte es ...

Nein. Hör auf damit.

Sie würden sich überhaupt nicht küssen.

Ruby starrte finster auf den Weg vor sich und konzentrierte sich darauf, wohin sie trat. So tun, als wären sie verliebt? Die Idee war absurd.

Kapitel 17
Coral

Omg, sie sind sooo verliebt!

Wie Coral vermutet hatte, brachte ihnen das Video mit der riesigen Welle eine Menge Reaktionen ein. Die Leute waren hellauf begeistert davon, wie sie sich aneinandergeklammert und miteinander gelacht hatten.

Gerade saß sie mit einer Schüssel Overnight Oats in der Essecke und schaufelte sich einen weiteren Löffel voll in den Mund, um ihr Lächeln zu verbergen.

Ruby würde sich ihrer brillanten Idee nicht mehr lange verweigern können. Heute Abend erreichten sie den südlichsten Punkt ihrer Tour und damit die Halbzeit ihres Roadtrips – und sie hatten immer noch nicht die Barriere zu mehr Followern und Einkommen durchbrochen. Den Wunsch des Publikums nach einer aufkeimenden Romanze zu erfüllen, war gerade ihre beste Chance.

»Mein Handy sagt, dass wir neun Minuten von der Avenue of the Giants entfernt sind«, sagte Ruby, dich sich gerade die Haare flocht.

Coral erhob sich, um sich ebenfalls fertig zu machen. »Ich freue mich schon riesig drauf!«

In der letzten Nacht hatten sie etwas nördlich des Humboldt Redwoods State Parks in einer Nebenstraße wild gecampt. Damit hatten sie nun den ganzen Tag Zeit, den Wald zu erkunden. Damit war auch die »spontane« Hälfte des Trips eingeläutet, was bestimmt die eine oder andere Abwechslung mit sich bringen würde.

Wobei Coral zugeben musste, dass die durchgeplante erste Hälfte auch toll gewesen war. Es war ziemlich bequem, wenn man sich stressfrei einfach auf einen reservierten Platz stellen konnte. Wahrscheinlich wären sie kurzfristig nirgendwo in den schönen State Parks untergekommen, also wären ihnen all die tollen Erlebnisse entgangen. Es hatte schon was für sich, alles im Voraus zu planen – aber Coral freute sich auf ein bisschen weniger Struktur auf der zweiten Hälfte des Trips.

Ruby übernahm die erste Schicht hinterm Steuer. Doch als sie den Schlüssel drehte, stotterte der Van nur und sprang nicht an. *Rattattatt.* Der Motor startete nur widerstrebend.

»Ehm ...« Ruby machte große Augen. Calvin, der auf seinem Platz zwischen den Sitzen lag, legte den Kopf schief, als wüsste er, dass ein Fahrzeug nicht so klingen sollte.

Coral lehnte sich über ihn hinweg, um einen Blick aufs Armaturenbrett zu werfen. Das gab jedoch keinen Hinweis auf eine Fehlfunktion. »Das war komisch.«

»Habe ich was falsch gemacht?«

»Glaube ich nicht. Vielleicht hat uns letzte Nacht irgendwas die Batterie leergeleiert.« Coral stand auf und überprüfte, ob noch irgendein Gerät eingesteckt war, fand aber nichts Verdächtiges. »Sollte zumindest für den Moment kein Problem sein.«

»Müssen wir damit in eine Werkstatt?« Rubys Stimme wurde immer höher.

»Nein, nein«, erwiderte Coral ruhig und versuchte, gegen Rubys unnötige Panik anzusteuern. »Es wird schon nichts sein. Schauen wir einfach mal, wie er sich heute macht.«

Sie hatte alles durchgecheckt, bevor sie von zu Hause aufgebrochen war, und die Batterie war noch nicht alt. Vielleicht hakte es irgendwo im Ladesystem? Doch so oder so war das nur ein kleines Problem, das sie nachher schnell beheben konnte. Heute noch in einem Ersatzteilladen vorbeizufahren, würde ihnen einen Strich durch die Tagesplanung machen – nur einen kleinen, aber trotzdem. Sie hatten Besseres zu tun.

Ruby verspannte sich sichtlich und zog den Kopf zwischen die Schultern. »Was, wenn er beim nächsten Mal gar nicht mehr anspringt und wir dann irgendwo im Nirgendwo festsitzen?«

»Auf diesem Roadtrip ist nichts im Nirgendwo. Fahren wir einfach weiter.«

»Du gehst mir ein bisschen zu gleichgültig an die Tatsache ran, dass der Van kaum angesprungen ist.«

»Ruby, ich schwöre, dass das keine Katastrophe ist. Vertrau mir.«

Ruby fuhr schweigend los und ließ offen, ob sie Coral wirklich vertraute oder nicht. Aber sofern der Van nicht wortwörtlich in Flammen aufging, lohnte es sich nicht, sich den Kopf über kleinere Reparaturen zu zerbrechen. Das sollte Ruby doch wissen, nachdem sie schon so lange in einem Campingbus wohnte. Es ging ständig irgendwas kaputt, das gehörte eben dazu.

Mit einem Lächeln versuchte Coral, die Stimmung aufzulockern. »Zumindest können wir jetzt so flexibel sein, wie wir wollen. Wenn wir also irgendwo anhalten müssen, brauchen wir uns keine Sorgen machen, nicht rechtzeitig am nächsten Zwischenziel anzukommen.«

Ruby zog finster die Augenbrauen zusammen und äußerte sich nicht dazu.

»Der Vorteil der Spontanität!«, fuhr Coral unbeschwert fort und breitete die Arme aus.

Ruby verzog den Mund, als würde sie ein Grinsen verbergen wollen, daran aber scheitern.

Als sie auf die Panoramastraße Avenue of the Giants abbogen, schlug Corals Herz unwillkürlich schneller. Sie hielten kurz an, um sich in der Touristeninfo eine Broschüre mitzunehmen, bevor sie weiterfuhren.

Die Mammutbäume, die die Straße säumten, waren so gigantisch, dass sie alles zwischen ihnen in Schatten hüllten. Die massiven Stämme bestimmten den Verlauf der Straße, und Ruby fuhr langsam, damit sie genug Zeit hatten, sich umzusehen.

Coral deutete auf einen Parkplatz. »Halt da mal an.«

»Wir sind gerade mal zwei Minuten unterwegs.«

»Ich weiß, aber schau dir das an! Oh mein Gott, ich kann nicht fassen, wie schön es hier ist.« So einen Wald hatte Coral noch nie gesehen und das wollte schon was heißen. Immerhin stammte sie aus British Columbia, wo es mehr als genug Wald gab. Aber zu Hause sah er anders aus, und jeder Wald hatte seine ganz eigene Schönheit.

Ruby hielt an und sie stiegen aus. Von der Haltebucht führte ein kleiner Pfad in den Wald, doch leider waren Hunde in einem Großteil des Naturschutzgebiets nicht erlaubt, also ließen sie Calvin schweren Herzens im Van zurück. Ihm schien das nicht viel auszumachen, er nutzte die Zeit einfach für ein zusätzliches Nickerchen nach dem Toben am Strand gestern.

Coral rannte zum nächstbesten Baum und legte die Hände auf den Stamm. »Der ist so uralt«, flüsterte sie. »Ich fühle mich eins mit der Erde.«

Ruby lachte.

»Überleg mal, wo die Menschheit war, als dieser Baum zu einem Schößling herangewachsen ist. Vor tausend Jahren oder so?«

Ruby schaute in der Broschüre nach. »Plusminus ein paar Jahrhunderte.«

Ihr Handy piepte und sie nahm sich einen Moment Zeit, um die Textnachricht zu beantworten.

Dann schlenderten sie das Netzwerk aus kleinen Wegen entlang und ließen sich von der Stille des Walds umfangen. Sauerklee wucherte entlang der Pfade – ein leuchtend grüner Bodendecker, der einen dichten Teppich aus Kleeblättern bildete. Durch ihn hatte man das Gefühl, durch einen Märchenwald zu spazieren.

Als Coral aufschaute, beobachtete Ruby sie mit zusammengezogenen Augenbrauen. Doch als sich ihre Blicke trafen, wandte Ruby sich rasch ab. Ihr schien gerade etwas Ernstes durch den Kopf zu gehen.

Denkst du über meinen Vorschlag nach?

Vielleicht beschäftigte sie sich ja gar nicht damit. Vielleicht war ihr »Nein« das letzte Wort dazu, Thema beendet, keine weiteren Überlegungen notwendig. In diesem Fall musste Coral ihre Entscheidung respektieren und sich einer anderen Idee zuwenden, um mehr Follower anzuziehen.

Und die wäre …?

Coral bückte sich, um in einen hohlen Stamm zu spähen, der groß genug war, um darin zu wohnen. Sie schwiegen beide, als wären sie in einem Museum. Die Stille des Walds war so anders als das laute Rauschen der Wellen, das sie bislang an der Küste begleitet hatte.

Rubys Handy piepte erneut und sie blieb wieder stehen, um zu antworten. Wer war denn so wichtig, dass er Rubys Aufmerksamkeit von so einer Aussicht ablenkte? Als Ruby das Handy einsteckte, trafen sich ihre Blicke noch einmal.

Verdammt, jetzt bin ich diejenige, die gafft.

»Nur meine Mutter«, sagte Ruby.

Erleichterung regte sich in Corals Brust, was ihr überhaupt nicht in den Kram passte. Was kümmerte es sie, mit wem Ruby chattete?

»Macht sie sich Sorgen?«, fragte Coral.

»Sie fragt, ob ich auch brav mein Gemüse esse und mein Bären-Abwehrspray auch immer dabeihabe.« Ruby zuckte die Schultern und stieg über einen umgefallenen Baumstamm. »Sie ist froh, dass wir zusammen unterwegs sind. Mein Mangel an Sozialleben macht ihr Kopfzerbrechen, und sie glaubt, dass ich einsam bin, so ganz allein in meinem Van.«

»Verstehe.« Coral verrenkte sich, um den bisher größten Mammutbaum irgendwie mit der Kamera einzufangen und darzustellen, wie gigantisch er war. Sie musste Ruby mit ins Bild bekommen, damit man die Größenverhältnisse sah. »Bist du denn einsam?«

»Nein«, antwortete Ruby ein bisschen zu schnell.

Coral machte noch ein paar Fotos und ihr gelangen ein paar tolle Schnappschüsse von Ruby, wie sie nach oben schaute. »Setzt sie dich unter Druck, dass du mehr Freundschaften schließen und dich verabreden sollst?«

»Druck würde ich das nicht nennen, aber ... ja. Sie stellt Fragen. Dieses Mal über dich.«

Corals Herz setzte einen Schlag aus. »Mich? Was wollte sie denn wissen?«

»Ob du nett bist. Ob man sich gut mit dir unterhalten kann. Ob Calvin dich mag. Ich habe das Gefühl, dass sie denkt ...« Ruby räusperte sich und betrachtete eingehend einen Baum, der eine Calvin-große Knolle am Stamm hatte.

»Was denn?«, hakte Coral nach.

»Nichts. Sie ist nur neugierig.«

Schmetterlinge flatterten in Corals Bauch. Was deutete Ruby da an? Erkundigte sich ihre Mom nach Coral, weil sie den Eindruck hatte, dass zwischen ihnen was lief?

Vielleicht interpretiere ich das aber auch ganz falsch.

»Es ist echt schön, dass sie sich so um dich kümmert«, sagte Coral. »Meinen Eltern ist das scheißegal.«

»Das glaube ich nicht.«

»Sie haben keinen blassen Dunst, mit wem ich befreundet bin. Ich habe ihnen keine meiner Beziehungen vorgestellt.«

Ruby schwieg einen Moment. Vielleicht wusste sie nicht, was sie darauf sagen sollte. »Was ist mit Farrah?«

»Sie interessiert sich dafür. Sie ist ja auch normal. Meine Freunde kennt sie alle und meine Ex-Freundinnen habe ich ihr auch vorgestellt.«

»Das ist toll. Manchmal wünschte ich, ich hätte Geschwister.«

»Ist schon schön. Wie eine garantierte beste Freundin. Aber das kann man sich auch mit engen Freunden aufbauen, oder?«

Ruby schwieg erneut. Sie setzten ihren Weg entlang des Märchenwaldpfads fort und eine ganze Weile später sagte sie schließlich: »Ich bin nicht besonders gut darin, Freundschaften aufrechtzuerhalten. Ich melde mich nicht oft genug bei den Leuten.«

»Manche Menschen sind einfach unabhängiger als andere.«

»Kann schon sein.«

»Bist du denn zufrieden mit deinem Sozialleben?«, fragte Coral und hoffte, dass die Frage nicht zu dreist war.

»Ich denke schon? Vielleicht? Ich kenne viele andere Vanlifer. Ab und zu verbringen wir Zeit miteinander. Aber manchmal wünsche ich mir wenigstens *eine* enge Freundschaft.«

»Diese Freundin kann ich sein«, platzte Coral heraus, bevor sie richtig darüber nachdachte. Ihre Wangen wurden heiß. »Ich meine, wenn es dir nichts ausmacht, dass ich dich zu so was wie Fahrten in einem Strandbuggy nötige.«

Ruby schaute sie wieder an und ein wunderschönes Lächeln erschien auf ihren Lippen. »Deal.«

Corals Herz explodierte fast. Meinte Ruby das ernst? Sie wollte mit ihr befreundet sein?

»Willst du damit sagen, dass wir den Kontakt auch nach Ablauf der Roadtrip-Vereinbarung weiter halten?« Coral versuchte, einen scherzhaften Ton anzuschlagen, aber die Frage war ernst gemeint.

Ruby nickte. »Wenn du von Calvin und mir noch nicht genug hast.«
»Von Calvin? Unmöglich. Von dir? Na ja, schauen wir mal.«

Ruby gab ihr lachend einen Schubs.

Corals Herz machte einen kleinen Satz. Die Aussicht, auch nach dem Roadtrip noch Zeit mit den beiden zu verbringen, war großartig. Wohin würde das wohl noch führen?

Sie kehrten zum Van zurück und fuhren weiter, hielten aber alle paar Minuten wieder, um ein neues Netzwerk aus Waldwegen zu erforschen, Fotos und Videos zu machen. Sie stellten sich auf Wurzelstöcke und umgestürzte Bäume, krabbelten durch ausgehöhlte Stämme und nutzten alles, was sich ihnen als Kulisse bot.

Ruby deutete auf einen alten Baumstamm, der groß genug war, um ein Bett darin unterzubringen. »Wir sollten ein Foto machen, wie du dich darin versteckst, und es deinen Eltern schicken.«

Coral schaute grinsend von Ruby zu dem Stamm. Wie süß, dass Ruby die Geschichte ihrer ersten Kindheitserinnerung noch im Hinterkopf hatte. »Großartige Idee. Farrah wird das so feiern.«

Vielleicht würde sie es auch ihren Eltern schicken, aber die würden vermutlich ohnehin nur antworten, dass ein Job auf sie wartete, wenn sie nach Hause kam.

Nachdem sie die idyllische Strecke ausgiebig erkundet und mit Calvin am Besucherzentrum gespielt hatten, waren sie todmüde und bereit, den Tag zu beschließen. Zum Glück erwischten sie noch den letzten freien Platz auf dem Campingplatz innerhalb des State Parks, der direkt an einem Fluss lag.

Coral rangierte rückwärts auf ihr kleines Viereck und Ruby stieg aus dem Van. Ein kühler Windstoß fegte durch die offene Tür und ließ Coral frösteln. Ihr Platz lag im Schatten der Bäume, wo die Wärme der Sonne kaum zu spüren war, doch die Campinganlage an sich war nett gestaltet und gemütlich. Im Hintergrund hörte man Kinder spielen und einen Hund bellen.

Als Ruby wieder hereinkam, war ihr Blick finster auf ihr Handy gerichtet.

Coral zog sich einen Kapuzenpullover über. »Wieder deine Mom?«

»Nein, nur noch mehr Kommentare.« Sie schaute nicht auf. »Ich fasse es nicht, dass der überwiegende Teil sich um dich und mich dreht. Es geht nicht um den Roadtrip, nicht um die Landschaften, sondern darum, wie sehr die Leute uns shippen.«

Corals Herz machte einen kleinen Satz. »Bei mir genauso«, meinte sie beiläufig und versuchte, nicht durchklingen zu lassen, dass das ständig in ihrem Kopf kreiste.

Ruby legte ihr Handy auf die Anrichte und suchte Corals Blick. Sie schluckte sichtbar. »Ich … also …«

Coral erstarrte. Ihre Lippen kribbelten. *Oh mein Gott. Es passiert. Passiert das wirklich?*

»Ich habe eine Entscheidung getroffen …« Ruby holte tief Luft. »Okay. Küssen wir uns vor der Kamera.«

Kapitel 18
Ruby

»Wirklich?«, fragte Coral ein bisschen quietschig. Sie zupfte am Kragen ihres Hoodies. »Oh mein Gott. Das ist der Hammer. Okay. Wie stellen wir das an? Soll ich dich damit überraschen oder sollen wir ein … Moment mal, was frage ich überhaupt? Ich weiß doch, mit wem ich rede. Natürlich willst du es vorher durchplanen, oder?«

Corals Redeschwall brachte Ruby zum Grinsen. »Ja, ein Plan wäre gut.«

Sie lehnte sich gegen die Anrichte in dem Versuch, ein bisschen Abstand zwischen sie zu bringen und ihrem glühenden Gesicht Zeit zum Abkühlen zu geben. Dieser Van war so verdammt klein.

Coral verstand sie auch ohne Worte und nahm in der Essecke Platz. In ihren Augen stand das gleiche, aufgeregte Funkeln, das sie auch beim Kampf gegen den Wind in Cannon Beach und auf der Fahrt im Strandbuggy gehabt hatte.

In Ruby herrschte das blanke Chaos. Sie war nervös und unsicher, aber auch … voller Vorfreude? Diese Idee könnte wirklich funktionieren. Sie hatte sich so sehr mit der Entscheidung gequält, doch nach einer wahren Flutwelle von Kommentaren, die sich alle auf Coral bezogen, ihrer Unfähigkeit, mehr Follower anzuziehen, und jetzt auch noch ihrer *Mom*, die sich nach Coral erkundigte, als wäre sie eine potenzielle Beziehungspartnerin … Tja, da war sie eingeknickt. Offensichtlich shippten Tausende von Menschen Coral und sie miteinander und wiesen ihnen damit schmerzhaft deutlich den Weg in die richtige Richtung, zu mehr Klicks.

Und eigentlich … war die Vorstellung von einem Kuss mit Coral … auch nicht schlecht. Wenn sie mehr Abonnenten bekam, nur weil sie eine hübsche Frau küsste, war das jetzt nicht das schlimmste Schicksal, das sie sich vorstellen konnte.

»Wo machen wir das am besten?« Corals Blick huschte vom Bett zur Tür, als würde sie sich nach einer geeigneten Kulisse umschauen.

»Ich hatte an den Wald gedacht, das wäre doch eine schöne Umgebung dafür«, erwiderte Ruby gelassen. Wenn sie sich vorstellte, wie sie Coral vorhin zwischen den riesigen Stämmen geküsst hätte, war sie sich schon gar nicht mehr sicher, warum sie abgelehnt hatte. »Wir könnten morgen auf dem Rückweg irgendwo anhalten.«

»Klar«, sagte Coral ein wenig atemlos. »Gute Idee.«

»Und *falls* die Leute gut auf den Kuss reagieren, können wir uns überlegen, ob wir eine Liebesgeschichte in unsere Videos einbauen.«

»Falls?« Ein freches Grinsen erschien auf Corals Lippen. »Ruby, die werden sich in die Hose machen vor Freude. Garantiert.«

Zum Abendessen gab es grünes Thai-Curry, und anschließend machten sie einen Spaziergang am Flussufer entlang. Das kristallklare Wasser floss ruhig durch das Kiesbett. Calvin nutzte die Gelegenheit, als sie die Szenerie beobachteten und der Stille lauschten, um hineinzuwaten und sich reinzulegen.

Also werde ich Coral morgen küssen.

Das war ein seltsamer Gedanke. Wie würde das ablaufen? Beschränkten sie sich auf einen kurzen Schmatzer oder machten sie leidenschaftlich einen auf *Wie ein einziger Tag*? Bisher hatte sie nichts aus ihrem Privatleben mit der Kamera teilen wollen, und jetzt sprang sie mit Anlauf ins kalte Wasser und breitete eine romantische Beziehung vom ersten Kuss an aus. Nur eine Fake-Romanze, aber trotzdem. Das war eine große Veränderung, sowohl für sie selbst als auch für ihre Abonnenten.

Und es muss funktionieren.

Coral beugte sich nach vorn, um eine Nahaufnahme von einem Felsen zu machen, über den das Wasser plätscherte. Calvin genoss das kühle Nass direkt dahinter mit geschlossenen Augen, die Schnauze gen Himmel gereckt. Das gab einen niedlichen Schnappschuss ab.

Coral schien die ganze Sache längst nicht so sehr mitzunehmen wie Ruby. Aber für Ruby fühlte es sich ganz ähnlich an wie vor ihrem ersten

Sex. Sie und ihre Freundin hatten in der Woche davor darüber geredet. Ruby war angespannt gewesen, hatte nach Tipps im Internet gesucht, versuchte sich vorzustellen, wie es sich wohl anfühlen würde. Und dann hatte sich alles einfach ganz natürlich ergeben. All die Unsicherheit, der Plan und die Nervosität waren vergessen, als ihre Instinkte die Führung übernahmen.

Der Kuss mit Coral würde wahrscheinlich genauso laufen. Sie konnte sich jetzt unglaublich verrückt machen deswegen, aber wenn es so weit war, verflog die Anspannung.

Mach einfach, was sich richtig anfühlt. Hör auf, alles durchzuplanen.

Sie musste unwillkürlich lächeln, als sie sich vorstellte, wie Coral das zu ihr sagte. Und sie würde es beherzigen, weil es sie nur noch angespannter machte, wenn sie weiter versuchte, den Kuss im Kopf vorzuplanen.

Zeit für ein bisschen Spontanität.

»Wie wäre es hier?«, fragte Ruby und stellte sich zwischen zwei Bäume, die links und rechts vom Weg wuchsen. »Das Licht ist schön und die Bäume schaffen so was wie einen Rahmen für die Aufnahme.«

»Hm …« Coral musterte die Umgebung. »Nein, das sieht gestellt aus. Und es ist außerdem zu öffentlich. Wir brauchen einen geschützteren Platz, um das Gefühl von Intimität zu erzeugen.«

»Keine schlechte Idee. Aber wie schaffen wir Intimität zwischen den größten Bäumen der Welt?«

Coral setzte sich in einen hohlen Stamm, der über eine Senke im Waldboden hinausragte, und ließ die Beine baumeln. Sie ließ die Hand um ihren Kopf kreisen und sah äußerst zufrieden mit sich aus. »Intim.«

»Dann sollen sich unsere Lippen zufällig mitten in diesem Loch treffen? *Das* ist gestellt.«

»Nein.« Coral kroch ein Stück weiter nach hinten. »Ich komme aus dem Stamm und du stehst davor, um mir beim Rausklettern zu helfen und …«

»Oh.« Rubys Wangen wurden heiß. Okay, das war in Ordnung. Coral musste einen guten Meter zu Boden springen, also ergab es durchaus Sinn, dass Ruby ihr dabei eine helfende Hand reichte. Und wenn sie schon mal Händchen hielten …

»Probieren wir es aus.« Coral sprang aus dem Baum und klopfte sich die Hände ab.

»Jetzt?«, entfuhr es Ruby, doch als Coral nur eine Augenbraue nach oben zog, schürzte sie die Lippen. »Ja, okay.«

Sie stellten Rubys Stativ und Kamera auf. Coral würde ihre eigene auf dem Weg durch den Stamm in der Hand halten, damit sie am Schluss ihre Perspektiven zusammenschneiden konnten.

Rubys Herz schlug schneller, als sie die Einstellung noch etwas korrigierte und so platzierte, dass die Aufnahme nicht ganz mittig und damit nicht zu perfekt lief. Ihr Mund wurde staubtrocken. Als Coral sich umdrehte und in den Stamm kletterte, nahm Ruby noch einen Schluck aus ihrer Wasserflasche und trug unauffällig ein wenig Lippenbalsam auf. Das passierte alles so schnell. Wusste sie überhaupt noch, wie man küsste? Das letzte Mal war schon ein Jahr her.

Coral wandte sich noch einmal zu ihr. Der Stamm war so groß, dass sie ohne Probleme bequem aufrecht darin stehen konnte. »Bereit?«

Gott, warum musste sie das so durchziehen? Konnten sie sich nicht einen Moment Zeit nehmen, um sich zu sammeln?

»Klar«, sagte Ruby, aber in ihrer Stimme lag ein peinliches Zittern.

Das Herz schlug ihr bis zum Hals, als sie auf Aufnahme drückte. Die rote LED-Leuchte der Kamera blinkte.

Zogen sie das wirklich durch? Würde sie Coral küssen – jetzt und hier?

Sie erwischte sich dabei, wie sie die Lippen zusammenkniff und zwang sich, sie wieder zu entspannen.

Ich schaffe das. Lass es einfach geschehen. Ein normaler, sanfter Kuss. Nicht zu zurückhaltend, nicht zu heiß.

»Oh wow, das ist ja der Wahnsinn!«, rief Coral in ihrem enthusiastischen Kamera-Tonfall. »Das musst du dir ansehen, Ruby!«

Ruby holte tief Luft, straffte die Schultern und setzte ein Lächeln auf. Wenn das funktionieren sollte, durfte sie nicht nervös und angespannt wirken.

Sie ging auf den Baumstamm zu.

»Was denn?« Während sie sich in die Öffnung lehnte, strich sie mit den Fingerspitzen über die Innenseite, als würde sie der Struktur des Holzes nachspüren. »Wow, das ist so cool.«

Klang das natürlich? Es klang kein Stück natürlich.

OhGottohGottohGott.

Coral lächelte sie an. Es wirkte ziemlich normal, aber etwas in ihren Augen sagte Ruby, dass sie wohl auch nervös war. Sie kam dichter an die Kante und ging in die Hocke, um rauszuspringen.

Ruby hielt ihr eine Hand hin. »Ich helf dir«, sagte sie so gelassen wie möglich.

Coral schloss die Finger um ihre. Beim Kontakt mit ihrer weichen Haut schoss ein Kribbeln Rubys Arm nach oben bis in ihre Brust und machte ihr dort das Atmen schwer.

Sie half Coral beim Sprung aus dem Baum – und dann gab es kein Zurück mehr. Ruby blieb die Luft weg und in ihrem Bauch loderte ein Feuer auf.

Sie hatten nicht besprochen, von wem der Kuss ausgehen sollte. Dieses Detail würde vermutlich heiße Diskussionen in den Kommentarspalten auslösen. Ruby zog Coral zu sich, die ihr im gleichen Moment schon entgegenkam.

Rubys Herz schlug einen kleinen Salto, als sich Corals Gesicht plötzlich ganz nah vor ihrem befand. Corals frischer Atem kitzelte auf ihrer Haut. Ihr Blick huschte zwischen Rubys Augen und ihren Lippen hin und her.

Und obwohl das geplant war ... obwohl sie das nur für die Kameras machten und sie es ins Netz stellen würden, wo es die ganze Welt sah ... änderte das nichts an der Tatsache, dass dieser Moment nur ihnen beiden gehörte.

Die Stille des Walds hüllte sie ein. Corals Körperwärme traf auf Rubys. Sie roch herrlich, nach Mango und Kokos.

Und dann wollte Ruby einfach nur noch den Abstand zwischen ihnen überwinden. Noch nie hatte sie sich etwas so verzweifelt gewünscht, wie Corals Lippen auf ihren eigenen zu spüren.

Sie lehnten sich zueinander. Ihre Lippen trafen sich, und in Rubys Kopf drehte sich alles, als hätte sie zu viel getrunken. Alle Gedanken daran, was und wie sie es tun sollte, verblassten, und wurden von dem Impuls verdrängt, den Kuss zu vertiefen. Coral schmeckte so gut, so süß, dass Ruby unwillkürlich den Mund öffnete, um mehr davon zu bekommen.

Coral reagierte sofort darauf, erwiderte den Kuss mit gleicher Intensität.

Ruby schob die Hände in Corals Haare, spürte dem Gefühl der weichen Strähnen zwischen ihren Fingern nach – natürlich nur für die Kamera. Selbstverständlich war das hier alles nur für die Kamera.

So enthusiastisch und draufgängerisch Coral sonst rüberkam, ihr Kuss war unglaublich sanft. Alles an ihr fühlte sich weich an. Sie bewegte sich so anmutig in Rubys Armen, schmiegte sich an sie, und ihre Körper fügten sich zusammen wie die Teile eines Puzzles.

Das war definitiv nicht nur ein keusches Küssen. Ihre Lippen spielten miteinander, neckten sich, und Ruby griff fester in Corals Haare.

Okay, Schluss jetzt. Die Kameras laufen. Coral hatte wahrscheinlich gar nicht vor, dass die Sache so leidenschaftlich ausufert.

Ruby musste all ihre Beherrschung aufbringen, um einen Schritt nach hinten zu machen. Ihr Mund und ihre Hände weigerten sich bis zum letzten Moment, sich von Coral zu lösen, als hätten sie ein Eigenleben entwickelt.

Coral öffnete die Augen und blinzelte ein paarmal. Ihr Atem ging flach und schnell. Ihre Lippen, denen man ansah, dass sie gerade geküsst worden waren, schickten einen heißen Blitz in Rubys Körpermitte.

»D-das war perfekt.« Coral wich einen Schritt zurück. Sie schluckte hart und schaute überallhin, nur nicht zu Ruby. »Das war wirklich überzeugend. Gut gemacht.«

Ruby nickte, stand aber immer noch ein bisschen neben sich.

Coral schaute auf die Kamera in ihrer Hand, die sie während des Kusses hatte sinken lassen. Das lieferte sicher einen grandiosen Übergang, wenn sie beim Videoschnitt von Corals Einstellung zu Rubys Kamera auf dem Stativ wechselten.

Wie auf Autopilot ging Ruby zu ihrem Gerät.

Sie schauten sich die Aufnahmen auf ihren Kameras an und die beiden Audiospuren hallten überlaut durch den Wald.

Rubys Gesicht wurde heiß und sie spürte, wie ihr der Schweiß ausbrach. Dieser Kuss war definitiv *nicht* jugendfrei. Was hatte sie sich nur dabei gedacht? Ihre Körper schmiegten sich aneinander, sie klammerte sich an Coral, als würde ihr Leben davon abhängen, und beim Anblick ihrer Lippenbewegungen fragte sie sich unwillkürlich, ob ihre Zunge zum Einsatz gekommen war, ohne dass sie es bemerkt hatte.

»Wie ist deine geworden?«, fragte Coral.

Ruby nickte. Sie würde einfach so tun, als hätte sie von Anfang an geplant, die Sache ein bisschen aus dem Ruder laufen zu lassen. »Sieht gut aus.«

Coral kam zu ihr rüber, um es sich anzusehen. Als sie sich hinter sie stellte und ihr über die Schulter schaute, stieg wieder das Kribbeln in Ruby auf.

Reiß dich zusammen, ermahnte sie sich und holte tief Luft.

»Hm«, meinte Coral.

»Was denn?«

Sie verlagerte das Gewicht auf das andere Bein. »Ich glaube … Na ja, irgendwie sieht man, dass wir nur so tun als ob. Wir wirken beide ein bisschen steif und nervös.«

Ruby schluckte. Sie spielte die Aufnahme noch einmal ab.

Vielleicht hatte Coral gar nicht so unrecht. Vor dem Kuss bewegten sie sich beide hölzern und ihre Stimmen klangen etwas zu hoch.

»Sollen wir es noch mal machen?«, fragte Ruby.

»Ich … ja. Schon.«

Ruby nickte. *Noch mal.* Sie würden das *noch mal* wiederholen. Ihr Puls schoss in die Höhe – aber aus irgendeinem Grund brachte sie das zum Lächeln. Rasch biss sie sich auf die Lippe, um es zu verbergen.

Coral kletterte wieder in den Baumstamm. Ruby stellte ihr Stativ auf und startete die Aufnahme.

»Das musst du dir ansehen, Ruby!«, rief Coral.

Ruby ging zu ihr rüber, fest entschlossen, dieses Mal gelassener rüberzukommen. »Was denn?«

Zusammen bewunderten sie das hohle Innere des Baumstamms, und als sie schließlich Coral raushalf, fühlte Ruby sich schon sicherer als zuvor.

Coral sprang lächelnd zu Boden. In ihren Augen stand das gleiche Funkeln, aber jetzt lag in ihrem Ausdruck weniger Nervosität und mehr Verspieltheit.

Schmetterlinge explodierten in Rubys Bauch. Sie erwiderte das Lächeln.

Ihre Lippen trafen sich schneller als beim ersten Mal. Der Kuss dauerte genauso lange an und ihre Körper schmiegten sich wieder aneinander, als würden sie einfach dort weitermachen, wo sie vorhin aufgehört hatten. Coral legte die freie Hand auf Rubys Nacken und *oh*, jetzt rieselte das Kribbeln sogar Rubys Rücken hinunter.

Nachdem die Unsicherheit des ersten Kusses nun hinter ihnen lag, fühlte der hier sich mutiger an, als wüssten sie nun beide, was sie taten – und überzeugten damit hoffentlich auch ihr Publikum davon, dass sie hier das Resultat aufgestauter sexueller Spannungen sahen.

Als sie sich voneinander lösten, waren sie beide außer Atem.

Ruby zählte stumm auf drei, bevor sie flüsterte: »Besser?«

Coral öffnete den Mund, aber ihr kam kein Ton über die Lippen. Schließlich nickte sie nur und wich mit roten Wangen und zerzausten Haaren zurück. Das entlockte Ruby ein Grinsen. Der Frisch-geküsst-Look stand ihr gut.

Sie schauten sich die Aufnahmen an.

»Sieht weniger zögerlich aus«, meinte Coral.

Ruby neigte den Kopf ein wenig zur Seite. »Ja …«

»Findest du nicht?«

»Ich frage mich nur gerade, ob das jetzt schon wieder ein bisschen drüber ist. Es wirkt nicht, als wäre das unser erster Kuss. Vielleicht sollten wir es noch mal machen.«

Coral starrte sie perplex mit offenem Mund an. Rubys Wangen wurden heiß, doch sie zuckte nur die Schultern.

Das entlockte Coral ein Lachen und sie setzte sich in Bewegung. »Okay. Aller guten Dinge sind drei.«

Sie kletterte in den Baumstamm, Ruby stellte die Kamera auf.

»Das musst du dir ansehen, Ruby!«, rief Coral zum dritten Mal.

Ruby ging zu ihr. »Was denn?«

Sie bewunderten das Innere des Baums.

Coral ging in die Hocke, um rauszuspringen.

Ruby reichte ihr die Hand, Coral nahm sie an.

Doch bevor Coral zu ihr kommen konnte, stellte Ruby sich auf die Zehenspitzen und streckte sich nach oben.

Ihre Lippen trafen sich zu einem spontanen Küsschen, was Coral zum Lachen brachte – ehrlich und ansteckend. Sie strahlte dabei übers ganze Gesicht und in diesem Moment wusste Ruby, dass das die Aufnahme war, die sie im Video verwenden würden.

Coral beugte sich zu einem weiteren, richtigen Kuss zu ihr runter und Ruby umfasste ihr Gesicht mit beiden Händen. Ihre Lippen rieben zärtlich übereinander.

Diese Pose war heiß – auf den Zehenspitzen zu stehen, den Kopf in den Nacken gelegt, während Coral sich zu ihr runterlehnte. Dieser Kuss war verführerisch und sinnlicher.

Okay, an Küsse mit Coral konnte sie sich durchaus gewöhnen. Und auch an die Idee mit der Fake-Romanze.

Als sie sich wieder voneinander trennten, waren ihre Wangen gerötet und sie kicherten ein bisschen albern. Der Moment fühlte sich süß an und jugendfrei, und er brachte perfekt das Feeling eines ersten Kusses rüber, auf das sie es abgesehen hatten.

Ja, das war die Aufnahme, die sie verwenden würden.

Kapitel 19
Coral

Hi Coral, hast du am Samstagabend Zeit zum Abendessen? Dann können wir unsere Vereinbarung besprechen. Es gäbe bei Interesse deinerseits aktuell eine offene Stelle in der Werkstatt.

Seufzend setzte Coral sich an den Picknicktisch, der zu ihrem Stellplatz gehörte. War doch immer schön, so eine unpersönliche, durch und durch geschäftlich klingende Nachricht von ihrer Mutter zu bekommen. Und implizierte sie gerade tatsächlich, dass Coral ihren Teil der Abmachung sowieso nicht einhalten würde und deswegen einen Job im Familienunternehmen antreten musste?

Sie starrte finster aufs Display ihres Handys, zögerte jedoch mit der Antwort. Zugegeben, es sah im Moment wirklich nicht danach aus, als könne sie das Dreißig-Riesen-Ziel auch nur annähernd erreichen. Aber die nächsten Videos könnten das Ruder herumreißen, und daran musste sie glauben.

Ich bin gerade auf einem Roadtrip und deswegen am Samstag nicht in der Stadt.

Sie hatten die ausgedehnten Felder Kaliforniens hinter sich gelassen und befanden sich nun wieder in Oregon, wo sie Rast auf dem erstbesten Campingplatz machten, der Waschmaschinen für seine Besucher anbot. Bisher hatte sich die Gelegenheit noch nicht ergeben und sie mussten beide dringend Wäsche machen. Während Coral draußen alles aufbaute, kümmerte Ruby sich in der Küchenecke im hellen Schein der Ringlichter ums Abendessen.

Die Antwort ihrer Mom traf ein.

Stimmt. Das hat Farrah erwähnt. Bringt es etwas?

Direkt zum Geschäft. Keine Nachfrage, ob ihr der Roadtrip Spaß machte, mit wem sie unterwegs war oder was sie heute erlebt hatte. Wut ballte sich in Corals Bauch zusammen und ihre Finger zitterten ein wenig, als sie eine Nachricht zurücktippte.

Ja. Ich erstelle einen Bericht für dich und Dad, sobald ich wieder zu Hause bin. Wir können gerne an meinem Geburtstagswochenende zusammen essen – was unserer vereinbarten Deadline entspricht.

Okay. Wir schreiben dir, wenn unser Terminkalender für das Wochenende feststeht.

Coral überlegte, ob sie noch etwas antworten sollte, beließ es aber schließlich dabei. Stattdessen schrieb sie Farrah eine Nachricht. Vielleicht trieb sie der Austausch mit ihrer Mutter dazu, aber sie brauchte jetzt ganz dringend jemanden, der sich wie ein normaler Mensch verhielt.

Hallo aus Brookings, Oregon! Wie läuft's bei dir? Was macht der Strand-Kerl?

Farrah antwortete fast sofort.

Alles immer noch gut hier. Ich lerne dieses Wochenende seinen Bruder kennen. Wie läuft der Trip?

Sie unterhielten sich über Farrahs Liebesleben und was Coral in den letzten Tagen wo gesehen hatte. Das Gespräch mit ihrer Schwester hob ihre Laune deutlich. Wenigstens Farrah war begeistert von der Sache und unterstützte sie darin.

Bringt die Ruby-Hayashi-Idee was?

Coral runzelte die Stirn. Die »Ruby-Hayashi-Idee« klang irgendwie falsch, als würde sie Ruby ausnutzen, um ihrem Publikum was vorzumachen. Aber stimmte das nicht sogar?

Die Zusammenarbeit mit Ruby klappt super bisher. Sie ist eine tolle Reisepartnerin. Du solltest die Strecke irgendwann auch mal fahren. Dazu braucht man nicht mal einen Campingbus – die Plätze in den State Parks bieten Jurten an, in denen man übernachten kann.

Tada. Ein unauffälliger Themenwechsel. Wenn sie Farrah von der Fake-Beziehung erzählte, würde das womöglich alles gefährden. Dieses Geheimnis konnte sie niemandem anvertrauen, nicht mal ihrer Schwester.

Farrah würde den Kuss sowieso sehen, wenn Coral das heutige Video postete. So würde sie von der Beziehung erfahren und wie alle anderen annehmen, dass sie echt war.

Aufregung machte sich in Coral breit. Nur noch ein paar Stunden bis die Fake-Romanze online ging.

Großartig! Das kommt auf meine Reise-Wunschliste. Vielleicht gönne ich mir nach dem Abschluss einen Roadtrip.

Interessant, dass Farrah es eine Reise-*Wunschliste* nannte. Coral führte auch eine, aber für sie war das mehr eine To-do-Liste. Sie *wünschte* sich nicht, irgendwohin zu fahren – sie *plante* es.

Ruby kam mit zwei Schüsseln aus dem Van. »Essen ist fertig!«

Coral setzte sich aufrechter hin. »Habe ich dir schon gesagt, dass du die Beste bist?«

»Jeden Tag.« Ruby erwiderte ihr Lächeln.

Da Ruby jeden Tag Abendessen machte, kümmerte Coral sich im Ausgleich ums Mittagessen, aber unterm Strich übernahm Ruby mehr als die Hälfte des Kochens. Sie bestand sogar darauf. Damit kam Coral in den Genuss eines Roadtrips mit Privatköchin.

Sie ließen sich die superleckeren Burrito-Bowls schmecken und sammelten anschließend ihre Dreckwäsche zusammen. Endlich wieder sandfreie, hundehaarfreie, sonnencremefreie Klamotten.

Coral wühlte in ihrer Tasche nach Vierteldollarmünzen. »Ich müsste hier vorne noch ein paar Quarter haben ...«

Ruby tat es ihr gleich. »Ich habe ... zwei.«

Coral kramte zwischen Kulis, alten Kassenbelegen, Lippenbalsam und Schokoriegelverpackungen in den Getränkehaltern. »Okay, damit haben wir genug für ... eine Ladung. Aber es gibt ja einen Automaten, an dem man sich Wertmünzen mit der Karte ziehen kann ...«

Ruby schnappte ihr die Münzen aus der Hand. »Die nehme ich, danke!«

»Hey! Die meisten sind von mir!« Coral wollte danach greifen, doch Ruby wich ihr flink aus und hielt Coral mit einer Hand auf Abstand, während sie sich die Münzen mit der anderen in die Hosentasche stopfte.

»Ich muss dringender Wäsche machen als du. Ich habe einen Hund.«

»Wir leben beide mit dem Hund zusammen, du Kleingeld-Diebin!« Coral versuchte, die Hand in Rubys Tasche zu schieben.

Lachend wich Ruby zurück, bis sie mit den Beinen ans Bett stieß. »Dich springt er nicht ständig mit schmutzigen Pfoten an.«

Calvin, der in seinem Bett lag, schaute sie an, als wäre er empört darüber, in die Sache mit reingezogen zu werden.

Coral duckte sich unter Rubys ausgestrecktem Arm weg und versuchte erneut, ihr die Münzen aus der Hosentasche zu fischen. Sie hatte sie schon beinahe, als Ruby sich mit einem Ruck nach hinten bewegte. Doch sie kam nicht weit und landete auf dem Bett, was sie beide zum Lachen brachte.

»Wie wäre es, wenn wir ... hey!«, entfuhr es Ruby, als Coral sich rittlings über sie kniete.

Ruby wollte sich wegdrehen, aber das ließ Coral nicht zu. Sie hielt Ruby an Ort und Stelle, indem sie sich auf ihre Beine setzte, und schob die Hand in ihre Hosentasche. Die Münzen fielen aufs Bett.

»Meine ...«

»Nein ...«

Einen Moment lang kabbelten sie sich darum, was in einem hemmungslosen Lachanfall endete. Und Coral spürte, wie sich etwas in ihr rührte – ein aufregendes, heißes Gefühl. Vielleicht genoss sie das gerade ein bisschen zu sehr.

Ruby schaffte es, alle Münzen bis auf zwei zu erwischen, und schloss die Faust fest darum. Ohne ihren Platz auf Rubys Beinen aufzugeben, lehnte Coral sich nach vorn und versuchte, ihre Finger aufzubekommen. Doch Rubys Griff war unglaublich stark.

»Verdammt, du hast echt Kraft.« Coral versuchte es noch einen Augenblick lang, gab dann aber auf. Keuchend setzte sie sich wieder auf. »Okay. Mach du zuerst. Ich hole mir die Wertmünzen und suhle mich noch eine Stunde in meinem eigenen Dreck.«

»Ha!« Ruby lag unter ihr, die Arme neben dem Kopf ausgestreckt, die Haare um ihr Gesicht ausgebreitet, und ihre Brust hob und senkte sich heftig unter ihren Atemzügen. Ihre Wangen waren gerötet und in ihren dunklen Augen stand ein mutwilliges Funkeln. Ein Lächeln erschien auf ihren vollen Lippen. Sie wirkte … na ja …

Hitze ballte sich in Corals Unterleib zusammen. Das gleiche Gefühl hatte sie auch bei den Küssen im Wald bekommen – ihr Körper hatte so überraschend intensiv auf Rubys Lippen und Hände reagiert. Noch nie hatte sie von einem Kuss so weiche Knie bekommen.

Ruby wandte den Blick ab und Coral blinzelte ein paarmal, um die Gedanken aus ihrem Kopf zu vertreiben.

Mit einem Schnauben rutschte sie von Rubys Hüften runter. »Elender Langfinger.«

Ruby setzte sich lachend auf. »Wollen wir unsere Wäsche einfach zusammenwerfen?«

»Schon okay. Ich besorge die Wertmünzen.« Coral lächelte zurückhaltend.

Sie gingen nacheinander zur Waschmaschine. Coral war ein bisschen stolz, als Calvin kein Theater machte, weil Ruby ohne ihn den Van verließ.

Sie kraulte ihn unterm Halsband. »Du gewöhnst dich langsam an mich, hm?«

Er wedelte mit dem Schwanz.

Ruby tat das hoffentlich auch. Sie war inzwischen so anders als die angespannte, zugeknöpfte Frau, mit der Coral Seattle verlassen hatte.

Coral war immer noch ziemlich durch den Wind von der kleinen Rangelei vorhin. Als sie sich auf Ruby gestürzt hatte, sollte das eigentlich nicht so weit gehen. Na schön, es war schon in Richtung Flirten gedacht gewesen, und sie hatte ein bisschen Gefummel erwartet. Aber nicht, dass Ruby auf dem Bett landete. Was hatte sie sich nur dabei gedacht, sich dann auch noch auf sie zu setzen?

Und Ruby hatte genauso heftig darüber gelacht wie Coral. Das Bild ihrer verspielt funkelnden Augen im schummrigen Licht über dem Bett bekam sie einfach nicht mehr aus dem Kopf.

Calvin stupste Corals Hand an, die inzwischen auf seinem Hals lag. Sie hatte gar nicht gemerkt, dass sie ihn nicht mehr streichelte.

»Willst du mit raus?«

Er stand schwanzwedelnd auf und sie nahm ihn an die Leine, falls er auf die Idee kam, sich auf die Suche nach Ruby zu machen. Dann nahm sie ihren Laptop mit zum Picknicktisch, um mit der Bearbeitung des aktuellen Videos anzufangen.

Doch kaum dass sie saß, stellte Calvin plötzlich das Nackenfell auf. Sie hörte ein tiefes Geräusch und brauchte einen Moment, um zu begreifen, dass er knurrte.

Als sie aufsah, bemerkte sie einen weißen Mann mittleren Alters mit etwas ungepflegtem Bart und Basecap, der am Rand ihrer Parzelle stand.

»Tut mir leid, dass ich störe. Könnte ich mir vielleicht ein Feuerzeug von Ihnen leihen?«

Calvin stand auf und Coral umfasste die Leine etwas fester. Es wäre eine Katastrophe, wenn sie zuließ, dass Rubys geliebtem Haustier was passierte.

Außerdem kannte sie diesen Kerl nicht und jetzt verstand sie auch, was Ruby damit gemeint hatte, dass Calvin aus Sicherheitsgründen praktisch war. So, wie der Hund sich gerade aufbaute, wäre es echt dumm, ihr zu nahe kommen zu wollen.

»Ja, klar. Einen Moment. Hm, komm mit, Calvin.« Coral schaffte ihn in den Van und schloss die Fliegengittertür hinter sich. Als sie mit dem Feuerzeug wieder rauskam, hielt sie die Tür mit einer Hand zu.

Der Mann deutete auf den Laptop, den sie auf dem Tisch hatte stehen lassen. »Mobiles Büro?«

»Ich betreibe einen Video-Blog.«

»Ah, verstehe.« Er nickte. »Meine Teenager-Tochter macht das auch. Bin mir noch nicht so sicher, wie ich das finde. Kriegt man da nicht auch mal komische Nachrichten?«

»Manchmal. Die Leute kann man blockieren und melden. Und am besten sagt man seinen Abonnenten nie, wo man sich gerade aufhält.«

»Ja. Guter Rat. Ich sollte das wohl alles etwas lockerer sehen, oder?«

Coral zuckte die Schultern. »Man macht sich Sorgen. Das verstehe ich. Und man sollte auch durchaus drüber reden. Komische Typen, Mobbing, Trolle ... Die gehören zum Internet dazu, und sie muss irgendwann für sich entscheiden, ob es ihr das wert ist. Ist manchmal ganz schön hart.«

Doch dann stutzte sie innerlich, als ihr bewusst wurde, was sie da gesagt hatte. So viel konnte schiefgehen, wenn man ein Video ins Netz stellte – vor allem, wenn man sich darin so angreifbar machte wie in diesem. Sie hatten vor, *allen* Leuten da draußen ihren ersten Kuss zu zeigen.

Ruby hatte absolut recht gehabt, verhalten auf Corals Vorschlag zu reagieren, sich so offen vor der Kamera zu geben. War das ein Fehler? Ihre Zuschauer waren immer nett und ermutigend gewesen, aber dabei hatte sie nicht in Betracht gezogen, wie der Rest des Internets reagieren könnte.

»Hey, alles in Ordnung?«, fragte Ruby, die hinter dem Mann aufgetaucht war und die Szene mit zusammengezogenen Augenbrauen beobachtete.

»Ja, ich leihe ihm nur ein Feuerzeug aus«, sagte Coral und reichte es dem Mann.

Er griff sich an den Schirm des Caps. »Danke. Und danke auch für den Rat.«

»Keine Ursache.«

Während er zu seiner Familie zwei Stellplätze weiter zurückkehrte, schaute Ruby an Coral vorbei, um durch die Fliegengittertür nach Calvin zu sehen. Er wedelte mit dem Schwanz.

»Er hat das Fell aufgestellt«, sagte Coral.

»Glaube ich sofort. Danke, dass du ihn reingebracht hast. Geh gerne deine Wäsche machen, es gibt zwei Maschinen.«

Coral konnte sich ein Grinsen nicht verkneifen. Ihr kleines Gerangel war also völlig unnötig gewesen. Vielleicht war Ruby zum gleichen Schluss gekommen, denn sie wandte sich ab, als wollte sie ein Lächeln verbergen.

Coral hatte ihre Schmutzwäsche in einem Kissenbezug gesammelt, den sie sich nun schnappte. Während die Maschinen liefen, setzten Ruby und sie sich an den Picknicktisch, um ihre Videos zu schneiden und sich um Social Media zu kümmern. Der Mann brachte ihnen zwanzig Minuten später das Feuerzeug zurück und bedankte sich noch einmal.

Schließlich sprachen sie noch ihre Kommentare ein und nahmen ein paar Extra-Clips auf, um die Spannung vor dem Kuss zu steigern. »Wir können beide immer noch nicht fassen, dass das passiert ist«, sagte Coral. »Und wir haben lange diskutiert, ob wir das überhaupt mit euch teilen wollen, aber ... Ihr seid schon die ganze Zeit ein wirklich wichtiger Teil unserer Reise ...« Angespanntes Kichern. Schüchterne Blicke. Ja, sie schlachteten das gerade wirklich aus.

Zwei Stunden später war der Moment gekommen, das Video zu veröffentlichen. Corals Herz schlug ihr bis zum Hals.

Es war so weit. Gleich bekamen alle den Kuss zu sehen.

Das Gespräch mit ihrem Platznachbarn ging ihr wieder durch den Kopf. *Mobbing. Trolle. Komische Typen.*

Coral schaute auf und sah Ruby mit verschränkten Fingern vor ihrem Laptop sitzen.

»Hast du auch Schiss, das Video zu posten?«, fragte Coral.

Ruby schenkte ihr ein schuldbewusstes Lächeln. »Und wie.«

Coral holte tief Luft und kratzte all die Selbstsicherheit zusammen, die sie zuvor an den Tag gelegt hatte. »Ich bin mir sicher, dass die Leute es cool finden werden. Denk mal an die Kommentare, die wir bisher bekommen haben.«

»Ich weiß. Aber ich habe noch nie mein Privatleben mit der Öffentlichkeit geteilt. Und das ist ... ein Sprung ins kalte Wasser.«

Corals schlechtes Gewissen regte sich kräftig. Drängte sie Ruby zu etwas, das sie nicht tun wollte? Sie hielt ihr eine Hand über den

Tisch hinweg hin. »Hey, wenn du kein gutes Gefühl bei der Sache hast, müssen wir nicht …«

»Nein, ich will das. Die Aufnahmen sind großartig und du hast recht. Das will unser Publikum sehen.« Sie löste ihre verkrampften Finger voneinander und ergriff Corals Hand.

Ein angenehmes Kribbeln kroch Corals Arm hinauf und machte es sich in ihrer Brust gemütlich.

»Und du hattest auch recht damit, dass ich praktisch an ihrem Kanal kleben würde, wenn sich bei meinen Lieblings-YouTubern so was anbahnt. ›Tun sie's, oder tun sie's nicht?‹ Das haben wir unbeabsichtigt bei den Zuschauern ausgelöst. Die Idee ist fantastisch, Coral.«

Coral nickte. Rubys Worte stärkten ihr Selbstvertrauen.

»Also los, tun wir's.« Ruby drückte ihre Hand. »Auf drei?«

Coral erwiderte den Druck und schob mit der freien Hand den Mauszeiger über den Button, der das Video freigab. »Okay.«

»Eins?« Das klang eher wie eine Frage, auf die Ruby aber wohl keine Antwort haben wollte.

»Zwei«, antwortete Coral nachdrücklich.

Ruby atmete langsam aus. »Drei.«

Sie klickten gleichzeitig auf den Button.

Stille.

Ruby klappte ihren Laptop zu.

Coral beobachtete, wie ihr Video in die Welt hinausging und tat dann das Gleiche. Jetzt würden sie ja sehen, ob ihr »Tun sie's, oder tun sie's nicht?« ihrem Publikum gefiel.

Coral wurde vom unaufhörlichen Piepen ihres Handys geweckt. Ächzend rollte sie sich auf die andere Seite, hatte aber gar keine Zeit, die Flut an Nachrichten zu sichten, weil ihr Telefon in diesem Moment klingelte.

Es war Farrah. Warum wollte Farrah sie um sieben Uhr morgens so dringend sprechen?

Oh verdammt! Ist was passiert?

Coral setzte sich mit einem Ruck auf. Ihr Puls raste. »Hey.«

»Warum hast du mir nicht erzählt, dass was zwischen Ruby und dir läuft? Mann, Coral, das ist fantastisch!«

Coral verzog das Gesicht und drehte die Lautstärke des Handys leiser. Also hatte Farrah das Video gesehen. »Ja. Da … ist was zwischen uns.«

»Du klingst müde. Ups. Wie spät ist es? Oh, Shit, sorry. Ich dachte, es wäre schon später. Aber yay! Ich wollte dir nur sagen, wie sehr ich mich für dich freue und dass ich es kaum erwarten kann, sie kennenzulernen. Wir müssen unbedingt was zusammen machen, wenn du wieder zu Hause bist!«

Ruby setzte sich verschlafen auf und schaute Coral stirnrunzelnd an. Sie musste Farrah wohl gehört haben.

»Klar.« Coral drehte den Ton so leise, wie es ging. »Machen wir. Ich stelle euch vor.«

Wie sie mit *dem* Teil der Fake-Romanze umging, würde sie sich irgendwann später überlegen.

Ruby griff nun nach ihrem eigenen Handy und entsperrte es hastig. Sie öffnete Patreon und wollte offenbar direkt die Kommentare durchsehen.

»Okay, dann lasse ich dich mal weiterschlafen«, sagte Farrah. »Oder was anderes machen. Ich freue mich nur so sehr für dich.«

»Danke.« Es war süß, wie sehr Farrah sich dafür begeisterte – und das machte es noch schlimmer, dass Coral sie anlog. Ihre Schwester und sie waren immer ehrlich zueinander gewesen.

Aber sie durfte dieses Geheimnis niemandem anvertrauen. Das war etwas zwischen ihr und Ruby. Und außerdem würde Farrah ihr sofort damit in den Ohren liegen, dass eine Fake-Romanze eine wirklich schlechte Idee war.

Sie legte auf und Ruby scrollte neben ihr immer noch wie wild durch die Kommentare.

»Und?«, fragte Coral und rieb sich die Augen.

Ruby holte tief Luft. »Es läuft … gut. Zumindest auf Patreon.«

»Wirklich?«

»Viel Gekreische und Tränchen, die verdrückt werden … Eine Person hat uns als ihr neues Lieblingsinternetpaar bezeichnet. Ja. Läuft gut.«

Coral entfuhr ein begeistertes Quietschen und sie strampelte unter der Decke mit den Beinen. Dann schlang sie schwungvoll die Arme um Ruby, die die Umarmung erwiderte.

»Weißt du, was das heißt?« Aufregung kochte in ihr hoch.

»Dass deine Idee funktioniert und du ein Genie bist?«, fragte Ruby.

Am liebsten wäre Coral aufgesprungen und singend durch den Van getanzt. Als sie YouTube öffnete, wurde ihr angezeigt, dass sie auf das gestrige Video doppelt so viele Klicks bekommen hatte wie normalerweise um diese Uhrzeit – plus eine ganze Menge neuer Abonnenten.

»Natürlich bin ich ein Genie«, sagte Coral. »Aber was ich eigentlich sagen wollte: Das bedeutet, dass wir die Liebesgeschichte auch in alle zukünftigen Videos einbinden müssen. Um den Leuten zu geben, was sie wollen, müssen wir uns wie ein echtes Paar verhalten.«

Ruby kaute auf ihrer Unterlippe und sah aus, als würde sie alle Eventualitäten sorgfältig gegeneinander abwägen. »Lass mich erst mal checken, wie die Leute auf YouTube reagiert haben.«

»Okay.« Coral schaute ihr über die Schulter.

Ich freue mich so für dich, Ruby! Ihr passt so perfekt zusammen!

Ruby & Coral, ich kann euch gar nicht sagen, was mir dieses Video bedeutet. Als nicht geoutete Lesbe gibt mir euer Glück so viel Hoffnung & es macht meine Welt ein Stück besser. Danke, dass ihr eure Beziehung mit uns teilt. xoxo

Die Top-Kommentare brachten sie beide zum Lächeln.

Ruby scrollte weiter nach unten. »Oh, ein Kotz-Emoji. Wie erwachsen.«

»Ach, die habe ich auch schon bekommen. Die können sich die Leute gerne mal sonst wohin stecken.«

»Vorwürfe, dass wir nur Aufmerksamkeit wollen ...«, murmelte Ruby. »Hier wird für unsere Seelen gebetet ...«

»Und unter jedem dieser Kommentare werden wir von anderen Leuten verteidigt. Schau mal, da.« Coral klappte einen der Kommentar-Threads aus, damit sie die Reaktionen lesen konnten.

Ruby nickte. Coral wartete mit wild klopfendem Herzen darauf, dass sie etwas dazu sagte. Gerade war es wirklich schwer einzuschätzen, was sie von alledem hielt.

Schließlich nickte Ruby und machte das Handy aus. »Okay. Muss ich dich vor der Kamera Babe nennen?«

Coral lächelte. »Wir wollen *sympathisch* rüberkommen, nicht nervig.«

Ruby lachte.

Plötzlich war Coral wahnsinnig nervös. Sie würden es doch schaffen, eine Beziehung überzeugend vorzutäuschen, oder? Und dabei würde auch niemand zu Schaden kommen, nicht wahr? Küsse und Flirten vor der Kamera hatten ja nicht zwangsläufig etwas in der Realität zu bedeuten – es war ein Nachtrag zu ihrer ursprünglichen Vereinbarung.

Verdammt, vielleicht hätte sie das doch mit Farrah durchsprechen sollen, anstatt sich einfach kopfüber hineinzustürzen.

Tja, zu spät.

Coral schwebte wie auf Wolken, während sie in den Tag starteten. Das würde ihr Einkommen deutlich in die Höhe treiben. Und das wiederum bedeutete, dass eine echte Chance bestand, den Van zu behalten. Und ihr Traumleben weiterzuführen.

Und das hatte sie Ruby zu verdanken. Der wunderschönen, wundervollen Ruby.

Ja!

Breit grinsend rutschte sie auf den Fahrersitz. Vor ihnen lag eine Panoramastrecke, die eine romantische Kulisse für ihre Videos bieten würde.

Als Ruby ihren Gesichtsausdruck bemerkte, schüttelte sie den Kopf und verdrehte die Augen. »Das macht dich ein bisschen zu glücklich.«

»Dich nicht? Das ist *grandios*. Denk doch nur mal an das zusätzliche Geld, Ruby. Davon kannst du Calvin einen Haufen Spielsachen kaufen.«

Ruby lachte.

»Auf in die Dünen!« Coral drehte den Schlüssel im Zündschloss.

Klick.

Sie erstarrte.

»Shit«, flüsterte sie und versuchte es noch mal.

Ruby drehte sich auf dem Beifahrersitz zu ihr um. Die Enttäuschung – nein, der *Vorwurf* – stand ihr klar ins Gesicht geschrieben.

»Ich …« Corals Mund fühlte sich staubtrocken an.

Es war nicht zu leugnen.

Irgendwas am Van war definitiv kaputt.

Kapitel 20
Ruby

Ruby sackte tiefer in ihren Sitz, und all ihre gute Laune verpuffte mit dem nächsten Atemzug.

Coral startete die Videoaufnahme auf ihrem Handy, weil sie wohl der Meinung war, dass diese Katastrophe gutes Filmmaterial abgab. Zweimal versuchte sie noch, den Van zu starten. Keine Reaktion außer dem Klicken.

Ruby griff an ihr vorbei und stoppte die Aufnahme. »Verdammt noch mal, Coral«, entfuhr es ihr, weil sie ihren Frust nicht mehr unterdrücken konnte. »Du hast gesagt, dass alles in Ordnung ist, und ich habe dir vertraut! Wir hätten noch am gleichen Tag in die nächste Werkstatt fahren sollen und es reparieren lassen.«

Diese Lektion hätte sie eigentlich durch das Desaster mit ihrem eigenen Campingbus lernen sollen, aber irgendwie hatte sie es geschafft, ein zweites Mal in so einer Situation zu landen.

Coral warf ihr einen finsteren Blick zu. »Das ist kein Ding. Wir richten das heute noch.«

»Und wie? Mit dem Werkzeug, mit dem du den Küchenschrank repariert hast?«

»Wir fahren einfach bei einem Ersatzteilladen vorbei«, erwiderte Coral etwas lauter.

»Und wie kommen wir da hin, wenn der Van nicht anspringt?«, brüllte Ruby zurück.

Calvin erhob sich aus seinem Bett und trottete in den hinteren Teil des Vans, um sie von dort aus besorgt zu beobachten.

Ruby atmete tief durch, um sich zu beruhigen, und massierte sich die Nasenwurzel. »Durch die Verzögerung schaffen wir es wieder nicht nach Cannon Beach. Müssen wir den Trip verlängern? Können wir uns das leisten?«

»Dafür brauchen wir nicht lange, Ruby. Das Problem ist wahrscheinlich nur die Lichtmaschine oder so.« Sie öffnete die Tür und stieg aus.

»So oder so hätten wir das Problem nicht ignorieren sollen.«

Coral seufzte und öffnete die Motorhaube. »Okay, ich hätte gleich das Ersatzteil besorgen sollen, als er das erste Mal gestottert hat. Ich wollte nur unsere Pläne nicht über den Haufen werfen. Zufrieden?«

»Nein, ich bin nicht zufrieden. Was, wenn es was Gravierenderes ist und wir einen Mechaniker brauchen?«

Coral starrte sie ungläubig an. »Ruby ... mir fehlt nur das offizielle Zertifikat zur Mechanikerin. Meine Eltern betreiben Autowerkstätten. Ich habe diesen Van zusammengeschraubt und mache alle Reparaturen selbst.«

Ruby stutzte. Coral hatte ihn selbst *gebaut*? Ihre Eltern waren echte Mechaniker? »Coral, du hast mir nur erzählt, dass deine Eltern Unternehmer sind.«

Coral öffnete den Mund, als wollte sie protestieren, blinzelte dann jedoch ein paarmal und ihre Wangen wurden rot. »Oh, stimmt.«

Ruby rieb sich übers Gesicht und murmelte: »Als du gesagt hast, dass du Reparaturen selbst machst, dachte ich an so was wie Ölwechsel.«

Coral entkam ein atemloses Lachen. »Damit war *alles* gemeint. Okay, ich ziehe mal los und frage unseren Feuerzeug-Nachbarn, ob er uns Starthilfe geben kann. Könntest du mal nachsehen, wo der nächste Ersatzteilladen ist?« Bevor Ruby jedoch antworten konnte, drehte sie sich um und marschierte davon.

Hitze stieg Ruby in die Wangen. Vielleicht hatte sie überreagiert, aber woher sollte sie denn wissen, dass Coral solche Probleme so einfach lösen könnte? Calvin kam vorsichtig näher und schnüffelte an Ruby, um sich davon zu überzeugen, dass es ihr gut ging. Sie tätschelte ihn, was ihr ein Schwanzwedeln einbrachte.

»Tut mir leid, dass ich laut geworden bin, Kumpel. Offenbar ist das nicht weiter wild.«

Sie bekamen tatsächlich Starthilfe von dem Mann, der sich das Feuerzeug von ihnen geliehen hatte. Er campte hier mit seiner Frau und zwei Töchtern, und die Familie hatte einen Pick-up.

»Gutes kommt irgendwann zu einem zurück.« Er nickte ihnen zu. »Viel Glück, Ladys.«

Nachdem sie den Campingplatz verlassen hatten, steuerte Coral den Laden an, den Ruby auf der Karte gefunden hatte. Sie stellten den Van auf dem hinteren Teil des Parkplatzes ab, und Ruby filmte Coral, wie sie die Motorhaube öffnete und das Problem mit einem Universalmessgerät ermittelte. »Na also. Es ist die Lichtmaschine. Deswegen wird die Batterie nicht normal aufgeladen. Bin gleich wieder da.«

Sie verschwand in dem Geschäft und kehrte ein paar Minuten später mit einem Karton in der Größe eines Toasters zurück.

»Ich bin ... hm ... beeindruckt, dass du so was kannst. Und neidisch«, sagte Ruby, während Coral sich an die Arbeit machte. Das Engegefühl in ihrer Brust ließ langsam nach, als ihr nun so richtig klar wurde, warum Coral das alles so gelassen nahm.

»Ich kann dir gerne ein paar Sachen zeigen.« Coral schraubte bereits Teile des Motors ab. »Es würde dir eine Menge Geld sparen, wenn du zum Beispiel deine Ölwechsel selbst machen könntest.«

Ruby versetzte das Stativ für einen besseren Blickwinkel. »Das wäre toll. Aber du brauchst echt viel Geduld mit mir, weil ich wirklich gar nichts über Autos weiß.«

Das Leben im Van wäre so viel einfacher, wenn Ruby die vielen Probleme ihres Zuhauses einfach selbst reparieren könnte. Wie oft waren schon Kleinigkeiten kaputtgegangen? Undichte Wasserleitungen, der Kühlschrank, die Gasflasche, Batterien, Bremsen und jetzt auch noch das verdammte Getriebe.

Corals Armmuskeln spielten unter der Haut, und ein paar Strähnen, die sich aus ihrem Pferdeschwanz gelöst hatten, fielen ihr ins Gesicht. Sie machte sich, ohne zu zögern, die Hände schmutzig, sie wusste, wie man Probleme löste, sie war einfallsreich und absolut auf das Leben in einem Campingbus vorbereitet ... Kurz gesagt: Sie war verdammt cool.

Und endlich sprach Ruby ihre größte Sorge an. »Hattest du schon mal Probleme mit dem Getriebe?«

»Ja, klar. Das Erste, was ich in diesen Van eingebaut habe, war ein neues Getriebe.«

Ach du ... Was, wenn Coral ihr ein paar Tipps geben oder ihr helfen könnte, die Ersatzteile irgendwo günstiger zu bekommen?

Offenbar hatte sie zu lange nichts gesagt, weil Coral mit zusammengezogenen Augenbrauen aufschaute. »Wieso fragst du?«

Rubys Herz setzte einen Schlag aus. Das war wohl der Zeitpunkt, an dem sie Coral die Sache mit ihrem Van beichten musste.

Sie stoppte die Aufnahme ihrer Kamera. »Okay, es gibt einen Grund, warum ich diesen Roadtrip mit deinem Van machen wollte. Meiner ist kaputt. Er fährt keinen Meter mehr.« Ihre Lippen fühlten sich taub an, als sie die Worte mühsam hervorbrachte.

Coral schien eine ganze Weile zu brauchen, um das zu verarbeiten. »Oh Ruby, warum hast du denn nichts gesagt?« Ihre Schultern sackten nach unten und ihr Gesichtsausdruck wurde so traurig, dass Ruby das Geständnis beinahe bereute. Wenn es eins gab, das Ruby wie die Pest hasste, dann mitleidige Blicke. Von denen hatte sie in den letzten Jahren genug für den Rest ihres Lebens bekommen.

»Ich kann meinen Followern nicht erzählen, dass mein Van kaputt ist«, sagte Ruby nachdrücklich. »Das passt nicht zum Format meines Kanals. Ich bekomme meine Klicks nicht durch Drama und Katastrophen. Meine Fans wollen eine rangezoomte Einstellung von mir sehen, wie ich mir eine Tasse Tee eingieße und aus dem Fenster schaue – nicht, wie ich am Straßenrand hocke und verzweifelt über meinen fahruntauglichen Van jammere.«

»Das verstehe ich«, erwiderte Coral. »Auf deinem Kanal ist kein Platz für kaputte Sachen. Ich sage es nicht weiter. Aber ich glaube, du unterschätzt, wie loyal deine Zuschauer dir gegenüber sind …«

»Ich werde ihnen nicht erzählen, dass mein Bus nicht mehr fährt.«

»Okay. Kein Problem.«

Schweigen breitete sich zwischen ihnen aus. Rubys Gesicht wurde heiß. Das hatte bissiger geklungen als beabsichtigt. Sie drückte sich die Handballen gegen die Stirn und ließ einen langen Atemzug entweichen. Das Gewicht ihres kaputten Zuhauses lastete so schwer auf ihren Schultern, dass sie sich gegen den Van lehnen musste. Den Blick hielt sie fest auf den Motor gerichtet, um Coral nicht in die Augen sehen zu müssen.

»Das ist noch nicht alles.« Sie hatte sich noch nie erlaubt, diesen Gedanken weiterzuverfolgen, nicht mal nur im Kopf. Auch deshalb fiel es ihr so schwer, ihn jetzt laut auszusprechen. Aber sie zwang sich dazu, ließ die Worte einfach kommen, wie sie wollten. »Ich muss ständig an meinen Dad denken. Er hätte nicht gewollt, dass ich vor der Kamera offen über mein Privatleben plaudere. Er hat persönliche Dinge oft für sich behalten. Selbst meiner Mutter und mir hat er sich nur selten anvertraut, wenn ihn etwas belastet hat. Wir haben es ihm immer nur an der Körpersprache angemerkt. Als er krank geworden ist, haben wir das erst nach Wochen mitbekommen. Dieser Beziehungskram ... die Probleme mit meinem Van und in meiner Familie ... Ich frage mich einfach permanent, was er davon halten würde, dass ich das in alle Welt rausposaune.«

Coral wartete, ohne etwas zu sagen oder sich zu rühren.

Tränen brannten in Rubys Augen, doch sie blinzelte sie hastig weg. »Er ist der Grund, warum ich mir den Van überhaupt kaufen konnte. Er hat mir ein bisschen Geld hinterlassen. Ich wollte es für die Krankenhausrechnungen verwenden oder dass meine Mom es für ihren Laden nimmt, aber sie hat darauf bestanden, dass ich es behalte und etwas für mich tue. Also habe ich den Campingbus gekauft. Und dann ... habe ich zugelassen, dass er kaputt geht.« Ihr versagte die Stimme, weil ihre Kehle sich wie zugeschnürt anfühlte und sie kein Wort mehr herausbekam.

»Und du denkst, dass dein Dad deswegen von dir enttäuscht wäre«, meinte Coral leise.

Ruby holte tief Luft und ließ sie auf einen Schlag wieder entweichen, um das Engegefühl loszuwerden. »Das wäre er mit Sicherheit. Und meine Mom auch.«

»Vielleicht aber auch nicht. Vielleicht hätten sie Verständnis dafür, dass Dinge kaputtgehen und man nicht alles kontrollieren kann.«

Nun schaute sie Coral doch in die Augen. Und der Ausdruck darin war warm und verständnisvoll.

»Ich hätte ihn früher in die Werkstatt bringen sollen. Ich habe einen Fehler gemacht. Erst wollte ich nicht wahrhaben, dass es ein Problem gibt – als würde es einfach wieder verschwinden, wenn ich es lange genug ignoriere. Und dann war es mir wichtiger, meine Mom zu unterstützen, als mich darum zu kümmern. Es war so ...« Ruby schüttelte den Kopf, plötzlich unglaublich wütend auf sich selbst. »Wie soll ich ihr denn helfen, wenn ich kein Geld mehr verdiene? Ich weiß nicht, wie ich auf die Idee gekommen bin, dass ...«

»Jeder macht Fehler. Sei nicht so streng mit dir. Ich glaube, deine Eltern würden dir verzeihen. Dein Glück ist ihnen doch sicher wichtiger als das.«

Ruby schluckte schwer. Hatte ihre Mutter nicht etwas Ähnliches gesagt? Sie trat unruhig von einem Bein aufs andere und auf einmal fühlte sich ihr Körper viel leichter an als noch vor einem Moment. Ihre Augen brannten, ihre Kehle fühlte sich immer noch zu eng an, aber in ihrer Brust keimte ein warmes Kribbeln auf, das sich schnell ausbreitete.

»Es ist nur ein Van, Ruby«, meinte Coral mit einem kleinen Lächeln.

Ruby nickte. Sie hatte sich ein zu gutes Beispiel an ihrem Vater genommen, indem sie ihre Gefühle in sich hineinfraß und niemandem erzählte, was sie so unter Druck setzte. Aber das half ihr auch nicht weiter. Sie hätte ihrer Mom längst alles beichten sollen, Coral auch, und einen Teil auch ihren Zuschauern erzählen. Niemand würde so hart mit ihr ins Gericht gehen wie sie selbst. Ihr kaputter Van hatte so viele Schuldgefühle in ihr ausgelöst, aber sie hatte dem Ganzen mehr Bedeutung beigemessen, als notwendig gewesen wäre. Er musste nicht für all das stehen – ein verlorenes Zuhause, ein Versprechen an ihren Vater, Hoffnung für sie selbst und ihre Mutter.

Es ist nur ein Van.

»Danke«, sagte sie.

Coral lächelte. Sie holte etwas aus dem Motorraum, offenbar die alte Lichtmaschine. »Ich helfe dir, das Getriebe zu reparieren. Sobald wir wieder zu Hause sind, kümmere ich mich darum.«

»Oh ... nein, so habe ich das nicht ...« Rubys Magen krampfte sich zusammen. Das war doch viel zu viel. Jetzt dachte Coral bestimmt, dass Ruby sie darum bat, eine Reparatur im Wert von mehreren Tausend Dollar nebenbei zu erledigen. »Ich bringe ihn in eine Werkstatt. Ich habe mich nur gefragt, ob man vielleicht günstiger an ...«

»Ich möchte das aber. Lass mich das für dich reparieren. Du bezahlst die Ersatzteile und die kann ich dir außerdem billiger besorgen, also du sie sonst irgendwo bekommst. Damit sparst du ein paar Tausender für die Arbeitszeit.«

»Dann sollte ich dich für die Arbeitszeit bezahlen.«

»Ach, komm schon, Ruby. Wir haben auf diesem Trip so viel zusammen erlebt. Lass mich das für dich tun. Als Freundin.«

Erneut stiegen Ruby Tränen in die Augen. *Verdammt.*

»Außerdem können wir dann noch ein bisschen Zeit miteinander verbringen, das wird lustig«, fügte Coral noch hinzu, ohne den Kopf zu heben.

Wurde sie etwa rot?

Ruby biss die Zähne zusammen und kämpfte gegen die Tränen an. Corals Angebot war aufrichtig nett. Womit hatte Ruby das verdient?

Ohne bewusst darüber nachzudenken, trat Ruby zu ihr und schlang die Arme fest um Coral. »Vielen Dank«, nuschelte sie an Corals Schulter.

Coral erwiderte die Umarmung. »Gern geschehen.«

Ruby atmete langsam aus. Gott, Corals Arme an ihrer Taille fühlten sich so gut an.

Zu gut.

Ruby machte einen Schritt zurück und löste sich damit aus der Umarmung. Dann wandte sie ihre Aufmerksamkeit wieder der Kamera zu, die sich inzwischen abgeschaltet hatte.

Coral räusperte sich. »Hey, was du da vorhin gesagt hast, dass wir es wieder nicht nach Cannon Beach schaffen …«

»Mir war nicht klar, dass du für die Reparatur nicht so lange brauchst«, sagte Ruby. »Tut mir leid. Ich komme mir gerade wie eine Dramaqueen vor.«

»Nein, schon okay.« Coral öffnete den Karton, den sie aus dem Laden mitgebracht hatte. »Ich wollte nur vorschlagen, dass wir noch einen Tag länger dort bleiben, nachdem Cannon Beach ja unsere letzte Station ist. Wir müssen danach nirgendwo dringend hin, oder?«

Da hatte sie recht. Sie mussten sich keine Gedanken darüber machen, zum letzten Halt zu spät zu kommen, weil sie einfach länger bleiben konnten, wenn es sein musste. Sie hatten zehn Tage veranschlagt, aber daraus konnten sie auch elf machen. Oder zwölf.

Das gefiel Ruby. Grinsend schaltete sie die Kamera wieder ein. »Dann entscheiden wir das doch einfach spontan und sehen, was passiert.«

Kapitel 21
Coral

Nachdem die neue Lichtmaschine ohne Probleme lief, setzten sie ihren Weg über den Highway fort. Im Sisters Rock State Park legten sie einen Zwischenhalt für Filmaufnahmen ein. Man konnte die felsige Landzunge mit den drei Felsen, die sich aus dem Meer emporreckten, über einen Schotterweg erkunden.

»*Hold my hand* für die Kameras …«, sang Coral vor sich hin und brachte Ruby damit zum Lachen.

Hand in Hand gingen sie den Pfad entlang. Der Kies knirschte unter ihren Schuhen und Calvin trottete ohne Leine neben ihnen her.

Bislang hatte Coral sich eigentlich nie für eine gute Schauspielerin gehalten, aber bei Ruby war es einfach, sich verliebt bis über beide Ohren zu geben. Sie zogen sich gegenseitig mit, lehnten sich aneinander, wenn sie die Aussicht genossen, und lächelten, als gäbe es nur sie beide.

Da sich außer ihnen niemand hier aufhielt, würde das Videomaterial phänomenal werden.

Ruby schaute sich um. »Wir sollten vielleicht ein Kuss-Foto für Instagram und die Thumbnails machen.«

Corals Lippen kribbelten vorfreudig. »Klar. Kein Problem.«

Sie stellten Rubys Kamera auf dem Stativ mit Blick aufs Ufer auf. Coral richtete ihren Pferdeschwanz und ihr Herz klopfte genauso heftig wie bei ihrem ersten Kuss. Vielleicht war das ein Zeichen, dass sie schon zu lange Single war – ein durchgeplanter, nicht romantischer Kuss machte sie derart nervös und aufgeregt.

Sie stellten einen Zehn-Sekunden-Timer ein und bezogen Position inmitten der Felsformation. Calvin erforschte schnüffelnd die Umgebung und Coral griff nach Rubys Händen.

»Bereit?«, fragte sie.

Ruby nickte bestimmt. »Leg los.«

Coral lachte. »Wie romantisch.«

Lächelnd lehnten sie sich zueinander.

Das Kribbeln explodierte in Coral, als ihre Lippen sich trafen. Genau das war im Wald auch passiert – eine vollkommen überzogene Reaktion angesichts der Tatsache, dass der Kuss weder spontan noch ehrlich war. Doch Rubys Lippen waren so weich und sie roch nach Frühling. Etwas an ihren Küssen war einfach … schön. Sie küsste gut. Als ihre Lippen Corals eroberten, musste sie aufpassen, dass ihre Beine nicht unter ihr nachgaben.

Sie blieben einen Moment so stehen und warteten, bis die Kamera klickte, bevor sie sich wieder voneinander lösten.

Coral kniff auf dem Weg zurück zum Stativ die Lippen zusammen, weil sie Rubys Mangolippenbalsam darauf schmeckte.

Ruby lachte laut auf, als sie sich das Foto anschaute. »Du hast den Fuß hochgenommen.«

»Das sieht süß aus!«, verteidigte Coral sich und sah sich die Aufnahme ebenfalls an. Es war ein schönes Foto. Die Schatten der umstehenden Felsen tauchten sie in Dunkelheit, sodass fast nur die Umrisse ihrer Körper zu sehen waren.

»Oder kitschig.«

»Ach, komm schon, wir sind so süß zusammen.« Ja, Coral hatte den Fuß gehoben, aber nur ein bisschen. Vielleicht zehn Zentimeter oder so, damit ein bisschen Bewegung ins Bild kam.

Ruby biss sich nachdenklich auf die Unterlippe. »Das gibt dem Foto schon das gewisse Etwas.«

»Bist du zufrieden damit?« Am liebsten hätte Coral um eine Wiederholung gebeten, brachte den Mut dafür aber nicht auf.

Ruby nickte. »Sieht gut aus.«

Also nur ein Versuch heute. Coral wusste nicht recht, ob sie gerade bereute, nicht doch um einen zweiten gebeten zu haben. Aber vielleicht war es besser so. Ihr Herz klopfte noch immer viel zu schnell.

Auf dem Weg zurück zum Van ging Coral ein paar Schritte voraus, weil sie eine Weile Pause vom Händchenhalten mit Ruby brauchte. Warum regten sich jedes Mal Schmetterlinge in ihrem Bauch, wenn sie sich küssten? Das sollten strategische Küsse sein. Hier ging es um Klickzahlen. Statistik. Schmetterlinge im Bauch hatten hier nichts zu suchen.

Wenig später waren sie wieder auf der Straße und hielten dann zum Mittagessen in North Bend, weil sie beide unfassbar Lust auf Diner-Essen hatten. Das war eine nette Abwechslung zu dem gesunden Futter, das sie sonst aßen. Unweit des Highways fanden sie ein kleines, unauffälliges Restaurant mit charmanter Retro-Einrichtung. Calvin blieb im Van, während sie sich einen freien Tisch suchten.

Alles auf der Speisekarte beinhaltete in irgendeiner Form Eier, Milchprodukte oder Fleisch, also stellte Ruby sich einfach ein Gericht aus Hash Browns und Gemüse zusammen. Coral bestellte sich ein Omelette mit Schinken und Speck und dazu Pancakes.

»Hmm.« Sie stöhnte laut auf, als sie sich die erste Gabel voll Omelette in den Mund schob.

Ein älteres Paar am Nebentisch schaute zu ihnen rüber.

»Hier sind auch Kinder«, flüsterte Ruby, schien sich aber ein Lachen zu verkneifen.

»Ich esse seit Beginn unseres Trips fast ausschließlich vegan und ja, ich habe Energie und fühle mich gesund, und moralisch ist es total super ... aber manchmal brauche ich einfach fettigen Speck und Käse.«

Ruby rümpfte die Nase. »Ich war bei *fettigem Speck* raus.«

Coral stopfte sich grinsend ein riesiges Stück eines fluffigen Pancakes in den Mund. Und stöhnte noch einmal auf.

»Du hast schon recht, das ist gerade genau das Richtige«, gab Ruby zu.

Ein paar Minuten widmeten sie sich schweigend ihrem Essen, bevor Coral schließlich nach den Kameras griff, die zwischen ihnen aufgebaut waren und filmten, seit sie sich gesetzt hatten. »Das reicht, oder?«

»Ja«, antwortete Ruby mit vollem Mund.

Coral schaltete beide ab und merkte zu spät, dass sie klebrigen Sirup an den Fingern hatte. Sie musste nachher unbedingt die Kameras abwischen.

»Also, *Ruby*«, sagte sie schließlich und machte es sich auf ihrer Sitzbank bequem. »Wenn wir wirklich eine Fake-Beziehung führen wollen, sollten wir uns ein bisschen besser kennenlernen.«

Ruby zog eine Augenbraue nach oben und griff nach ihrer Kaffeetasse. »Was willst du denn noch über mich wissen?«

»Keine Ahnung. Erzähl mir von deinen Ex-Freundinnen. Woran sind die Beziehungen gescheitert?«

»Wow, fragst du so was immer beim ersten Date?«

Coral gestikulierte mit der Gabel in der Luft. »Ist dir Small Talk lieber? Erzähl mir von deiner Familie, wo du schon überall warst, was deine Hobbys sind, bla, bla, bla ...«

»Gutes Argument.« Ruby ließ sich nach hinten sinken und umfasste die Tasse mit beiden Händen. Sie hatte einen ordentlichen Teil des riesigen Bergs auf ihrem Teller geschafft, und Coral war auch gut dabei – aber auch sie hatte ein bisschen Mühe mit dem frisbee-großen Pancake.

»Ich war hier und da mal auf ein paar Dates, hatte aber nichts Festes«, sagte Ruby. »Meine ernsthafteste Beziehung hat fast ein Jahr gehalten, aber ich habe Schluss gemacht, als mein Dad krank geworden ist. Mir ist bewusst geworden, dass man jemanden, den man wirklich liebt, in schweren Zeiten an seiner Seite haben will. Dass die Person zur Stütze und zum Lichtblick im Leben wird. Aber ... ich wollte sie nicht bei mir haben. Ich wollte Zeit mit meinen Eltern verbringen, und wenn sie dabei war, fühlte es sich immer wie ein Störfaktor an.« Sie tippte mit den Fingern gegen die Tasse und wich Corals Blick aus.

Coral spürte ein Ziehen irgendwo in ihrer Herzgegend. Am liebsten hätte sie Ruby umarmt, um ihren Schmerz zu lindern, aber sie wusste nicht, was sie dazu sagen sollte. Vielleicht gab es dazu auch nichts zu sagen. Es ging hier mehr ums Zuhören. Für Ruby da zu sein.

»Ich habe sie nie vermisst«, fuhr Ruby fort. »Kein einziges Mal. Wenn ich mit ihr zusammen war, habe ich wohl einfach so was wie ein Beziehungsprogramm abgespult. Ich dachte, dass ich in sie verliebt bin, aber das war ich nicht. Und danach wollte ich das nicht noch mal. Lieber bleibe ich Single, als eine Beziehung mit jemandem zu führen, nach der ich nicht verrückt bin.«

»Das verstehe ich«, sagte Coral. »Wieder auf ein Date zu gehen, nur weil man denkt: ›Warum nicht? Ist doch nett.‹ Nicht zu merken, dass der Funke nicht überspringt. Habe ich auch schon hinter mir.«

»Ach ja?« Jetzt schaute Ruby ihr doch wieder in die Augen.

Coral stocherte in den Resten ihrer Pancakes herum, zu satt, um weiterzuessen. »Meine letzte Freundin war echt cool und superkreativ, aber die freie Natur war nichts für sie … Sie wollte sich lieber die Hände bei einem Töpferkurs schmutzig machen als im Wald. Am Anfang war das spannend, Gegensätze ziehen sich ja an, aber nach ein paar Monaten war das das Aus für die Beziehung. Wir hatten nichts, das uns verbindet. Wir konnten uns nie einigen, auf keinen Film, Song, Essen oder was wir am Wochenende machen wollen. Ihre Vorstellung von einem lustigen Freitagabend war ein Malkurs, was beim ersten Mal auch Spaß gemacht hat. Aber ich stehe nicht auf so was – und ich hatte immer ein schlechtes Gewissen, wenn ich sie zu einer Schneeschuhwanderung oder so mitgenommen habe, weil das absolut nicht ihr Ding war.«

Ruby grinste. »Verständlich, dass eine Beziehung mit jemandem, der nicht gerne campen geht, schwierig für dich ist. Wie bist du überhaupt auf die Idee gekommen, dass das klappen könnte?«

»Das war noch vor meiner Vanlife-Zeit! Eigentlich hat sie mir sogar bei der Erkenntnis geholfen, wer ich bin und was ich mag. Dafür bin ich ihr auch wirklich dankbar.« Coral hob die Tasse zu einem stummen Toast. Seit der Zeit mit Kass hatte sie sich so sehr verändert. Sie war viel gereist, hatte den Van umgebaut und eine Online-Präsenz aufgebaut. Und jetzt tat sie so, als würde sie eine Beziehung mit der schönsten Frau führen, die sie je gesehen hatte.

Was für ein Leben.

»Und deine andere Freundin?«, fragte Ruby. »Du hattest zwei erwähnt?«

Coral grinse. »Interessant, dass du dir das gemerkt hast.«

Ruby öffnete den Mund, aber es kam nichts heraus. Stattdessen nippte sie an ihrem Kaffee.

»Wir waren sechzehn«, meinte Coral. »Und wir haben mehr oder weniger einvernehmlich Schluss gemacht. Wir wussten immer, dass wir keine Seelengefährtinnen sind oder so – das war einfach die erste große Verliebtheit. Und keine war der anderen böse. Ich weiß die Erfahrungen mit ihr wirklich zu schätzen. Durch sie habe ich mich selbst gefunden.«

»Das ist süß.«

»Wer hat dir dabei geholfen, dir über dich selbst klar zu werden?«, fragte Coral.

Ruby biss sich auf die Unterlippe, als wollte sie ein Lächeln verbergen. Das verlieh ihrem Gesicht einen liebenswert-frechen Ausdruck, der eine gute Geschichte versprach.

»Sag schon«, hakte Coral nach.

»Okay, ich war vierzehn. Da gab es dieses …«

»Ja?« Coral stützte die Ellenbogen auf den Tisch und das Kinn in die Hände.

Ruby grinste. »In meiner Schule gab es dieses Butch-Mädchen, das alle heißen Babes abbekam. Sie hatte mehr Freundinnen als die Star-Sportler, kein Witz. Die Kerle waren so neidisch auf sie. Aber sie war unglaublich charmant.« Ruby schaute mit einem so sehnsüchtigen Gesichtsausdruck aus dem Fenster, dass Coral lachen musste.

»Wie bei dir war sie definitiv nicht meine Seelengefährtin«, fuhr Ruby fort. »Wir hatten nichts gemeinsam, außer dass wir beide lesbisch waren. Aber ich war neugierig, also habe ich mich eines Tages neben sie gesetzt und sie schüchtern ein bisschen angeflirtet. Wir haben auf dem Klo rumgemacht.« Sie zuckte die Schultern. »Das war's. Ein fantastischer Tag. Ab da wusste ich, dass ich lesbisch bin.«

»Oh, Ruby!« Coral sog die großartige Geschichte praktisch in sich auf. »Und das erzählst du mir erst jetzt? Gott, das ist so gut. Ich kann mir bildlich vorstellen, wie du …« Sie verstummte, als sich plötzlich Hitze in ihrer Mitte ausbreitete. Sich vorzustellen, wie Ruby mit einer Frau rummachte, löste alle möglichen Empfindungen in ihr aus.

Rasch überschlug sie die Beine.

Die Kellnerin kam vorbei, um ihnen Kaffee nachzuschenken, was sie beide annahmen. Coral war froh über die kleine Gesprächspause, weil sie einen Moment brauchte, um sich wieder zu sammeln.

»Könnten wir bitte die Rechnung bekommen?«, fragte Ruby, schaute dann aber zu Coral. »Oh, sorry, ich hoffe, das ist okay für dich. Ich will Calvin nicht zu lange allein im Van lassen.«

»Ja, klar. Ich sollte sowieso weniger Kaffee trinken. Ich bin schon ganz hibbelig.«

Hibbelig und heiß.

Zurück im Van übernahm Coral noch die nächste Stunde Fahrt, die sie in den Jessie M. Honeyman Memorial State Park brachte. Der riesige Campingplatz lag nördlich von Dunes City und sie bekamen problemlos eine Parzelle.

Gott sei Dank. Durch die Sache mit der Lichtmaschine und den vielen Zwischenhalten war der Tag ganz schön lang geworden.

Ihre Nachbarn machten hier alle Strandurlaub, an jedem Stellplatz sah man Sandspielzeug, Quads und Motocrossräder. In der Ferne war das Röhren von Motoren zu hören.

»Sollen wir uns noch mal einen Strandbuggy mieten?«, fragte Coral neckend.

Ruby verzog das Gesicht. »Ja, mach ruhig. Ich bleibe lieber hier und lese ein Buch.«

»Wie wäre es stattdessen mit einem Spaziergang?«

»Das ist schon eher mein Ding.«

Der Diner-Kaffee war so reichlich geflossen, dass sie voller Energie einem Pfad zu einem kleinen See folgten, der direkt an die Dünen grenzte. Sie spielten mit Calvin auf dem steilen Sandstrand, bis sie alle drei außer Atem waren und ihre frisch gewaschene Kleidung wieder dreckig.

Ruby lächelte so offen und unbeschwert, wenn sie mit ihrem Hund spielte, und Coral war sich sicher, dass Ruby genau dann am glücklichsten war. Coral konnte den Blick einfach nicht von ihr abwenden, als sie alle zusammen herumrannten und sie die Welt mit ihrem schönen Lächeln zum Strahlen brachte.

Kapitel 22
Ruby

Nach Sonnenuntergang machte Ruby sich an die Bearbeitung des Videomaterials, während Coral duschen ging. Calvin lehnte schwer an ihren Beinen und hatte den Kopf auf ihren Schoß gelegt, weil er ganz genau wusste, dass sie ihn stundenlang immer wieder abwesend streichelte, solange er ihr beim Arbeiten Gesellschaft leistete.

Bei der Durchsicht der Aufnahmen wurden Rubys Wangen wieder heiß. Es war so seltsam, sich selbst und Coral vor der Kamera flirten zu sehen. Es sah normal aus, als wären sie ein echtes Paar – und dass sie wusste, dass alles ein Fake war, machte es ziemlich merkwürdig.

Aber sie harmonierten gut miteinander. Und sie spielten ihre Rollen ausgezeichnet. Kein Wunder, dass die Zuschauer durchdrehten.

Kaum zu glauben, dass sie morgen schon wieder in Cannon Beach sein würden. Sie war noch nicht bereit, den Roadtrip zu beenden – aber wenigstens ging es Coral genauso. Hoffentlich würden sie die Reise wirklich um ein oder zwei Tage verlängern.

Sie hatte heute noch nichts von ihrer Mutter gehört, also rief sie sie kurzerhand an. Es klingelte ein paarmal, dann ging der Anruf auf die Mailbox.

Ruby runzelte die Stirn. Schlief ihre Mom schon? Es war fast zehn, also gut möglich. Aber es war seltsam, dass sie den ganzen Tag nicht geschrieben hatte, was sie normalerweise immer tat.

Rubys Herz setzte einen Schlag aus. Sofort stand ihr vor Augen, was alles Schreckliches passiert sein könnte.

Reg dich nicht so auf. Wahrscheinlich ist sie einfach nur beschäftigt.

Calvin hob den Kopf, vielleicht spürte er ihren Stimmungsumschwung. Sie streichelte ihn erneut und seine großen Seehundaugen wurden wieder müde, die Lider sanken auf Halbmast.

Sie öffnete den Chatverlauf und schrieb ihrer Mutter eine Nachricht. Wenn sie sich nicht in der nächsten halben Stunde darauf meldete, würde sie noch mal anrufen. Und es vielleicht bei Yui probieren.

Hey Mom! Hoffe, du hattest einen schönen Tag. Wir fahren morgen wieder nach Cannon Beach. Hab dich lieb.

Dann arbeitete sie an ihrem Video weiter, konnte sich aber kaum konzentrieren.

Irgendwann kam endlich die erlösende Antwort. Ruby atmete auf und kam sich ein bisschen dumm vor, dass sie direkt so heftig reagiert hatte.

Hi Ruby. Tut mir leid, dass ich deinen Anruf verpasst habe. Ich habe nur viel zu tun. Hab dich auch lieb und kann es nicht erwarten, dass du wieder da bist!

Die Nachricht brachte Ruby zum Lächeln und sie war erleichtert, dass alles in Ordnung war. Zumindest schien es das zu sein. Es war ungewöhnlich, dass ihre Mom sich heute so gar nicht gemeldet hatte. Aber vielleicht war sie wirklich einfach nur beschäftigt gewesen.

Die Tür des Vans öffnete sich und Ruby legte das Handy weg. Nur zu gern ließ sie sich jetzt von ihren amoklaufenden Sorgen ablenken. Wenn sie den Verdacht bekam, dass es ihrer Mom nicht gut ging, neigte sie sehr zur Überreaktion. Sie versuchte, nicht so streng mit sich zu sein – nach allem, was ihre Familie durchgemacht hatte, war das immerhin nicht grundlos.

Als Coral in den Van kam und die Tür hinter sich schloss, atmete Ruby langsam aus und entspannte die Schultern. Interessant, wie sehr Corals Anwesenheit sie beruhigte. Das war ihr bisher noch gar nicht aufgefallen. Calvin lenkte sie auch ab, aber menschliche Gesellschaft war dann doch noch mal etwas ganz anderes.

»Hach, den Sand loszuwerden war so herrlich«, sagte Coral. »Zehn von zehn Sternen, absolute Empfehlung.« Sie fuhr sich mit den Fingern durch die feuchten Haare und zog sich den Pullover aus, um ihn zusammen mit ihrem Kosmetikbeutel auf den Beifahrersitz zu legen.

Rubys Herz machte einen kleinen Satz. Sie hatte Coral schon mehrmals mit feuchten Haaren nach dem Duschen gesehen, aber heute reagierte ihr Bauch mit Schmetterlingen. Coral trug ein beiges Tanktop und ihre Brustwarzen zeichneten sich durch den dünnen Stoff ab. Ihre nackten Schultern waren glatt und feucht und Ruby überkam der Impuls, mit den Händen darüber und ihre Arme hinunter zu streichen.

»Toll.« Sie schaute zu Calvin, der auf dem Boden lag. »Ich freu mich schon drauf.«

Sie musste diese Gefühle loswerden. Das hier war immer noch ein Business-Roadtrip. Offenbar verdrehte ihr die Fake-Romanze den Kopf und ließ sie glauben, dass sie echte Gefühle entwickelte.

Sie schaute wieder unauffällig zu Coral, die sich gerade die Haare bürstete. Die Muskeln ihrer trainierten Arme spielten unter der Haut. Das Tanktop bewegte sich im Takt ihrer Bewegungen auf und ab und entblößte immer wieder einen verführerischen Streifen sonnenverwöhnter Haut.

Verdammt, Ruby konnte es nicht mehr leugnen. Sie empfand wirklich etwas, das kein Fake war. In Corals Nähe fühlte sie sich so lebendig. Sie war klug, witzig und sexy. Sie zu küssen war der Wahnsinn. Ruby konnte sich nicht erinnern, schon jemals so geküsst worden zu sein.

Da fiel es nicht schwer, sich eine echte Beziehung mit ihr vorzustellen. Aber sie sollte keine Gefühle für Coral haben. Ihre Beziehung war nicht echt – nur eine geschäftliche Zusatzvereinbarung. Da war es nicht angebracht, dass Ruby sich vorstellte, wie sie ihr die Klamotten auszog, sich über ihr abstützte und ...

Hör auf damit.

Das war nicht gut. Ein heißes Ziehen machte sich zwischen ihren Beinen bemerkbar und in ihrer Brust keimte ein Gefühl auf, das sie nicht näher benennen konnte.

Jetzt habe ich ein Problem.

Wenn Coral mitbekam, was gerade in Ruby vorging, würde das unangenehm werden. Ihr Plan ging offensichtlich auf und sie bekamen beide mehr Follower, aber wenn Coral merkte, dass Ruby sich ernsthaft in sie verknallte, zog sie vielleicht anständigerweise die Reißleine und beendete die Fake-Beziehung.

Und nachdem hier Rubys komplette Online-Karriere auf dem Spiel stand … konnte sie das auf keinen Fall zulassen.

Sie musste das unterbinden. Die Fake-Beziehung funktionierte und das konnte sie nicht sabotieren, nur weil eine attraktive Frau sie nervös machte.

Für den Moment ging sie erst mal duschen – *kalt* – und als sie zurückkam, hatte Coral sich schon in einen Decken-Burrito auf dem Bett verwandelt.

»Mir ist so kalt«, jammerte sie. »Hilfe. Teil deine Körperwärme mit mir.«

Ruby grinste. »Okay, okay. Bin schon da.«

Sie stieg neben Coral ins Bett, die sofort an sie heranrückte. Ihre Füße fühlten sich an Rubys Beinen wie Eisklumpen an.

»Nicht die kalten Füße!«, quietschte Ruby.

»Willst du, dass sie abfallen, weil ich Frostbeulen bekomme?«

»Oh Mann, du bist so eine Dramaqueen.«

Coral zitterte dramatisch. »S-so … k-kalt …«

Ruby lachte. »Wie hast du denn bislang allein in deinem Van überlebt?«

»Keine Ahnung. Unter einem Haufen Decken.«

Ruby schlang Arme und Beine um Coral und drückte sie fest an sich. »Ist das jetzt wärmer?«

Coral lachte und kam ein bisschen aus der Embryo-Haltung heraus, zu der sie sich zusammengerollt hatte. »Ein bisschen.«

Ruby drückte sie noch fester an sich.

»Perfekt«, nuschelte Coral gedämpft, weil ihr Gesicht gegen Rubys Arm gedrückt wurde. »Bleib einfach die ganze Nacht so.«

»Okay. Nacht!« Ruby versuchte weiter, sich das Lachen zu verkneifen, und hielt Coral weiter in den Armen, weil sie sicher nicht als Erste aufgeben würde.

Aber das tat ihrem Gefühlschaos gar nicht gut. In ihrem Bauch regte sich etwas, das nicht da sein sollte. Damit musste sie sich näher beschäftigen – morgen dann.

»Ruby?«, fragte Coral immer noch gedämpft.

»Ja?«

»Meine Grandma wäre enttäuscht.«

Das war ein so seltsamer Kommentar, dass Ruby unwillkürlich den Griff ihrer Arme und Beine lockerte. »Hä?«

»Jesus hat gar keinen Platz mehr.«

Es dauerte einen Moment, bis Ruby kapierte, was sie damit meinte, doch dann lachte sie schallend los. Dabei ließ sie sogar Coral los.

Die stimmte mit ein und sie lachten so hemmungslos, dass sie sich auf den Rücken drehen mussten, um Luft zu bekommen.

Vor einer Woche hätte sie nie vermutet, dass sie sich Coral gegenüber so verhalten würde. Aber Coral weckte etwas in ihr, von dessen Existenz sie selbst nichts gewusst hatte – eine Seite, die albern, offen und frei war.

Schließlich rückte Coral wieder nah an sie heran und sie kuschelten sich aneinander, um es wärmer zu haben. Natürlich hätten sie auch einfach die Heizung anmachen können. Sie hingen am Campingplatzstrom und damit wäre der Van in einer halben Minute warm gewesen.

Aber ... eigentlich war es hier drin gar nicht kalt.

Und Coral schaute Ruby direkt in die Augen. Ihre perfekten, herzförmigen Lippen waren leicht geöffnet.

Kapitel 23
Coral

Corals Herz schlug ihr bis zum Hals.

Sie hat kein Interesse an einer Beziehung, das hat sie selbst gesagt.

Ruby war nicht der Typ Mensch, der gerne Spielchen spielte, also war das sicher ernst gemeint gewesen. Aber jemanden zu daten oder einfach nur miteinander zu schlafen waren zwei verschiedene Paar Schuhe. Und gerade flüsterte Corals Libido ihr ein, dass sie mit beidem leben konnte.

Sie sehnte sich so sehr nach Ruby, wollte mehr als ein paar Fake-Küsse. Einander zugewandt lagen sie sich in den Armen, ihre Gesichter nur noch einen Atemzug voneinander entfernt.

Ruby drehte sich ein wenig und ihr Bein streifte unter der Decke Corals. Ihre Haut war so weich und sie selbst so zurückhaltend, dass Coral der Atem stockte und ein Kribbeln durch ihren Körper jagte. Ruby machte quasi nichts, aber das reichte aus, um sie in den Wahnsinn zu treiben.

Vorsichtig legte sie eine Hand auf Rubys Taille. Sie strich mit den Fingern über den dünnen Stoff ihres Schlaf-Tops.

Ruby schloss langsam die Augen und atmete durch die Nase aus. Sofort hielt Coral inne, weil sie nicht wusste, wie sie die Reaktion deuten sollte. Irgendwann im Lauf des Abends hatte sich ihre Überzeugung, dass Ruby nie Interesse an ihr haben würde, zu der Frage gewandelt, ob sich nicht vielleicht doch mehr zwischen ihnen entwickeln könnte.

Vielleicht ist sie doch nicht so unerreichbar für mich?

Ruby öffnete die Augen und der brennend heiße Ausdruck darin war absolut unmissverständlich.

Coral lehnte sich nach vorn und Ruby kam ihr entgegen. Wie in Trance fanden sich ihre Lippen. Sie rutschten dichter zusammen und ihre Körper schmiegten sich unter der Decke aneinander.

Ruby schnappte leise nach Luft, ein Laut, der einen sinnlichen Blitz direkt in Corals Körpermitte schickte. Sie küsste Ruby leidenschaftlicher als vor der Kamera, umfasste ihr Gesicht mit beiden Händen, lockte sie mit der Zunge. Ruby erwiderte das Necken, saugte an ihrer Unterlippe und vertiefte den Kuss – und Coral schmolz praktisch dahin. Sie ließ sich in Rubys Arme sinken, sog ihren süßen Duft ein und spürte dem Gefühl ihrer Körper nach, die sich aneinander rieben.

Ruby ließ die Finger über den Streifen nackter Haut an Corals Taille gleiten, wo ihr Tanktop ein Stück nach oben gerutscht war. In Corals Kopf drehte sich alles und sie zog ein Knie an, um Rubys Becken mit dem Bein näher zu sich zu ziehen.

Ruby gab ein leises Zischen von sich und schob eine Hand in Corals Haare. Der Kuss wurde hungriger und ihr entkamen leise Laute, die Corals Verlangen noch mehr auflodern ließen.

Coral stützte sich auf einen Ellenbogen und wollte sich schon über Ruby lehnen – doch da zog diese sich zurück.

»Was machen wir denn hier?« Ruby ließ einen zittrigen Atemzug entweichen, der wie der Versuch eines Lachens klang. »Die Kameras laufen ja nicht mal.«

Coral schluckte hart und spürte Hitze, die ihr in die Wangen stieg. *Verdammt.* »Ich … keine Ahnung. Wir haben uns mitreißen lassen?« Sie probierte es mit einem unbeschwerten Lachen, aber ihr Tonfall war alles andere als unbeschwert. Sie atmete schwer und sehnte sich nach mehr, und durch die plötzliche Unterbrechung klang sie vor allem angespannt. Sie zog sich zurück und das Inferno, das zwischen ihren Beinen tobte, war ihr dabei unangenehm bewusst.

Ruby gab ein weiteres, hölzernes Lachen von sich. »Ich habe noch nie eine Fake-Beziehung geführt. Mein Hirn hat wohl das falsche Memo bekommen.«

Sie rutschte auf ihrem Kissen nach oben, ein klarer Hinweis, dass Coral sich zurück auf ihre Seite des Betts begeben sollte.

Das tat sie auch, mit brennend heißen Wangen. Sie fühlte sich seltsam leer, ihr Körper vermisste Ruby an den Stellen, an die sie sich eben noch geschmiegt hatte.

»Tut mir leid«, sagte Ruby. »Das mit der Fake-Beziehung für die Kameras klappt wirklich gut. Ich will das nicht versauen.«

»Ja, natürlich«, erwiderte Coral ein bisschen zu laut.

Ruby drehte den Kopf, um ihr in die Augen zu sehen. »Du siehst das auch so, oder?«

Coral nickte und zwang sich zu einem Lächeln. »So zu tun als ob, kann einen schon mal verwirren.«

Was hatte sie sich nur dabei gedacht, Ruby so zu küssen? Sie hatte doch klipp und klar gesagt, dass sie keine Zeit für eine Beziehung hatte. Deswegen kam eine echte nicht infrage und das war von Anfang an so gewesen.

»Aber hey, ich freue mich echt, morgen wieder in Cannon Beach zu sein«, wechselte Ruby jämmerlich unbeholfen das Thema.

Coral schluckte erneut und ihr Herz krampfte sich zusammen. Ihre Lippen kribbelten aufregend und sie wollte unbedingt mehr von dem, was sie nicht haben konnte.

Offensichtlich stand sie deutlich mehr auf Ruby, als sie gedacht hatte.

»Ich mich auch«, sagte sie schließlich.

Sie drehte sich auf den Rücken und starrte an die Decke, während sie versuchte, ihren Puls wieder unter Kontrolle zu bekommen. Und in diesem Moment wurde ihr schmerzhaft bewusst, dass das mit der Fake-Beziehung eine schreckliche Idee gewesen war.

Kapitel 24
Ruby

»Krieg jetzt keinen Anfall, aber es gibt einen Artikel über uns, der gerade durch die Decke geht.« Coral schaute stirnrunzelnd auf ihr Handydisplay. Sie lehnte an der Anrichte und neben ihr stand eine zurechtgemachte Schüssel mit Porridge.

Ruby, die auf der Bank saß und gerade ihr eigenes Frühstück zusammenstellte, schaute auf. »Bitte was?«

»*So gewinnen zwei lesbische YouTuberinnen alle Herzen.*«

Ruby gab einen Laut zwischen Keuchen und Lachen von sich, was jedoch eher erstickt klang.

»Ich weiß echt nicht, ob ich mich freuen oder Panik kriegen soll«, meinte Coral. »Das ist echt krass und wird uns wahrscheinlich noch mehr Follower einbringen, aber auf der anderen Seite …«

»Ist es seltsam?«

»Extrem seltsam. Warte kurz.« Coral scrollte sich durch den Artikel und aß nebenbei ihren Porridge mit Rosinen und Ahornsirup.

Ruby fügte ihrem eigenen Hanfsamen, Mandelmus, Heidelbeeren, Zimt und Sonnenblumenkerne hinzu. Meistens kamen in ihren Porridge noch so viele andere Zutaten, dass sie immer noch mit der Zusammenstellung beschäftigt war, während Coral schon aufgegessen hatte.

»Okay, im Prinzip ist das eine Kurzzusammenfassung unserer Videos«, sagte Coral schließlich. »Es gibt ein paar Screenshots von uns, wie wir angeblich miteinander flirten, der Kuss im Wald … das von gestern … Das ist gut, oder?«

Wie aufs Stichwort leuchtete Rubys Handydisplay auf und eine E-Mail informierte sie darüber, dass sie ein weiteres Patreon-Mitglied hatte. Sie grinste. »Sehr gut sogar.«

Sie hatten beide deutlich mehr Follower und Klicks bekommen, was im Lauf der Zeit zu mehr Einkommen führen würde. Heute Morgen hatte Coral die Hunderttausend-Abonnenten-Marke geknackt und Ruby war inzwischen bei über 1,1 Millionen.

Wenn sie mit der Fake-Beziehung weitermachten – was wohl im Interesse aller Beteiligten war –, würde die Kurve weiter ansteigen.

Sie durften nur die Grenze nicht mehr wie am vergangenen Abend überschreiten. Was auch immer da in sie gefahren war.

Sie hatten nicht darüber geredet, als wäre es nie passiert. Der Morgen war ein bisschen holprig gewesen, aber inzwischen verhielten sie sich beide wieder wie immer, als wäre der Zwischenfall nur ein Traum gewesen, der bereits verblasste.

Wir haben uns einfach mitreißen lassen. Mehr nicht.

Ruby weigerte sich, diese großartige Chance zu versauen, indem sie echte Gefühl ins Spiel brachte. Der Plan ging auf und diese Grenze zu überschreiten, würde alles nur komplizierter machen – vor allem, wenn sie wieder zu Hause waren. Sie lebten nicht mal im gleichen Land, und Zeit miteinander zu verbringen, würde schwierig werden, weil sie beide so viel um die Ohren hatten.

Sie selbst musste dafür sorgen, dass es ihrer Mutter gut ging, und je länger sie darüber nachdachte, desto mehr wurde ihr klar, was sie zu tun hatte: Sie musste ihrer Mom im Teeladen helfen. Vielleicht konnte sie ja in Teilzeit dort arbeiten, auch wenn sie dann nicht mehr kreuz und quer durchs Land fahren würde. Und sie konnte ihre Mutter in Sachen Social Media, Werbung und bei anderem Marketing unterstützen. Dazu noch die Pflege ihrer Vanlife-Plattform – da blieb keine Zeit mehr für anderes.

Nach dem Frühstück packten sie zusammen und waren kurz darauf wieder auf dem Highway. Cannon Beach würden sie erst gegen Abend erreichen, und dann hatten sie noch den kompletten nächsten Tag, um die Gegend zu erkunden.

Und danach … Es wäre sicher cool, noch einen oder zwei Tage länger zu bleiben und sich dieses Mal richtig Zeit für Cannon Beach zu nehmen. Sie wollte so viel wie möglich mitnehmen, bevor sie in die Realität zurückkehren musste.

Sie legten einen Zwischenhalt ein, um einkaufen zu gehen, und machten dann einen Spaziergang am Neskowin Beach, wo sie der Küstenlinie zum Ghost Forest folgten. Der Geisterwald trug seinen Namen zurecht, und Ruby lief ein eiskalter Schauer über den Rücken, als sie die Baumstämme betrachtete, die aus dem Sand ragten.

Calvin beschnüffelte alles ausgiebig und lautstark und nahm die seltsame Landschaft genauestens unter die Nasenlupe.

Coral richtete die Kamera auf sich selbst und erklärte ihrem Publikum, was sie hier sahen. »Das war vor langer Zeit mal ein Wald, der von einem Erdbeben zerstört wurde. Geblieben sind nur die Reste der Baumstämme.«

Ruby ging zu ihr rüber und griff für die Kamera nach Corals Hand. »Es ist … schon ein bisschen gruselig hier.«

»Gruselig, aber wunderschön. Eine Erinnerung daran, wie mächtig die Natur ist.«

»Eine Erinnerung, dass wir alle von einer Naturkatastrophe erwischt werden könnten«, erwiderte Ruby.

Coral warf ihr einen entsetzten Blick zu. »Was stimmt denn mit dir nicht?«

Ruby stupste sie in die Seite und schenkte ihr ein neckendes Lächeln.

Zurück im Van schlug Ruby vor: »Lass uns in Tillamook anhalten.«

»Klar!« Coral schaute unauffällig zu ihr. »Warum?«

»Eis. Ich habe noch im Hinterkopf, dass du für Chocolate Chip Cookie Dough auch vor Gewalt nicht zurückschreckst.« Sie wollte, dass Coral das Eis probierte, für das der Ort berühmt war, und dabei die Begeisterung auf ihrem Gesicht sehen, wenn sie es zum ersten Mal kostete. Das schuldete Ruby ihr, nachdem sie Coral den ganzen Trip über nur veganes Essen aufgetischt hatte.

»Stimmt ja auch.« Coral lachte. »Aber was ist mit dir? Du isst keine Milchprodukte.«

»Ich nehme ein Sorbet.«

Coral grinste. »Du kennst den Weg zu meinem Herzen, Ruby Hayashi.«

Kapitel 25

Coral

Coral musterte die Schaufenster der Tillamook Creamery. »Ich hätte nicht gedacht, dass eine Molkerei zu einem Touristenmagneten werden kann. Das sieht eher aus wie der Eingang zu einem Themenpark.«

Das riesige Abbild einer Kuh begrüßte sie über den Türen, durch die ständig Leute ein und aus gingen. Die, die rauskamen, hatten Käse, Eis, T-Shirts, Anti-Stress-Bälle in Käseform und einen Haufen anderen Krimskrams aus dem hauseigenen Laden dabei. Schilder wiesen auf Führungen hin, die man hier buchen konnte.

»Willkommen in Amerika«, sagte Ruby. »Komm, wir gehen da rein.«

Sie zog Coral mit sich nach links, wo man durch eine andere Tür direkt in eine Cafeteria kam.

Da die Kameras liefen, hielten sie sich an den Händen, lächelten breit und flirteten miteinander, was das Zeug hielt. Die Schmetterlinge in Corals Bauch wachten auf, als Ruby ihr einen verliebten Blick zuwarf.

Doch dann machte Ruby die Kamera aus … und sie hatte das Gefühl, als würde ein Schalter umgelegt. Sie ließ Corals Hand los, ihr Lächeln verschwand und sie vermied sogar den Blickkontakt zu ihr.

Coral runzelte die Stirn und musterte Rubys Profil. Das war auf der Fahrt auch schon so passiert, aber da hatte Coral sich noch nicht viel dabei gedacht.

Was sollte das? Versuchte Ruby, ihre Grenzen zu respektieren, oder bereute sie die ganze Aktion?

Während Ruby mit Calvin draußen auf einer Bank im Schatten wartete, bestellte Coral sich eine Eiswaffel mit Chocolate Chip Cookie Dough und dazu einen Becher Mangosorbet. Dann setzte sie sich zu

Ruby, und Calvin bettelte und sabberte so lange vor sich hin, bis Ruby Mitleid mit ihm hatte und einen Hundekeks aus der Tasche holte.

Das Eis war so gut, dass Coral die Augen schloss und leise seufzte. »Himmlisch. Ich schulde dir was für den Abstecher.«

Ruby lächelte in ihr Mangosorbet. »Freut mich, dass es dir schmeckt.«

Aber sie sah Coral immer noch nicht in die Augen. Natürlich, die Kameras liefen ja nicht.

Coral hielt ihre hoch. »Kurze Aufnahme, wie wir essen?«

Ruby nickte. Und dann lächelte sie, lachte und lehnte sich liebevoll an Coral, während diese filmte. Sobald Coral die Kamera wieder wegsteckte, breitete sich wieder Schweigen zwischen ihnen aus.

Coral runzelte die Stirn. Heute war es wirklich auffällig, wie anders Ruby sich vor und hinter der Kamera verhielt. Es schien fast, als würde sie sich körperlich vor ihr zurückziehen, wenn sie nicht gerade filmten.

Aber wie sollte sie einordnen, was abseits der Kameras passiert war? Warum hatte Ruby sie im Bett geküsst? Ja, sie hatte dann abgebrochen, aber das änderte ja nichts an der Tatsache, dass sie überhaupt damit angefangen hatte.

Da mussten Gefühle im Spiel gewesen sein.

Und dann waren da noch das Kuscheln, das Flirten und die Umarmung nach Corals Angebot, ihr nach der Rückkehr mit dem Getriebe zu helfen. Am Anfang des Roadtrips hatte Ruby ihr anvertraut, wie viel ihr Umarmungen bedeuteten – und gestern hatte sie Coral wirklich lange umarmt.

Das musste doch auch was zu bedeuten haben.

Coral wippte unruhig mit einem Bein, während sie an ihrem Eis leckte.

Was erwarte ich denn von ihr? Sie macht genau das, was wir vereinbart haben. Sie tut vor den Kameras so, als wäre sie in mich verliebt.

Aber das reichte Coral nicht.

Ruby tat, was sie abgesprochen hatten – und Coral wollte mehr.

Das konnte sie nicht leugnen. Dass sie sich ernsthaft verknallt hatte, wurde ihr jedes Mal schmerzhaft bewusst, wenn ihr Herz schneller schlug. Und da sie die Schmetterlinge vom ersten Moment ihres Kennenlernens an gespürt hatte, war die ganze Sache für sie wahrscheinlich nie ein Fake gewesen.

Wenn Ruby das Gleiche für sie empfinden würde, könnten sie aufhören, nur so zu tun als ob, und es mit einer richtigen Beziehung versuchen. Sie könnten auch nach dem Roadtrip Zeit miteinander verbringen, sich einander anvertrauen, und ihre Küsse wären für *sie* und nicht für ihr Publikum. Und sie könnten noch viel mehr machen als nur küssen.

Aber Rubys Körpersprache sagte sehr deutlich, wie sie die Sache sah. Sie wäre nicht so distanziert, wenn sie Interesse an Coral hätte. Wahrscheinlich versuchte sie, ihr damit unauffällig einen Hinweis zu geben, dass Coral ihr zu sehr auf die Pelle rückte, wenn die Kameras nicht liefen.

Coral knabberte an ihrer Waffel und näherte sich langsam dem Ende der Leckerei. Heute holte sie die Realität ordentlich ein. Die Flirterei verdrehte ihr den Kopf und gaukelte ihr vor, dass Ruby Interesse hatte, obwohl sie rational betrachtet natürlich *wusste*, dass alles nur Show war. Vor ein paar Tagen hatte Ruby noch deutlich gesagt, dass sie keine Zeit zum Daten hatte. Corals Körper musste das akzeptieren und aufhören, jedes Mal durchzudrehen, wenn Ruby sie berührte.

»Okay, das war der Himmel in einer Eiswaffel«, meinte Coral, nachdem sie sich den letzten Bissen in den Mund gesteckt hatte. Sie war zufrieden und ihr war ein bisschen schlecht, weil sie ein bisschen zu viel des Guten gegessen hatte.

»Freut mich.« Ruby legte stöhnend eine Hand auf ihren Bauch. »Ich glaube, du musst mich zum Van zurückrollen.«

Sie setzten ihren Weg Richtung Norden fort. Schließlich fuhren sie durch das hübsche Küstenstädtchen Wheeler und bogen dann in den Nehalem Bay State Park ab. Die Nacht würden sie südlich von Cannon Beach verbringen und dann am nächsten Morgen als Erstes in die Stadt fahren.

Es war der gleiche Campingplatz wie auf dem Hinweg, aber da war es zu dunkel gewesen, um viel von der Umgebung zu erkennen, also war das jetzt wie der Besuch einer ganz neuen Welt. Der Platz lag auf einer Sandbank und die Landschaft war hier noch mal ganz anders als an den anderen Küstenabschnitten, die sie auf der Reise besucht hatten. Grasbewachsene Dünen trennten den Platz vom Strand, und die Bäume wuchsen gedrungen mit krummen Stämmen. Der Wind blies kräftig, also verbrachten sie den Abend lieber im geschützten Inneren des Vans.

Sie saßen schon etwa eine Stunde an ihren Social-Media-Updates, als Coral über etwas stolperte, bei dem ihr der Magen in die Kniekehlen sackte.

Oh. Scheiße.

Musste sie das Ruby erzählen? Konnte sie es einfach ignorieren und hoffen, dass es von alleine verschwand?

Wäre durchaus möglich, dass das passierte.

Oder eben auch nicht.

Ein paar Minuten verstrichen, bevor sie sich überwand, es anzusprechen. »Hey Ruby. Es gibt noch einen viralen Post über uns.«

»Ah ja?« Ruby hielt den Blick weiter auf ihren Laptop gerichtet. »Worum geht's diesmal?«

»Ich …«

Jetzt schaute Ruby doch mit zusammengezogenen Augenbrauen auf. »Was ist los?«

Coral nahm ihren Laptop und setzte sich damit neben Ruby aufs Bett. Ihr wurde schlecht, als sie die Kopfhörer abstöpselte und das Video startete. Ruby schaute ihr stumm über die Schulter.

Da saß ein weißer Mittzwanziger mit einem rundlichen Gesicht vor einem Podcast-Mikrofon. Noch bevor der den Mund aufmachte, weckte sein selbstgefälliges Grinsen in Coral den Wunsch, es ihm aus dem Gesicht zu prügeln.

»Hey und willkommen zurück bei der *Joe Show*, wo wir darüber sprechen, was heute so im Internet abgeht.«

Das Bedürfnis, ihm eine zu verpassen, wurde noch stärker, als seine Stimme mit ihrem übertriebenen Radiomoderator-Tonfall durch den Van hallte.

»Wenn ihr den *Hashtag Vanlife*-Trend auf YouTube verfolgt, kennt ihr diese beiden vermutlich inzwischen auch schon.«

In der rechten oberen Ecke des Videos erschein ein Foto von Coral und Ruby. Es war das Thumbnail von einem ihrer ersten gemeinsamen

Videos, bei dem sie beide lächelnd im Van saßen und man durch die geöffneten Hintertüren den Strand sah.

Corals Puls schoss in die Höhe. Diesen Kerl über ihr Leben reden zu hören, drehte ihr den Magen um.

»Also ich muss ja zugeben, dass ich die beiden bis heute Morgen noch nicht kannte«, fuhr er fort. »Und dann habe ich einen Tipp von einem Zuhörer bekommen, der mir dieses Video geschickt hat. Seht euch das mal an.«

Es folgte der Schnitt zu einer Aufnahme, die sie beide in Tillamook zeigte. Es war ein wackeliges, unscharfes Handyvideo aus einer seitlichen Perspektive. Jemand hatte sie beim Eisessen auf der Bank vor der Molkerei gefilmt. Man sah Ruby, wie sie in ihrer Tasche nach einem Leckerli für Calvin wühlte. Das Ganze ging noch etwa eine halbe Minute weiter, in der sie aßen, sich unterhielten und Videos voneinander machten.

Dann schwenkte die Kamera wieder zurück auf den Podcast-Moderator. »Sieht erst mal nicht nach einem besonders spannenden Video aus, aber wenn man ein paar Hintergrundinfos hat, wird die Körpersprache der beiden doch ziemlich interessant. Offenbar daten sie sich erst seit ein paar Tagen offiziell und auch vor der Kamera.«

Ein Foto von ihrem ersten Kuss im Wald erschien in der oberen rechten Ecke.

»Aber wenn man sich dieses Video genauer anschaut, sieht man deutlich, dass sie bloß wie ein Paar miteinander umgehen, solange die Kameras laufen. Sie halten Händchen und flirten miteinander, doch in dem Moment, wo die Kameras aus sind, ist das alles weg. Da stellt man sich doch die Frage: Haben Coral Lavoie und Ruby Hayashi schon *Stress* miteinander? Sind sie überhaupt *richtig zusammen*? *Lügen* sie ihre Zuschauer an, um Aufmerksamkeit zu generieren? Das schauen wir uns in der heutigen Folge mal genauer an.«

Das Video war sechsundzwanzig Minuten lang, in denen er sich systematisch durch alles arbeitete, was sie seit Beginn des Roadtrips hochgeladen hatten, manchmal sogar Frame für Frame, um ihre Emotionen zu analysieren. Der Wichser hätte wahrscheinlich sogar noch ältere Videos von ihnen analysiert, wenn er mehr Zeit gehabt hätte.

Als sie am Ende angekommen waren, hatte Ruby sich die Hände vor den Mund geschlagen und starrte mit großen Augen auf den Bildschirm. »Ich kann nicht fassen, dass uns jemand in Tillamook beobachtet hat.«

»Das wurde vor einer Stunde hochgeladen. Einer meiner Patrons hat es mir geschickt. Wer auch immer das Handyvideo aufgenommen hat, muss es direkt an diesen Kerl geschickt haben.«

»Fuck. Was machen wir denn jetzt? Wir können nicht von ihm verlangen, dass er es offline nimmt.«

»Ich fürchte, wir müssen es ignorieren und darauf hoffen, dass es nicht so viele Leute sehen.«

»Sie werden es sehen. Das ganze Internet wird uns für Betrügerinnen halten.« Rubys Stimme wurde immer höher.

Coral schüttelte nachdrücklich den Kopf. »Das ist reine Spekulation. In den Kommentaren verteidigen uns schon ein paar Leute.«

»Ein *paar* Leute? Was ist mit dem Rest?«

Coral schwieg. Sie scrollte durch die Kommentarspalte auf der Suche nach Unterstützern, aber es gab genauso viele Trolle – wenn nicht sogar mehr.

»Na ja, was soll man anderes von einem Podcast namens *The Joe Show* erwarten?«, versuchte Coral, die Stimmung aufzulockern. »Feministen? Queerfreundliche Leute? Leute, die wollen, dass wir Erfolg haben?«

»Coral, das ist genau das, wovor ich Angst hatte!«, platzte Ruby heraus. »Wenn die Leute rausfinden, dass wir lügen, können wir einpacken!«

Coral klappte ihren Laptop zu und atmete tief durch, während sie sich nach hinten auf die Hände abstützte. Sie wollte nicht zugeben, dass sie das nervös machte. Sie könnten ihr komplettes Publikum verlieren und nach dem Roadtrip in einer schlechteren Position sein als vorher. »Keine Ahnung, wie viele Leute den ernst nehmen wer…«

»Wir hätten uns eine andere Strategie überlegen sollen, um an mehr Abonnenten zu kommen. Das ist eine Katastrophe.«

Corals Herz krampfte sich schmerzhaft zusammen und das nicht nur, weil Ruby Zweifel an ihrem Plan hatte. Sie mochte das Flirten und Küssen, auch wenn es nur gespielt war. »Sag das nicht. Es läuft gut und dieser Kerl ist ein Trottel.«

»Aber wie groß ist seine Reichweite?«

»Die wichtigere Frage ist, wie viel Überschneidung hat sein Publikum mit unserem? Ich vermute mal quasi keine. Ich bezweifle, dass irgendwer von unseren Leuten auch ihm folgt, Ruby.«

»Unsere Follower werden das natürlich mitbekommen, weil er unsere verdammten Namen im Titel des Videos verwendet!«

Uff. Da hatte sie recht.

»Sie werden uns verteidigen«, hielt Coral dagegen. Sie war fest entschlossen, diesen Kerl nicht gewinnen zu lassen. »Alle, die uns mögen, werden diesen Kerl für dumm und ignorant halten.«

Ruby holte langsam und tief Luft und schüttelte die Hände aus. »Ja«, erwiderte sie dann, als wollte sie sich selbst davon überzeugen. »So ein Arschloch.«

»Was ist das überhaupt für ein Kerl, der sich die Mühe macht, ein *Klatsch*-Video über zwei Vanliferinnen aufzunehmen?«

Das entlockte Ruby ein kleines Lächeln.

Doch Coral fühlte sich schuldig. Ruby hatte so viel mehr zu verlieren als sie. Coral würde es überleben, wenn sie ihre Follower verlor und den Van verkaufen musste – aber Ruby bestritt hiermit ihren kompletten Lebensunterhalt. Und ihre Mom und ihr Hund waren auch darauf angewiesen.

»Geben wir ihnen einfach keinen Grund, an uns zu zweifeln«, sagte Coral mit so viel Selbstsicherheit, wie sie aufbringen konnte. »Wir müssen einfach sicherstellen, dass wir morgen in Cannon Beach als Paar rüberkommen, falls uns da jemand erkennt.«

»Ja, wahrscheinlich …« Ruby verzog das Gesicht. »Das ist so daneben. Ich fühle mich wie ein Promi, der von Paparazzi verfolgt wird oder so.«

»Ich weiß. Mir gefällt das auch nicht.«

Okay, es gefiel ihr nicht, dass dahergelaufene Leute Klatsch über sie verbreiteten. Dass sie und Ruby noch ein bisschen mehr auf Tuchfühlung gehen mussten, störte sie dagegen wenig.

Schließlich warf sie alle Vorsicht über Bord und lehnte sich zu Ruby, um ihr einen Kuss auf die Lippen zu drücken.

Ruby starrte sie perplex mit offenem Mund an. Sie warf einen Blick zu den Kameras, die definitiv ausgeschaltet in der Essecke lagen.

Coral zuckte die Schultern. »Was hältst du davon? Wenn wir uns überzeugender verhalten, sowohl vor der Kamera als auch ohne, geben wir niemandem einen Grund, einen Fake zu vermuten.«

Rubys Blick wanderte über Corals Gesicht. Angst, einen Korb zu bekommen, stieg in Coral hoch, ließ ihr Herz schneller schlagen und machte ihr das Atmen schwer.

Schließlich zeichnete sich ein Lächeln auf Rubys Lippen ab. »Okay, Honigbärchen. Wir haben ja nichts zu verlieren, also können wir es auch versuchen, oder?«

Coral nickte nachdrücklich. »Nichts zu verlieren.«

Sie hoffte, dass das stimmte, machte sich aber trotzdem Sorgen, ob sie sich beide irrten.

Kapitel 26
Ruby

Am nächsten Morgen stellten sie den Van auf einem Parkplatz für Tagesgäste an der Touristeninformation ab und erkundeten dann zu Fuß die vielen kleinen Geschäfte. In den meisten waren Hunde erlaubt und in alle anderen gingen sie einfach abwechselnd – eine wartete draußen mit Calvin an der Leine, während die andere sich umschaute.

Wieder hier in Cannon Beach zu sein, war ein bittersüßes Gefühl. Es war schön, dieses Mal den ganzen Tag in der Stadt verbringen zu können. Aber das war auch ihre letzte Übernachtung … oder würden sie danach noch eine Nacht bleiben?

Ruby hatte sich an Corals Gesellschaft gewöhnt und ohne sie würde es einsam und still im Van werden. Wie sollten sie außerdem vorgeben, weiter eine Beziehung zu führen, wo sie doch nicht im gleichen Land lebten?

Es sei denn, sie entschieden sich für ein Fake-Ende des Ganzen.

Ein unangenehm leeres Gefühl machte sich in Ruby breit bei der Vorstellung, mit Coral Schluss zu machen, gespielt oder nicht. Hoffentlich würde es nicht dazu kommen.

Sie betraten einen Laden, der stylishe Outdoor-Klamotten und rustikale Dekoartikel zu wirklich gesalzenen Preisen verkaufte. Hier drin war es still und es roch nach den handgefertigten Kiefernduftkerzen, die auf einem großen Tisch in der Mitte des Raums standen. Ein paar andere Kunden schauten sich zwischen den Auslagen und Regalen um.

»Als ich noch ein Kind war, hat meine Tante Nina mich immer zum Bummeln mitgenommen«, erzählte Coral. »Am liebsten waren wir in Haushaltswarenläden. Da gab es immer irgendwelche kuriosen Sachen, wie Eierschäler oder Hot-Dog-Schneider.«

Das war nun das zweite Mal, dass Coral ihre Tante erwähnte, und auch jetzt wirkte es, als hätte sie schönere Kindheitserinnerungen an sie als an ihre Eltern. Ruby war neugierig, wollte aber nicht so rüberkommen. »Deine Tante klingt ziemlich cool.«

»Ja, das ist sie. Ich habe sie im letzten Jahr nicht oft gesehen, weil sie viel reist.«

»Vermisst du sie?«

Coral griff sich einen mintgrünen Pullover von einem Ständer, betrachtete ihn einen Moment lang, warf dann einen Blick auf das Preisschild und hängte ihn wieder zurück. »Normalerweise treffen wir uns jedes Wochenende, also ja.«

»Zu welcher Seite der Familie gehört sie?«

»Die Schwester meiner Mutter. Sie hat keine eigenen Kinder, also haben Farrah und ich ihre ganze Aufmerksamkeit bekommen ... was schon irgendwie seltsam ist, wenn ich mir meine Mom so anschaue und ...« Coral zuckte die Schultern. »Keine Ahnung. Ich weiß gar nicht, worauf ich hinauswill.«

Ruby blätterte durch einen Stapel Vintage-Postkarten mit State Parks, während Calvin geduldig neben ihr saß. Sie merkte, dass Coral sich bei dem Thema unwohl fühlte, aber da war noch mehr – vielleicht Erleichterung, mit jemandem darüber zu sprechen. Der flüchtige Blick in Corals Leben war schön, als wären sie mit einem Seil verbunden, das sie mit jedem Geständnis näher zueinander hinzog.

»Hast du das Gefühl, dass sie mehr eine Mutter für dich war als deine richtige Mom?«, fragte Ruby.

Coral schwieg, aber ihre Wangen färbten sich rosa.

»Vielleicht ist die Beziehung zu ihr ja gerade deswegen so gut, weil sie deine Tante ist«, meinte Ruby. »Es wäre vielleicht anders, wenn sie deine Mutter wäre.«

Coral ließ die Finger über einen Ständer mit Röcken gleiten. »Ja, das stimmt wohl. Wahrscheinlich hast du recht.«

»Unterstützt sie deine Vanlife-Karriere mehr als deine Eltern?«

»Na ja, mit ihr musste ich nie eine Vereinbarung unterschreiben, dass ich ein bestimmtes Einkommensziel erreichen oder andernfalls den Van verkaufen muss«, erwiderte Coral bitter.

Ruby zögerte, die Frage auszusprechen, die ihr auf der Zunge lag. Sie wollte wissen, ob Coral davon ausging, ihren Teil der Abmachung erfüllen und damit den Van behalten zu können, aber sie wollte Coral nicht den Tag verderben, wenn die Antwort darauf Nein lautete. Außerdem war Geld ein schwieriges Thema, über das viele Leute nicht gerne sprachen – das hatten ihr die jahrelangen Bemühungen gezeigt, mir ihrer Mutter darüber zu reden.

»Fühlst du dich ... gut mit dieser Vereinbarung?«, erkundigte sie sich deshalb eher indirekt.

Zu ihrer Überraschung lächelte Coral. »Ob meine Eltern mit dem Ergebnis zufrieden sind oder nicht, eins weiß ich genau: Ich bin froh, dass wir diesen Roadtrip gemacht haben.«

Ruby erwiderte das Lächeln. »Ich auch. Danke, dass du mich dazu eingeladen hast.«

»Danke, dass du Ja gesagt hast.«

Sie schwiegen einen Moment lang. Coral sah aus, als wollte sie noch etwas sagen. Ihr Blick huschte über Rubys Gesicht. Was auch immer ihr gerade durch den Kopf ging, löste ein aufregendes Kribbeln in Rubys Bauch aus.

»Hinter dir sehe ich ein Top, auf dem mein Name steht«, wechselte Coral abrupt das Thema und deutete auf das Kleidungsstück. »Ist es okay für dich, wenn ich das mal anprobiere?«

»Mach ruhig.«

Coral schnappte es sich aus dem Regal und machte sich auf zur Umkleide. Während sie weg war, kaufte Ruby ein paar der Postkarten, die sie zu Hause an die Pinnwand in ihrem Van hängen würde. Sie vermisste ihren Bus, aber nicht so sehr, wie sie zu Beginn befürchtet hatte. Corals Gesellschaft machte das tatsächlich wett.

»Ruby?« Coral linste um die Ecke. »Komm mal, du musst mir sagen, ob das gut aussieht oder nicht.«

Ruby steckte ihren Geldbeutel weg und schob die Postkarten in ihre Tasche, bevor sie mit Calvin zu den Umkleiden ging.

»Was meinst du?«, fragte Coral.

Sie trug ein perlweißes, eng anliegendes Top, das genauso gut ein Bikini-Oberteil hätte sein können. Der herzförmige Ausschnitt endete in einem Stoff-Twist zwischen ihren Brüsten und betonte ihre definierten Bauchmuskeln. Zusammen mit den High-Waist-Jeanshorts sah sie darin unwiderstehlich aus.

»J-jep.« Rubys Mund wurde staubtrocken. »Das passt gut zusammen. Ist ein ... hm ... sehr attraktives Top.«

Ihr unsubtiles Gestammel brachte Coral zum Lachen und sie neigte den Kopf zur Seite. »Cool. Das beantwortet meine Frage wohl.«

»Cool.«

Coral wackelte ein bisschen mit den Schultern, um Ruby schamlos zu triezen.

Ruby trat dicht zu ihr und hakte einen Finger in den Stoff-Twist zwischen Corals Brüsten ein. Allerdings hielt sie sich davon ab, Coral zu sich zu ziehen, weil sie das Spiel nicht zu weit treiben wollte. »Frechdachs«, sagte sie, ließ Coral dann wieder los und machte ein paar Schritte von ihr weg. »Kauf das, sonst kauf ich es für dich.«

Corals Wangen waren gerötet. Sie öffnete den Mund, doch offenbar hatte es ihr die Sprache verschlagen, denn sie nickte nur und zog den Vorhang wieder zu.

Ruby ging mit Calvin nach draußen und atmete dort erst mal tief durch. *Habe ich eine Grenze überschritten?*

Sie wusste gar nicht, was sie sich dabei gedacht hatte. Warum musste Coral so verflucht sexy sein? Und dazu flirtete sie auch noch ständig und war so abenteuerlustig, dass es manchmal schwer war, die Grenzen einzuschätzen.

Nachdem Coral das Shirt gekauft hatte, zogen sie weiter. Das nächste Geschäft bot alles rund ums Haustier an, und Coral zeigte Calvin jedes einzelne Spielzeug, um herauszufinden, welches er am besten fand.

Ruby lachte. »Er mag alles, woran er zerren kann.«

»Okay, das ist einfach. Wie wäre es mit dem hier?« Sie hielt Calvin ein Seil hin, an dessen Ende ein Tennisball befestigt war. Er schnappte es sich sofort und zog daran.

»Ja!« Coral hielt dagegen. »Volltreffer!«

Sie ließ ihn gewinnen und er drehte triumphierend eine Ehrenrunde um Ruby.

Bis Ruby sich wieder aus der Leine entheddert hatte, stand Coral schon an der Kasse. »Ich hätte gerne das Ziehseil und eine Tüte von den Bacon-Keksen, bitte.«

Ruby eilte zu ihr. »Das ist doch nicht nötig, Coral.«

»Ich möchte aber gerne. Calvin war den ganzen Trip über so ein guter Junge, und ich schulde ihm ein Geschenk dafür, dass ich ein Teil eures Lebens werden durfte.«

Hitze stieg Ruby in die Wangen. »Das musst du wirklich nicht. Aber danke. Er wird begeistert sein.«

Calvin schleppte das Spielzeug auf dem Weg aus dem Laden weiter stolz mit sich herum, als hätte er es selbst in freier Wildbahn erlegt. Gott, Coral war so süß. Ruby wäre beinahe zu einer kleinen Pfütze zerschmolzen. Sie verschränkte die Finger ineinander, um gegen den Impuls anzukämpfen, Coral in einen Kuss zu ziehen – und zwar keins der keuschen Küsschen, die sie der Kamera zeigten. Sie wollte sie *richtig* küssen, wie an dem Abend im Bett.

Der Plan, die Scharade auch abseits der Kameras aufrechtzuerhalten, entpuppte sich zunehmend als Albtraum. Davor hatte es eine klare Grenze zwischen der flirtenden Kamera-Version von Coral und ihrer normalen Persönlichkeit gegeben, die jetzt komplett verschwunden war. Sie schenkte Ruby so viel liebevolle Aufmerksamkeit und drehte ihren Charme voll auf, auch wenn sie nicht filmten.

Und das machte Ruby heiß. Sie konnte nicht genug von Corals Lächeln bekommen, wie sie sich anfühlte, von ihrem süßen Duft, wenn sie ihr so nahe war …

Coral verschwand im nächsten Geschäft und Ruby warf einen Blick auf das Schild. Ein Blumenladen.

»Hey, schau mal.« Coral kam zurück, um Ruby an der Hand zu nehmen.

Als sie sich berührten, machte Rubys Herz einen kleinen Sprung. Sie verschränkten die Finger miteinander und Ruby spürte Corals weiche Handfläche an ihrer. Erst einen Moment später wurde ihr klar, was Coral vorhatte.

Sie zog Ruby zu einem Strauß Sonnenblumen und grinste sie frech an. »Schau! Deine Lieblingsblumen!«

Ruby wich einen Schritt vor dem gelb-schwarzen Bouquet zurück. »Igitt, warum tust du so was?«

Coral zog sie wieder zu sich. »Sie sind so hübsch. Wie Sonnenschein in einer Vase.«

»Die haben Gesichter!« Lachend versuchte Ruby, Coral aus dem Laden zu bugsieren.

Die griff nun auch mit der zweiten Hand nach ihrer und stemmte sich dagegen. »Okay, okay, keine Sonnenblumen.« Sie hielt Ruby mit aller Kraft fest.

Ruby gab nach, doch das plötzlich fehlende Gegengewicht brachte Coral ins Straucheln. Ruby schlang ihr einen Arm um die Taille und zog sie an sich, was Coral erschrocken nach Luft schnappen ließ. Bevor sie darüber nachdenken konnte, lehnte Ruby sich zu ihr und küsste sie auf den Mund.

Das hatten sie inzwischen so oft gemacht, aber dieses Mal waren die Kameras aus. Dieser Kuss gehörte nur ihnen. Ruby wusste nicht, ob Coral es auch so empfand, aber als ihre Lippen sich berührten, schien die Zeit stillzustehen.

Ruby öffnete den Mund, eine wortlose Einladung, die Coral nur zu gerne annahm. Alles um sie herum verblasste. Ruby neckte Coral mit der Zungenspitze, die sie sacht über ihre Unterlippe gleiten ließ. Coral schmiegte sich fester an sie und legte eine Hand auf Rubys Nacken. Ihre ganze Welt schrumpfte auf das Gefühl von Corals Körper an ihrem zusammen, wie ihre Nasen sich streiften, und ihren warmen, frischen Atem.

Sie drängten sich aneinander, der Kuss wurde immer leidenschaftlicher und dann …

Hörte sie eine Gruppe von Leuten, die näher kam. Spürte Calvin, der sich gegen ihr Bein lehnte. Roch den Duft des Blumenladens.

Rubys Hirn schaltete sich zögerlich wieder ein und im ersten Moment war es ihr einfach nur peinlich, dass sie so schamlos in der Öffentlichkeit rumgemacht hatten. Sie hatte doch nur einen normalen Kuss gewollt, oder? Wann war das so ausgeufert?

Ihr Verstand hatte sich abgeschaltet. Sie konnte sich nicht mal an eine bewusste Entscheidung erinnern, Coral zu küssen. Ihr Körper hatte einfach das Kommando übernommen.

Ruby zog sich ein wenig zurück und Corals Atemzüge strichen über ihre Lippen, deutlich schneller als noch einen Moment zuvor.

Coral schluckte hart. »Das war …«

»Wollen wir weitergehen?«, murmelte Ruby.

Coral blinzelte ein paarmal und nickte, wirkte aber immer noch ein bisschen benommen. Ruby ließ sie los, und Calvin ging voran, als sie den Laden verließen.

»Warte mal kurz, Ruby«, sagte Coral.

Ruby versteifte sich und wappnete sich innerlich gegen alles, was sie nicht hören wollte – doch als sie sich umdrehte, hielt Coral einen Strauß roter Tulpen in den Händen.

»Wie wäre es mit dem hier?«

Ruby lächelte. Bevor sie widersprechen konnte, stand Coral auch schon an der Kasse und bezahlte die Tulpen. Ruby bedankte sich herzlich bei ihr, und dann traten sie mit dem wundervollen Strauß und ihren anderen Shoppingtüten den Rückweg zum Van an.

»Das wäre wirklich nicht nötig gewesen.« Doch innerlich platzte sie beinahe vor Freude. Ihr hatte noch nie jemand Blumen geschenkt.

»Du hast die ganze Zeit für mich gekocht«, sagte Coral. »Das weiß ich wirklich zu schätzen. Und außerdem hast du dann was, das dich zu Hause an mich erinnert.«

»Als könnte ich dich vergessen.«

Coral kaute nachdenklich auf ihrer Unterlippe und schien etwas in Rubys Gesichtsausdruck zu suchen.

Sie stiegen in den Van und atmeten erleichtert auf, als sie so der heißen Sonne entkamen. Hier drin war es angenehm kühl, wozu auch der Sonnenschutz auf der Windschutzscheibe beitrug.

Das Schweigen dehnte sich aus. Als Ruby die Tür hinter ihnen schloss, hallte das Klicken laut im Innenraum wider. War es im Bus immer so still? Man kam sich geradezu abgeschottet von der Außenwelt vor. Und warum war hier auf einmal noch weniger Platz als sonst?

Calvin machte es sich sofort auf seinem Bett bequem, bereit für ein Nickerchen. Sein neues Spielzeug behielt er zwischen den Vorderpfoten. Er schloss die Augen und seufzte tief, offensichtlich erschöpft von der großen Shopping-Tour.

Ruby stellte die herrlichen roten Blumen auf die Anrichte, und ihr Puls schoss grundlos in die Höhe. »Das war ein wirklich schöner Tag.«

»Stimmt.«

Sie stellten ihre Taschen ab. Corals süßer Duft erfüllte den Van und machte Ruby das Denken schwer.

»Ich bin wirklich froh, dass wir uns Cannon Beach noch mal richtig anschauen konnten«, sagte Ruby.

»Hmhm. Und ich bin froh, dass du mich im Blumenladen geküsst hast.«

Rubys Herz setzte einen Schlag aus. Ihre Lippen kribbelten und dann wanderte das Gefühl weiter nach unten. Sollte sie den Kuss erklären? Was war denn überhaupt ihre Erklärung für den Kuss?

Sie drehte sich um. Coral saß auf dem Bett. Der Van schien noch kleiner zu werden.

»Wollen ... wollen wir heute Abend irgendwo essen gehen, wo wir draußen sitzen können?«, fragte Ruby, wusste aber gar nicht so richtig, was sie da eigentlich sagte. Ihr Mund fühlte sich trocken an.

Coral rutschte auf dem Bett weiter nach hinten. Sie spielte mit dem Saum ihres Flanellhemds – das hübsche übergroße, das Ruby seit dem Tag ihres Kennenlernens um den Verstand brachte.

Gott, Ruby wollte so gerne die Hände über ihre glatten, gebräunten Oberschenkel wandern lassen.

Coral griff nach hinten und schloss den Vorhang des Rückfensters. Das sperrte auch das Licht aus und tauchte das Innere des Vans in Schatten.

Und dann streifte sie sich ganz langsam das Hemd über den Kopf.

Darunter trug sie einen hellrosa Bustier. Ihre Brust und ihr Bauch waren so ebenmäßig und bettelten praktisch darum, geküsst zu werden.

Rubys Herz hämmerte immer schneller gegen ihre Rippen.

Sie hatten sich im Lauf der Reise schon unzählige Male voreinander umgezogen, aber das hier war anders. Coral schaute sie mit leicht geöffneten Lippen direkt an, und in ihren blauen Augen loderte ein heißes Feuer.

Ruby war wie erstarrt und zwischen ihnen hing knisternd eine Entscheidung in der Luft.

Coral öffnete den Bustier. Sie ließ den Stoff nach unten gleiten und entblößte so ihre perfekten Brüste und die fest zusammengezogenen rosigen Nippel.

Ruby hielt den sinnlichen Ausdruck in ihren Augen einfach nicht mehr aus.

»Du machst mich wahnsinnig, Coral«, flüsterte sie.

Sie ging zum Bett und Coral hob ihr das Gesicht entgegen. Sie umfasste es mit beiden Händen und küsste sie leidenschaftlich. Jetzt würde sie endlich in die Tat umsetzen, was sie vom ersten Tag an hatte tun wollen.

Kapitel 27
Coral

Coral erwiderte den Kuss begeistert. Sie legte die Hände an Rubys Wangen und zog sie näher zu sich. Ihr Körper reagierte instinktiv und ein Kribbeln jagte von ihren Lippen bis in die Zehenspitzen, während sich Hitze tief in ihr zusammenballte, als sie ihrem Verlangen endlich nachgaben.

Sie wollte das schon viel zu lange. Sie wollte Ruby alle Hemmungen nehmen, die sie davon abhielten, sich zu nehmen, was sie wollte.

Ruby stieß einen keuchenden Atemzug aus und schob eine Hand in Corals Haare, um dort mit festem Griff zuzupacken, während sie die andere auf ihre Taille legte. Das Gefühl von Rubys weichen Fingern auf ihrer nackten Haut schickte ihr einen wohligen Schauer über den Rücken und ließ ihr kurz den Atem stocken.

Ruby drückte sie auf den Rücken und kletterte dann mit selbstsicheren Bewegungen über sie. Ihr Mut überraschte Coral und schickte einen erregenden Blitz direkt in ihre Mitte. Stöhnend zog sie Ruby mit den Oberschenkeln näher zu sich.

»Ich will so viel mit dir anstellen«, murmelte Ruby.

Coral ächzte leise. »Dann … lass mich nicht warten.«

Rubys Haare hüllten sie beide wie ein Vorhang ein und in Coral loderte ein Verlangen auf, wie sie es noch nie empfunden hatte, und vernebelte ihr das Hirn. Sie hielt Ruby mit den Knien fest und sie bewegten sich sinnlich miteinander.

Ruby schob Corals Lippen mit der Zunge auseinander. Coral hieß sie willkommen, erforschte Rubys Mund, wie sie es seit dem ersten Kuss im Wald hatte tun wollen – nicht nur ein sanftes Treffen ihrer Lippen, sondern ein tiefer, leidenschaftlicher Kuss, bei dem sie ihre Zunge neckte und an ihrer Unterlippe saugte. Ruby stöhnte auf und drängte ihr Becken fester gegen Corals.

Alles, was sich seit dem ersten Tag zwischen ihnen aufgestaut hatte, brach sich jetzt Bahn und ließ ihre Bewegungen hektischer werden. Coral überließ ihrem Körper die Führung, reagierte auf Rubys Berührungen und bog sich ihren zärtlichen Händen entgegen. Sie zupfte an Rubys Shirt und sie hielten kurz inne, um es ihr auszuziehen. Ruby warf es beiseite und ihr BH folgte direkt. Der Anblick ihrer perfekten, runden Brüste schickte heiße Erregung zwischen Corals Beine. Sie streichelte sie mit beiden Händen, neckte die harten Brustwarzen mit den Handflächen.

Ruby beugte sich zu ihr runter und das Gefühl ihrer nackten Haut ließ Coral nach Luft ringen.

Oh, fuck. Rubys Körperwärme weckte Sehnsucht in ihr und sie bog den Rücken durch, um mehr davon zu bekommen.

»Du bist so wunderschön«, raunte Ruby ihr zu und küsste sich über ihren Hals.

Coral entkam ein wortloses Wimmern.

Langsam wanderte Ruby weiter nach unten, strich mit den Lippen über Corals Oberkörper. Coral schloss die Augen und genoss das Gefühl in vollen Zügen. Dann ließ Ruby die Zunge um eine ihrer Brustwarzen kreisen und Coral bäumte sich ächzend unter ihr auf.

»Ruby … das … f-fühlt sich … *oh* …«

Ruby neckte sie mit der Zunge und saugte an ihrem Nippel. Lust durchströmte Corals Körper. Und dann widmete Ruby sich der anderen Brustwarze.

Coral hielt es nicht mehr aus. Sie würde einfach hier auf dem Bett wegschmelzen. Dass Ruby die Führung übernahm, hatte sie im ersten Moment überrascht – aber eigentlich passte das doch zu ihr, oder? Ruby behielt immer die Kontrolle über alles. Ihr Leben war bis ins letzte Detail durchgeplant, organisiert, perfekt.

Und gerade brauchte sie die Erlaubnis, sich auch mal gehen zu lassen.

Coral fasste Ruby am Kinn und zog sie wieder zu sich hoch. Bevor Ruby protestieren konnte, drehte sie sich mit ihr, was Ruby ein empörtes Schnaufen entlockte.

Coral schenkte ihr ein mutwilliges Grinsen. Rubys Wangen waren gerötet, ihre vollen Lippen leicht geöffnet. Ihre Brust hob und senkte sich heftig unter ihren schnellen Atemzügen.

Wilde Lust stieg in ihr auf, als sie Ruby betrachtete, wie sie unter ihr lag, die Haare über die Kissen verteilt.

»Ich bin dran.« Coral schob eine Hand zwischen Rubys Oberschenkel und streichelte sie durch den Stoff der Shorts hindurch.

Aufstöhnend schob Ruby die Beine etwas weiter auseinander.

»Darf ich?«, flüsterte Coral an ihren Lippen und zupfte am Bund der Hose.

Ruby war schon dabei, sie zu öffnen. »Ja.«

Als Nächstes waren Corals Shorts dran. Und dann waren sie beide nackt und ... *Gott*. Corals Haut kribbelte aufregend, als die Temperatur im Van spürbar anstieg. Sie strich verspielt mit beiden Händen über Rubys Oberschenkel nach oben.

Ruby wimmerte. »Coral ...«

Coral stemmte die Knie links und rechts von Rubys Hüften auf die Matratze und küsste sie so sanft, dass Ruby einen frustrierten Laut von sich gab. Nun war Ruby es, die sich zwischen Corals Beine vorwagte – und bevor Coral wusste, wie ihr geschah, spürte sie Rubys Finger, die auf und ab strichen, auf und ab ...

Und Coral verlor sämtliches Empfinden für Raum und Zeit. Ihr entkam ein lautes Stöhnen, das sie einfach nicht unterdrücken konnte. Rubys Berührungen waren pure Folter und machten es ihr schwer, stillzuhalten.

In ihrem Kopf drehte sich alles, als sie sich zwischen Rubys Beine vortastete, ihre Feuchtigkeit unter den Fingerspitzen spürte. Ruby gab einen erregten Laut von sich, der so sexy klang, dass erneut ein heißer Blitz in Corals Mitte fuhr.

Sie streichelten sich gegenseitig und ihre Küsse wurden langsamer und tiefer. Ruby war so feucht, und es war offensichtlich, dass sie das hier genauso sehr wollte wie Coral. Gott, wie lange hatten sie sich das schon gewünscht, sich aber aufgrund der Vereinbarung zurückgehalten?

»Warum lächelst du so?«, fragte Ruby leise und auch ihre Mundwinkel zuckten nach oben.

»Nur so.« Coral brachte sie mit einem weiteren Kuss zum Schweigen.

Dann bewegte sie das Becken gegen Rubys Hand, als ihr Körper wieder die Kontrolle übernahm. Ruby schob einen Finger in sie, was Coral nach Luft schnappen und den Griff in Rubys Haaren verstärken ließ. Sie verloren sich im Gefühl ihrer Hände zwischen ihren Beinen, ihren Fingern, die sich in ihnen bewegten und herausfanden, was der jeweils anderen am besten gefiel.

Corals Haut war verschwitzt. Mit einem Knie schob sie Rubys Beine weiter auseinander, und Ruby warf keuchend den Kopf in den Nacken.

»Coral ... oh ... das ist so gut ...«

Rubys Feuchtigkeit benetzte ihre Finger und trieb sie in den Wahnsinn. Coral hob sie an die Lippen, weil sie sie unbedingt schmecken musste. Sie schaute Ruby tief in die Augen, während sie mit der Zunge über ihre Finger leckte und anschließend wieder in Ruby eindrang.

Ruby klammerte sich stöhnend fester an Corals Nacken. Über ihr Gesicht huschte ein Ausdruck, den Coral noch nie bei ihr gesehen hatte.

Die Hitze in Corals Mitte ballte sich immer mehr zusammen. Ihre Beine zitterten. Sie rang an Rubys Lippen nach Luft und ihre Bewegungen wurden unkoordinierter, weil sie sich nur noch auf das Gefühl von Rubys Hand und die Hitze in ihrem Inneren konzentrieren konnte. Sie stützte sich auf den Ellenbogen ab und brachte den Mund dicht an Rubys Ohr, um tief den Duft ihrer Haare einzuatmen. »Ja ... ja ...«

»Komm für mich«, flüsterte Ruby.

Die Worte schickten Coral über die Klippe. Sie schrie auf, als eine Welle der Lust sie überrollte und ihr schwindelig werden ließ. Ihre Arme trugen sie nicht mehr und sie sackte gegen Ruby, drückte ihr die Lippen auf den Hals.

Ruby ließ die Finger durch Corals Haare gleiten und gab ihr einen Kuss hinters Ohr. Die Berührung war so zärtlich, so intim, als wären sie schon seit Monaten zusammen.

Ihr Körper schwelgte noch im Nachhall des Orgasmus, aus dem sie nur langsam und nach Luft ringend wieder auftauchte. Egal, wie viel Zeit sie zusammen in diesem Bett verbrachten – es war nicht lange genug.

Schließlich stemmte sie sich wieder hoch und ein kühler Lufthauch strich über die Stellen, an denen ihre verschwitzten Körper sich gerade noch aneinandergeschmiegt hatten. Sie küsste Ruby innig und brachte dabei hoffentlich rüber, was ihr das hier bedeutete – dass das nicht einfach nur Sex für sie war. Sie wollte Ruby alle Lust der Welt verschaffen, sie die Sorgen vergessen lassen, die sie zu diesem Roadtrip getrieben hatten. Dieser Moment gehörte nur ihnen und dieses eine Mal waren sie ganz allein miteinander.

»Du bist dran.« Coral rutschte ein Stück nach unten und küsste Ruby auf den Bauch. »Ich will dich schon so lange schmecken.«

Ruby stöhnte leise auf. »Ich ... wenn ... okay ...«

Coral wanderte weiter nach unten und küsste sich über die Innenseiten ihrer Oberschenkel. »Du hast eine lange Nacht vor dir.«

Sie erreichte Rubys Leiste und kam dann zur Mitte, um die Zunge langsam und sinnlich über sie gleiten zu lassen.

Ruby schnappte nach Luft. »D-du bringst mich ins Grab.«

»Nicht die schlechteste Art abzutreten.« Sie schloss die Augen und konzentrierte sich ganz auf Rubys verführerischen Geschmack.

Ruby krallte die Finger in die Decke, ihre Beine zitterten.

Erneut liebkoste Coral sie mit der Zunge, weil sie gar nicht anders konnte. Sie neckte Ruby sanft und genoss, wie feucht sie war – und das nur wegen Coral.

Dann ließ Coral ihre Zunge kreisen und zog das Tempo an. Als sie Rubys Beine mit den Händen weiter auseinanderschob, entlockte Ruby das ein hemmungsloses Wimmern und sie strich mit einer Hand durch Corals Haare.

»Oh Gott, Coral ...«

Coral streichelte über Rubys Oberschenkel nach oben, über ihren Bauch zu ihren Brüsten, wo sie ihre Nippel sanft reizte.

Ein Beben durchlief Rubys Körper und sie klammerte sich an der Decke fest, weil sie Corals Gnade vollkommen ausgeliefert war.

Coral hatte Ruby bisher fast nur beherrscht erlebt, ruhig und gelassen. Aber *diese* Ruby? Die Laute, die sie von sich gab, die unbewussten Bewegungen ihrer Hände und Beine, wie sie sich unter jeder Bewegung von Corals Zunge wand ... Sie dabei zu beobachten, wie sie sich in ihrer Lust verlor, weckte in Coral den Wunsch nach mehr. Sie hielt sich nicht mehr zurück, wollte nur noch, dass Ruby sich gehen ließ und die Kontrolle endgültig aufgab.

»Hmm …« Coral legte die Arme um Rubys Oberschenkel und genoss das Gefühl ihrer weichen Haut. Zwischen ihren Beinen regte sich erneut ein heißes Kribbeln und bei jedem Laut, der Ruby über die Lippen kam, wollte sie mehr.

»Ja …«, stöhnte Ruby und warf den Kopf in den Nacken. Jeder Muskel in ihrem Körper spannte sich an und sie wand sich auf der Matratze. »Ja …«

Coral grinste, als Ruby nach Luft rang und die Finger noch tiefer in die Decke grub – und dann ließ sie los und ergab sich ihrem Höhepunkt. Sie schob die Finger tief in Corals Haare, als der Orgasmus sie überrollte und sie aufschreien ließ. Ihre Bewegungen und Laute waren vollkommen instinktiv und hemmungslos – in diesem Moment vertraute sie Coral vollkommen. Genau danach hatte sich Coral vom ersten Tag an gesehnt.

Sie hielt Rubys Beine fest und dehnte das Ganze aus, bis Ruby schließlich keuchend aufs Kissen sackte.

»Oh … verdammt …«, brachte sie atemlos hervor. »Das war …«

Ihre Blicke trafen sich, als Coral sich neben sie legte.

Ein wunderschönes, ehrliches Lächeln erschien auf Rubys Lippen und Coral erwiderte es sofort.

»Das … habe ich gebraucht«, meinte Ruby.

»Haben wir beide. Und wir hätten das schon viel früher machen sollen.«

Ein frecher Ausdruck huschte über Rubys Gesicht. »Dann sollten wir das dringend alles nachholen.«

Sie legten eine kurze Pause ein, um den Van für die Nacht auf einem Parkplatz abzustellen, doch dann ging es direkt wieder ins Bett, wo sie sich praktisch die Klamotten vom Leib rissen. Und wie Ruby vorgeschlagen hatte, holten sie all den Sex nach, den sie in den letzten Nächten schon hätten haben können.

Als sie schließlich nach Luft ringend, aber befriedigt nebeneinander auf dem Bett lagen, war es schon mitten in der Nacht, und Corals

Körper war erschöpft und überempfindlich – und sie konnte einfach nicht aufhören zu lächeln.

»Das war also die VIP-Behandlung, von der du gesprochen hast«, meinte Ruby matt. »Die würde ich auch jederzeit einem Weltklasse-Essen vorziehen.«

Coral brach in schallendes Gelächter aus.

Ruby so zu sehen, wie sie lächelnd und nackt, mit roten Wangen und zerzaustem Haar neben ihr im Bett lag, schickte ein Gefühl purer Freude durch ihren Körper.

»Wie sieht der Plan für morgen aus?«, fragte Coral und auf einmal regte sich auch wieder Nervosität in ihr.

Ruby brummte leise. »Wir könnten noch mal zum Haystack Rock und uns ein paar andere Wanderwege und Strände in der Gegend anschauen.«

»Und dann noch eine Nacht bleiben?«

Ruby nickte. »Was hältst du davon?«

Coral gab ihr noch einen Kuss auf den Mund. »Ja. Wir sollten den Roadtrip verlängern und uns noch ein paar Sachen anschauen.«

Kapitel 28
Ruby

Ruby wurde von einem Piepen geweckt. Sie drehte sich auf die andere Seite und tastete nach ihrem Handy. Die Sonne schickte ihre Strahlen durch den Spalt im Vorhang – sie hatten länger geschlafen als sonst.

Das Display zeigte eine Nachricht von ihrer Mom an.

Du bist heute Abend wieder zu Hause, oder?

Ruby runzelte die Stirn und ihr Magen krampfte sich schmerzhaft zusammen. Sie hatte eigentlich nicht vorgehabt, heute schon wieder nach Hause zu fahren, aber brauchte ihre Mutter sie? Sie tippte eine Antwort.

Ja. Warum?

Gut. Ich wollte nur sichergehen. Ich brauche vielleicht deine Hilfe bei etwas, wenn du wieder da bist. Ich hoffe, das ist in Ordnung für dich.

Die Anspannung wurde zu Panik. Es war etwas passiert.

Sie setzte sich auf. Die Decke rutschte nach unten und ein kühler Luftzug erinnerte sie daran, dass sie kein Oberteil anhatte.

Mom, was ist los?

Nichts Schlimmes. Das Spülbecken ist undicht und ich muss die Schränke ausräumen. Mach dir keine Sorgen, es ist alles okay.

Ruby fluchte in sich hinein. Sie stieg aus dem Bett und schlüpfte in ihren Schlafanzug. Leise öffnete sie die Tür und verließ den Van. Calvin erhob sich aus seinem Bett, um sie zu begleiten.

Die Sonne blendete sie, sodass sie einen Moment lang gar nichts sah. Und es war jetzt schon heiß. Ein Blick aufs Handy sagte ihr, dass es schon zehn war. So lange hatte sie das letzte Mal mit siebzehn geschlafen. Allerdings hatte sie auch noch nie so, so, so viel Sex in einer Nacht gehabt, dass sie ein bisschen wund zwischen den Beinen war und Muskelkater im Kiefer hatte.

Sie ging ein Stück weg vom Van in den Schatten eines mickrigen Baums und rief ihre Mom an. Der Ausblick war nicht so schön wie auf den Campingplätzen – sie hatten sich nur einen geschotterten Parkplatz nahe des Highways zum Übernachten gesucht –, aber das war ja auch nur ein kurzer Zwischenhalt auf dem Weg nach Hause.

»Hi Ruby.« Ihre Mutter klang müde.

»Hey. Steht deine Wohnung unter Wasser?«

»Nein, nichts steht unter Wasser. Das Problem ist nur in der Küche. Ich habe den Hausmeister schon verständigt.«

»Läuft das Wasser noch?«

»Nein, nein. Wir haben es abgestellt und morgen kommt ein Klempner, der es repariert.«

Ruby schloss die Augen und rieb sich übers Gesicht »Okay. Wann ist das passiert?«

»Gestern Morgen.«

Gestern? Das Problem besteht schon seit vollen vierundzwanzig Stunden?

»Hast du die Versicherung angerufen?«

»Ja.«

Unruhig tigerte Ruby auf und ab und folgte Calvin abwesend, der an ein paar Büschen schnüffelte und alles anpinkelte, was ihm in die Quere kam. Vom Highway drang das regelmäßige Rauschen der Autos herüber. »Mom, warum hast du mir denn nicht gleich Bescheid gesagt?«

»Ich wollte dir nicht die Reise verderben.«

»Das weiß ich zu schätzen, aber du stehst bei mir an erster Stelle. Ich wäre nach Hause gekommen und hätte dir geholfen.«

»Aber genau das ist es doch. Ich wollte nicht, dass du das für mich tust.«

Ruby seufzte. »Ich bin heute Abend wieder da, dann kümmern wir uns darum. Geht es nur um die Schränke?«

»Ja. Ich habe die meisten schon ausgeräumt, die von dem Schaden betroffen sind … Aber ich muss noch einen Teil des Wassers aufwischen …«

Ruby zog die Augenbrauen zusammen. Irgendwas stimmte hier nicht. »Geht es dir gut?«

Stille.

»Mom.«

»Ich bin ausgerutscht und habe mir dabei das Handgelenk gebrochen. Ich habe schon einen Gips, also keine Sor…«

»Was? Oh mein Gott. Okay, ich komme nach Hause.« Rubys Puls schnellte in die Höhe und sie musste sich auf die Lippe beißen, um nicht laut zu fluchen. Ihre Mom war im Krankenhaus gewesen, während Ruby Matratzensport mit Coral betrieb und keinen Gedanken an irgendwas anderes verschwendete.

»Es geht mir gut! Genau deswegen habe ich nichts gesagt. Yui hat mich ins Krankenhaus gefahren und mir beim Aufwischen des Wassers geholfen. Es ist alles in …«

»Ich komme trotzdem nach Hause, Mom.«

Sie hörte, wie ihre Mutter ausatmete – und es klang niedergeschlagen und resigniert. Rubys Herz krampfte sich zusammen und ihre Augen brannten, als sie sich vorstellte, wie ihre Mutter allein mit dem Arm im Gips zu Hause saß.

Was bin ich nur für eine Tochter?

»Okay«, sagte ihre Mom. »Aber fahr bitte in Ruhe. Ich will nicht, dass du nach Hause rast und am Ende noch einen Strafzettel bekommst.«

Rubys Gedanken kreiselten immer schneller, wie ein Zug, der Fahrt aufnahm.

Was würde Dad machen? Die richtigen Leute anrufen. Den Schaden reparieren. In den nächsten Baumarkt fahren.

»Ich habe noch Handtücher und Decken im Van, mit denen wir das Wasser aufwischen können, und wir räumen die Schränke komplett aus, bis der Klempner kommt. Ich besorge ein paar Ventilatoren, um die Schränke auszutrocknen, damit sich kein Schimmel bildet.«

»Danke. Bis bald – und ich komme zurecht, bis du wieder hier bist, versprochen.«

Als Ruby in den Van zurückkam, war Coral wach, aber noch im Bett. Sie setzte sich auf, immer noch oben ohne, und ihre Haare glichen nach der leidenschaftlichen Nacht eher einem Vogelnest. Hitze regte sich in Rubys Unterleib, was alles nur noch schlimmer machte.

Eine steile Falte erschien zwischen Corals Augenbrauen. »Was ist los?«

»Das war meine Mom. Ich muss nach Hause.«

Coral schwieg und schien das erst mal einen Moment sacken zu lassen.

Calvin trottete schwanzwedelnd zum Bett, um sie zu begrüßen. Sie kraulte ihn hinter den Ohren.

»Was ist passiert?«, fragte sie schließlich.

»Ihre Küche steht unter Wasser und sie ist ausgerutscht und hat sich das Handgelenk gebrochen. Sie braucht Hilfe beim Aufräumen.«

»Oh. Verdammt, das tut mir echt leid. Hat sie schon den Hausmeister angerufen?«

»Ja. Ich muss ihr helfen, die Schränke auszuräumen, damit der Klempner rankommt und alles trocknen kann.«

»Können das nicht ihre Freunde oder Nachbarn machen?«

Ruby warf ihr einen bitterbösen Blick zu.

»Ich weiß nur nicht, was du da jetzt gerade machen willst«, fügte Coral rasch hinzu. »Du bist Stunden von ihr entfernt, kann ihr also nicht jemand helfen, der vor Ort ist?«

»Sie ist meine Mutter!«, fuhr Ruby sie an. »Wie würde es dir dabei gehen, wenn du einen Wasserschaden und ein gebrochenes Handgelenk hast, und deine eigene Familie sich nicht bei dir blicken lässt, um dir zu helfen.«

»Ich hatte schon einen Wasserschaden«, gab Coral tonlos zurück. »Und ein verstauchtes Handgelenk. Und ich bin trotzdem allein klargekommen.«

Ein schweres Gewicht senkte sich auf Rubys Brust. Sie schnaufte entnervt. »Tja, einige von uns sind eben nicht so unabhängig wie du.«

Coral runzelte die Stirn. »Aber dann müssen wir jetzt den Trip beenden.«

»Der ist sowieso schon vorbei.«

Das Gespräch über die geplante Verlängerung hing schwer zwischen ihnen in der Luft und machte das Atmen schwer.

»Es ist nur … Ich habe dir doch gesagt, wie meine Prioritäten aussehen …« Ihre Kehle fühlte sich wie zugeschnürt an. »Ich weiß, dass das für dich wegen der Beziehung zu deinen Eltern schwer nachvollziehbar ist. Dein Van ist dein Problem, sie müssen sich um ihre eigenen kümmern, und wahrscheinlich wurde von dir nie erwartet, dass du alles stehen und liegen lässt, um ihnen zu helfen … Und Farrah steht dir nahe, aber sie hat so viel mit ihrem Studium zu tun …« Ruby schluckte hart. Sie redete Unsinn und das half ihnen definitiv nicht weiter.

Corals Miene wirkte auf einmal wie versteinert. Sie stand auf und suchte sich frische Kleidung zusammen. »Ich fahre. Du tust, was du tun musst.«

»Danke«, flüsterte Ruby kaum hörbar.

Sie wandte sich ab, um die Haferflocken aus dem Schrank zu holen, doch der Kloß in ihrer Kehle wollte nicht weggehen.

Sie hatte Coral und der Beziehung zu ihrer Familie nicht zu nahe treten wollen. Tatsächlich machte ihr der Gedanke Angst, niemanden zu haben, auf den man sich verlassen konnte. Es war sicher schwer, gezwungenermaßen so unabhängig zu sein, seine Probleme immer allein zu lösen, was weniger anstrengend war, wenn man Hilfe von geliebten Menschen bekam. Coral verdiente solche Leute in ihrem Leben.

Sollte Ruby erklären, wie sie das gemeint hatte?

Vorsichtig schaute sie zu Coral rüber. Die zog sich gerade an, doch ihre Bewegungen wirkten angespannt und steif. Ihr Gesichtsausdruck war mehr als finster.

Eilig wandte Ruby sich wieder ab. Sie hatte gerade keine emotionale Kapazität, um sich damit auseinanderzusetzen. Sie fuhren nach Hause, wo sie ihrer Mutter aus der Klemme helfen konnte, das war alles, was zählte.

»Ich gehe im Café aufs Klo.« Coral warf einen Blick aus dem Fenster zu dem einsamen Café auf der gegenüberliegenden Seite des Parkplatzes. »Willst du irgendwas?«

Ruby schüttelte den Kopf.

Als Coral den Van verließ, schlug sie die Tür ein bisschen zu fest hinter sich zu.

In der ohrenbetäubenden Stille, die dem folgte, stiegen Ruby Tränen in die Augen, und sie wünschte sich so sehr, dass dieser Morgen danach ganz anders gelaufen wäre.

Kapitel 29
Coral

In Tumwater fuhr Coral vom Highway ab, damit sie etwas essen und sich die Beine vertreten konnten, und folgte der Beschilderung zum historischen Park. Ruby versteifte sich und wollte vielleicht protestieren, dass sie keine Zeit zum Anhalten hatten, aber in dem Moment winselte Calvin. Sie brauchten alle eine Pause.

Das Wetter war kühl und der Himmel bewölkt, Regen lag in der Luft. Als sie aus dem Van stiegen, konnte Coral die Traurigkeit nicht mehr ignorieren, die in ihr aufstieg. Das war ihr letzter Halt. Der nächste war bei Rubys Mom und dann würde Coral zurück nach Kanada fahren. Wo würde sie heute übernachten? Die Vorstellung, den Van irgendwo allein abzustellen und ihr Leben weiterzuleben wie vorher, war irgendwie trostlos.

Ruby nahm den aufgeregten Calvin an die Leine. »Machen wir einen Spaziergang?«

»Klar.«

Der Brewery Park war eine interessante kleine Oase mitten in Tumwater. Ein hübscher kleiner Fluss führte hindurch, zu dem sie über einen schmalen Weg gelangten. Calvin trottete voraus und in einiger Entfernung war das Rauschen eines Wasserfalls zu hören.

Das Wort *Prioritäten* aus dem vorherigen Gespräch ging Coral nicht mehr aus dem Kopf. Vielleicht hatte Ruby ja recht und die Sache gestern Nacht war wirklich nicht so wichtig wie das, was ihr Leben gerade bestimmte. Ruby kümmerte sich um ihre Mom, Coral musste an die Zukunft in ihrem Van denken. Sie hatten diesen Roadtrip gemacht, weil sie beide dringend ihre Plattformen besser vermarkten mussten. *Das* hatte oberste Priorität. Coral sollte keine Zeit mit Träumen über eine Beziehung mit Ruby verschwenden. Sie sollte sich Gedanken darüber machen, ob sie ihr finanzielles Ziel erreichen würde – und realistisch betrachtet auch, ob sie ihren Eltern den Van abkaufen oder sie um mehr Zeit bitten konnte. Vielleicht brachte ihr der Aufwärtstrend ihrer Abonnenten ja Pluspunkte ein, und sie würden sich damit zufriedengeben.

Sie kamen an einer ganzen Reihe von Wasserfällen vorbei und durch große Gitter konnte man einen Blick auf den Fluss unter ihren Füßen werfen. Calvin wollte sie nicht betreten und lief stattdessen über den schmalen Betonstreifen neben den Gittern.

»Ich glaube, das ist eine Fischtreppe«, meinte Coral. »Damit können Fische die Wasserfälle umgehen, wenn sie flussaufwärts zu ihren Laichplätzen schwimmen.«

Sie zwang sich, einen unbeschwerten Ton anzuschlagen, um Ruby zu zeigen, dass sie nicht mehr sauer war. Auch wenn das nicht ganz stimmte. Ruby hatte ein paar verletzende Dinge darüber gesagt, wie sehr Coral auf sich allein gestellt war. Aber ein Streit am Ende des Roadtrips könnte das Ende ihrer Freundschaft bedeuten, also musste Coral das runterschlucken.

»Hm. Cool, dass sie den Park um die Wasserfälle herumgebaut haben.« Ruby hielt den Blick auf ihre Füße gerichtet. Sie wirkte abwesend, resigniert und niedergeschlagen. War sie traurig? Fragte sie sich auch, wie es mit ihnen weitergehen sollte?

Prioritäten hin oder her – Coral wollte unbedingt wissen, wie es nun mit ihnen weiterging. Sie wollte sich noch nicht verabschieden.

»Was denkst du, wie lange du brauchst, bis die Wohnung deiner Mutter wieder in Schuss ist?«, fragte Coral und ihr Puls beschleunigte sich ein wenig.

»Keine Ahnung. Ein paar Tage.«

»Brauchst du Hilfe?«

Ich könnte für dich da sein. Lass mich der Mensch sein, den du in so einem Moment bei dir haben willst.

Ruby schaute sie an und schien etwas sagen zu wollen, doch dann senkte sie den Blick wieder auf ihre Füße. »Nein. Schon okay. Danke.«

Corals Magen sackte ihr in die Kniekehlen. Das war also ein Nein. Ruby wollte Coral in schweren Zeiten nicht an ihrer Seite haben und sie empfand offensichtlich auch nicht das Gleiche wie sie.

Aber was hatte die vergangene Nacht dann zu bedeuten?

Sie gingen weiter und die Gitter und Wasserbecken unter ihren Füßen wirkten irgendwie hypnotisierend.

»Und … was ist danach?«, fragte Coral. Ihr Mund fühlte sich trocken an.

»Was soll dann sein?«

Coral warf ihr einen Seitenblick zu, weil sie nicht wusste, wie sie das anders ausdrücken sollte, ohne ganz direkt zu fragen.

Ruby blinzelte ein paarmal und dann schien der Groschen zu fallen. »Oh. Wenn bei ihr alles wieder okay ist …« Ihr Blick huschte von Coral zum Fluss und dann durch den Park, als wüsste sie nicht, wo sie hinschauen sollte. »Ich weiß nicht, ob wir damit weitermachen sollen.«

Coral wurde eiskalt, als wäre sie in den Fluss gesprungen. »Warum nicht?«

»Das Video von diesem Kerl hat Zehntausende Aufrufe. Die Leute vermuten, dass wir die Beziehung faken, und wir gehen aus den falschen Gründen viral.«

»Aber wir gehen auch aus den *richtigen* Gründen viral!«, platzte Coral heraus. Sie hatte nicht mitbekommen, dass das Klatsch-Video so viel Aufmerksamkeit bekam – die Häufung an Troll-Kommentaren unter ihren Videos allerdings schon.

Ooh, wie praktisch, dass ihr euren »ersten Kuss« gefilmt habt. Aber hey, Sex sells, oder?

Woooow, dieser Kanal ist ungefähr so authentisch und nicht gescriptet wie Reality TV.

Bin durch die Joe Show aufmerksam geworden. Wurde nicht enttäuscht. Jemand sollte diesen Mädels ein bisschen Schauspielunterricht geben. Das tut ja weh.

Die Realität zog wie eine dunkle Gewitterwolke über Coral auf: Ihr brillanter Plan drohte ins Gegenteil zu kippen.

Aber ein Klatsch-Video von irgendeinem dahergelaufenen Kerl konnten sie überleben. Ihre Klickzahlen gingen immer noch steil nach oben, und die Mehrheit ihrer Zuschauer glaubte nicht, dass sie die Beziehung nur vortäuschten. Tatsächlich hatte die Mehrheit sogar mitbekommen, was sie beide selbst so lange geleugnet hatten. Sie sahen echte Gefühle, die man nicht vortäuschen konnte.

Sie schüttelte den Kopf. »Du misst dem Video dieses Kerls viel zu viel Bedeutung bei. Das vergessen die Leute innerhalb kürzester Zeit. Wen kümmert denn, was …«

»*Uns* muss so was kümmern, Coral. Es ist wichtig, was die Leute von uns halten. Ohne treues Publikum haben wir keine Plattform. Wir riskieren damit, alles zu verlieren. Mein gesamter Lebensunterhalt steht hier auf dem Spiel.« Ruby versagte die Stimme.

»Das werde ich nicht zulassen. Komm schon, wir können allen zeigen, dass er unrecht hat.«

Ruby warf die Hände in die Luft. »Wir können es nicht einfach noch mehr faken!«

»Lass nicht zu, dass dieser Typ das mit uns kaputtmacht …«

»Das mit *uns*? Dann klär mich doch bitte mal auf, was das ist. Alles daran fühlt sich falsch an. Wir benutzen einander, um unsere Klickzahlen hochzutreiben. Alles an *uns* …« Sie machte Anführungszeichen in die Luft. »… ist gestellt. Wir sind ein Fake, und das finde ich furchtbar!«

»Und was wäre, wenn es kein Fake ist? Wenn es echt wäre?«, schrie Coral zurück – und damit war die Katze aus dem Sack und sie konnte die Worte nicht mehr zurücknehmen. Eiskalte Angst schoss durch ihre Adern und ihre Frage hing bleischwer zwischen ihnen in der Luft.

Calvin wich winselnd vor ihnen zurück.

Ruby ließ einen langen Atemzug entweichen. »Das geht nicht«, sagte sie ruhiger. »Wir leben nicht mal im gleichen Land. Ich habe keine Zeit für eine Beziehung.«

Ruby zögerte nicht mit ihrer Antwort, als hätte sie schon länger darüber nachgedacht. *Hatte* sie das denn? Und war das der echte Grund für ihr Nein, oder war das ihre nette Art, Coral einen Korb zu geben, weil sie keine Gefühle für sie hatte?

»Okay.« Hitze stieg Coral in die Wangen. Sie machte ein paar Schritte zurück. »Nein, du hast recht. Es hätte keine Zukunft und ich weiß, dass du keine Zeit dafür hast. Gestern Nacht sind wir wohl einfach ein bisschen übers Ziel hinausgeschossen.«

Ruby blinzelte. Ihre Augen waren ein wenig gerötet. »Hinausgeschossen. Ja.«

Sie setzten ihren Spaziergang fort, doch ihre Worte hallten noch nach. Corals Kehle war wie zugeschnürt und sie bekam schlecht Luft. Die Abfuhr tat weh und der Schmerz schwoll in ihr an wie ein Wespenstich.

Oberhalb der Wasserfälle konnte man durch Glasscheiben einen Blick auf den schlammigen Fluss und die kleinen silbernen Fische werfen, die durchs Wasser flitzten. Ein Stück weiter gab es eine Fischzucht, in der die Tiere herangezogen wurden – ein Schild wies sie als Königslachse aus. Hier und da konnte man einen Blick auf das wilde Durcheinander des Schwarms unter der ruhigen Wasseroberfläche erhaschen.

Coral überlegte kurz, ob sie das filmen sollte, konnte sich aber nicht dazu überwinden. Sie wollte weder die Aufnahmetaste drücken, noch ein Lächeln für die Kamera aufsetzen und nicht mal den Versuch unternehmen, fröhlich zu klingen.

»Gehen wir wieder zurück?«, fragte Ruby.

Coral nickte und schlug den Weg in Richtung Parkplatz ein.

Rubys Schritte wirkten schleppend, ihre Stimme klang traurig, und das ließ Wut in Coral hochkochen. Warum tat Ruby so niedergeschlagen? Sie taten doch genau das, was sie wollte. Sie fuhren nach Hause, damit sie ihrer Mutter helfen konnte, und dann trennten sich ihre Wege und die Fake-Beziehung war vorbei.

So muss das nicht laufen, hätte Coral gerne geschrien.

Aber sie hatte es versucht. Sie hatte Ruby gefragt, ob sie eine echte Beziehung mit ihr führen wollte. Und Ruby hatte Nein gesagt.

Sie schlossen die Türen des Vans, was das Rauschen des Wasserfalls dämpfte, und erdrückende Stille senkte sich über sie.

Als sie Tumwater hinter sich ließen, fielen die ersten großen Tropfen auf die Windschutzscheibe, und Coral biss die Zähne zusammen, um ihre Tränen zurückzuhalten.

Als sie endlich am Wohnhaus von Rubys Mutter ankamen, war die Stimmung zum Schneiden dick. Calvin schaute immer wieder verwirrt zwischen ihnen hin und her.

Sie stellten den Van neben Rubys ab, und während Ruby schnell die Schlüssel von oben holte, fing Coral schon mal an, Rubys Sachen aus den Schubladen und Schränken zu räumen. Die Tiefgarage war kalt und schummrig beleuchtet, was ihr eine Gänsehaut verursachte und ihre ohnehin schon miese Laune noch tiefer in den Keller sinken ließ.

Kurz darauf kam Ruby zurück, schloss ihren Van auf und stopfte ihre Sachen einfach wahllos hinein. Kleidung. Küchenutensilien. Die Vase mit den Tulpen.

Wie konnten sie den Roadtrip nur so zu Ende gehen lassen? Die zehn Tage waren so schön gewesen. Coral hatte so viel Spaß gehabt, und die letzte Nacht war unglaublich gewesen. Doch Rubys kalte Abfuhr schob der Reise einen unerwartet endgültigen Riegel für die Zukunft vor. Wie sollte Coral darüber hinwegkommen?

»Er war es wert, oder?«, fragte Coral in der Hoffnung, vielleicht einen weniger hässlichen Abschluss zu bekommen. »Der Roadtrip?«

Ruby zog eine Kiste mit Corals Winterausstattung aus ihrem Van. »Ja, ich denke schon. Wir müssen abwarten, wie viele zahlende Abonnenten wir dadurch gewonnen oder verloren haben. Das werden wir wohl bei den Ausschüttungen im Lauf der nächsten Monate rausfinden.«

Coral wurde eiskalt. Das war alles? Das war alles, was von dem ganzen Roadtrip übrig blieb – nackte Zahlen?

Offensichtlich. Wir haben ja eine Vereinbarung mit Brief und Siegel, die das belegt.

»Machst du ein Video, um den Leuten zu sagen, dass wir Schluss gemacht haben?«, fragte Coral. Ihre Lippen fühlten sich taub an.

»Okay. Wir können uns ja per E-Mail austauschen, was wir sagen, damit wir uns bei der Geschichte nicht widersprechen.«

Coral nickte. Sie würde kein Video dazu posten. Sie würde einfach wieder ihren üblichen Content machen und Ruby nicht mehr erwähnen. Ein Video aufzunehmen, in dem sie ihrem Publikum erklärte, dass ihre Beziehung vorbei war, fühlte sich zu persönlich an, und vielleicht würde sie die Worte gar nicht über die Lippen bringen.

Als sie fertig waren, flutete Verzweiflung Corals Brust und machte ihr das Atmen schwer. Sie ging in die Knie, um sich von Calvin zu verabschieden. »Mach's gut, Kumpel. Danke, dass ich bei euch sein durfte.«

Er winselte freudig, wackelte mit dem ganzen Körper und klatschte den Schwanz beim Wedeln gegen ihre Beine und den Van, während er versuchte, ihr das Gesicht abzulecken.

Sie würde sein Grinsen vermissen.

Coral stand wieder auf, konnte Ruby jedoch kaum in die Augen schauen. »Man sieht sich.«

Ruby winkte ihr zu. »Bye.«

Ein Winken. Kein Kuss, nicht mal eine kurze Umarmung. Nur ein Winken aus zwei Meter Entfernung.

Coral stieg in ihren Van, machte die Tür zu und drehte den Schlüssel im Zündschloss.

Sie legte den Rückwärtsgang ein, und als sie das Fenster hochkurbelte, hörte sie noch Calvins trauriges Winseln, das in der Tiefgarage widerhallte.

Kapitel 30
Ruby

Ruby hatte eine Tasche mit dem Nötigsten geschultert und fuhr mit ihren Pflanzen und den Tulpen, die Coral ihr in Cannon Beach geschenkt hatte, mit dem Aufzug zur Etage, auf der ihre Mutter wohnte. Alles andere blieb, wo es war, unordentlich auf dem Boden ihres Vans. So ein Chaos hatte da noch nie geherrscht, aber darum konnte sie sich später kümmern. Jetzt hatte sie erst mal Wichtigeres zu tun.

Sie hatte sich einen flüchtigen Überblick verschafft, als sie vorhin die Schlüssel geholt hatte, und auch wenn ihre Mom das Wasser aufgewischt hatte, war der Schaden doch offensichtlich. Hier mussten Böden, Schränke und vermutlich noch mehr erneuert werden.

Calvin trippelte im Aufzug unruhig hin und her, und als die Türen sich öffneten, rannte er bellend so schnell den Gang hinunter zur Wohnungstür ihrer Mutter, dass er ihr die Leine aus der Hand riss.

»Nicht bellen!«, zischte sie.

Ihre Mom öffnete die Tür und die nächsten Minuten bestanden nur aus aufgeregtem Winseln und »Hallo, hallo mein Süßer.«

Ruby schob sich an den beiden vorbei. »Ich habe unterwegs im Baumarkt angerufen. Da kann man sich große Bauventilatoren mieten. Ich fahre gleich mal vorbei und hole einen, den können wir über Nacht vor die Schränke stellen.«

Sie hatte gründlich darüber nachgedacht, und das würde ihr Vater an ihrer Stelle tun. Er wäre in den Baumarkt gefahren und hätte gekauft oder gemietet, was auch immer sie brauchten, um das Problem zu lösen.

Allerdings musste sie sich dafür das Auto ihrer Mutter ausleihen, weil ihr Van ja immer noch nicht fahrtüchtig war. Hoffentlich würde ihre Mom das nicht hinterfragen.

»Das machen wir gleich.« Rasch nahm ihre Mutter ihr einen Teil der mitgebrachten Sachen ab. Sie konnte nur den linken Arm benutzen, der rechte steckte in einem Gips und einer Schlinge, aber sie bestand trotzdem darauf, etwas zu tragen. Sie stellten die Sachen im Schlafzimmer ab, während Calvin immer noch um sie herumtanzte.

Und dann zog ihre Mutter sie in eine feste, innige Umarmung.

Sie hielten einander so lange in den Armen, dass Calvin langweilig wurde und er in die Küche streunte, um alles ausgiebig zu beschnüffeln. Wahrscheinlich fragte er sich, warum hier alles durchnässt war.

»Wie war der Roadtrip?«, fragte ihre Mom.

»Schön. Gut. Er war echt super.« *Bis kurz vor Schluss. Warum mussten wir es durch gestern Nacht so kompliziert machen?* »Was hat die Versicherung gesagt?«

»Ruby, hör auf. Lass uns doch erst mal einen Moment miteinander reden, bevor wir dazu kommen.«

Ruby folgte ihr seufzend in die Küche. Der Boden wellte sich und war verfärbt.

»Hast du Hunger?« Ihre Mom holte Udon-Nudeln aus dem Schrank, tat sich aber schwer, weil sie ihre dominante Hand nicht benutzen konnte.

Erst jetzt fiel Ruby auf, dass sie tatsächlich am Verhungern war. »Klar. Danke. Ich helfe dir.«

Zu den Nudeln kamen noch Karotten, Kohl, rote Paprika und Lauchzwiebeln aus dem Kühlschrank. »Wo hat es dir am besten gefallen?«

»In Cannon Beach«, erwiderte Ruby wie aus der Pistole geschossen, und sofort wurde ihr Gesicht heiß. Ja, okay, der letzte Halt hatte ihr am besten gefallen, was vor allem an der Stimmung zwischen ihr und Coral gelegen hatte. Gestern waren sie so glücklich gewesen – richtig glücklich. Der ganze Tag war lustig und aufregend gewesen. »Also, natürlich war der ganze Weg entlang der Küste toll, und es ist schwierig, die Abschnitte miteinander zu vergleichen, weil die Landschaft überall grandios ist. Die Mammutbäume waren auch fantastisch. Ich glaube nicht, dass ich mich für einen bestimmten Ort entscheiden kann.«

»Ich freue mich so, dass du das erleben konntest.« Ihre Mutter setzte ihre Lieblings-Pfefferminzteemischung auf, damit sie beim Kochen etwas zu trinken hatten. »Und wie war es mit Coral?«

Rubys Magen krampfte sich zusammen. »Gut. Sie war nett.«

Stille. Calvin ließ sich im Wohnzimmer mit einem dumpfen Geräusch auf den Boden fallen.

»Mehr nicht?«, fragte ihre Mutter. »Das wüsste ich schon gerne genauer.«

Ruby verzog die Lippen zu einem schuldbewussten Lächeln. Sie ließ den Blick über den durchgeweichten Fußboden wandern. »Wir sollten wirklich schnellstmöglich einen Ventilator besorgen. Vielleicht sogar zwei. Und wir könnten mit einem Föhn ran.«

»Hmm. Ich habe versucht, mir einen großen Teppichreiniger zu mieten, um das Wasser aufzusaugen – dein Vater hat das mal gemacht, als die Waschmaschine ausgelaufen ist – aber ...« Sie warf Ruby einen Seitenblick zu und in ihren dunklen Augen schimmerte etwas, das stark nach Sorge aussah. »Ich wusste nicht, ob der in mein Auto passt, also wollte ich deinen Van nehmen und ...«

Rubys Herz machte einen Satz. »Du hast versucht, mit dem Van zu fahren?«

Ihre Mutter verzog das Gesicht. »Wie lang ist er schon kaputt?«

Verdammt.

»Wie bist du auf die Idee gekommen, einen Teppichreiniger mit einem gebrochenen Arm einzuladen?«

Ihre Mutter ging nicht auf den Themenwechsel ein. »Ruby. Wie lange?«

Das unangenehme Gefühl, bei einer Lüge erwischt worden zu sein, breitete sich brennend in ihr aus. »Das ist am Morgen vor dem Roadtrip passiert, auf dem Weg hierher. Ich habe den Van in die Tiefgarage abschleppen lassen.«

Die Schultern ihrer Mutter sackten nach unten und sie drehte sich zu ihr um. »Ist die Reparatur teuer?«

Ruby zögerte. Doch ihr fehlte die Kraft für eine weitere Lüge, also nickte sie. »Deswegen habe ich ihn noch nicht in die Werkstatt geschafft. Aber der Roadtrip hat mir eine Menge neuer zahlender Abonnenten eingebracht, also kann ich das bald erledigen. Mach dir keine Sorgen.«

»Ich fühle mich furchtbar.«

»Nicht doch. Bitte, nicht wegen mir.« Ruby blinzelte, um das Brennen in ihren Augen loszuwerden. »Ich habe es dir nicht erzählt, weil ich dich nicht damit belasten wollte.«

»Nichts an dir empfinde ich als belastend. Sag so was doch nicht. Warum weinst du?«

»Tue ich nicht.« Verdammt, und wie sie das tat. »Ich ... ich will dich nur nicht enttäuschen. Ich habe zugelassen, dass der Van kaputtgeht. *Unser* Van.«

Ihre Mutter ließ sich gegen die Anrichte sinken. »Autos gehen kaputt und das ist nicht deine Schuld. Interpretier in einen Haufen Metall nicht etwas rein, für das er nicht stehen sollte.« Sie trat näher zu Ruby, bis ihre Gesichter dicht beieinander waren. »Dein Vater hat dir das Geld hinterlassen, damit du deinen Träumen folgen und dein Glück finden kannst. Er wäre stolz auf alles, was du erreicht hast. Okay?«

Ruby nickte und kämpfte gegen den Druck hinter ihren Augen, in ihrer Nase und Kehle. Sie hatte das aus dem Mund ihrer Mutter hören müssen – als bräuchte sie die Erlaubnis, es selbst zu glauben.

Ihre Mom widmete sich wieder dem Herd und schnitt ungeschickt das Gemüse mit einer Hand klein. »Aber der Teeladen läuft inzwischen besser, also kann ich ab nächstem Monat meine Ausgaben wieder selbst decken und ...«

»Schon okay«, unterbrach Ruby sie, bevor ihre Mutter die Heldin spielen und ihre finanzielle Unterstützung ablehnen konnte. »Ich kann den Van bald reparieren lassen. Das war der Grund für den Roadtrip: mehr Abonnenten gewinnen und neues Publikum für unsere Kanäle. Und es hat funktioniert.«

Ihre Mutter zog die Augenbrauen nach oben. »*Deswegen* hast du das gemacht? Nicht, um ein bisschen Spaß zu haben? Um an die Küste zu fahren?«

»Na ja ... das auch ...« Rubys Magen verkrampfte sich wieder. Natürlich war Spaß der Hauptgrund für den Roadtrip gewesen, nicht wahr?

Aber ... Woran hatten sie währenddessen permanent gedacht? Was war die Motivation hinter allem, was sie geplant hatten, inklusive der Fake-Romanze?

»Deine Fotos und Videos waren herausragend, Ruby. Du betreibst wirklich einen der besten Kanäle, die es gibt. Ich bewundere dich so sehr. Bis jetzt ist mir niemand untergekommen, der es mit deiner Qualität und deinem Können aufnehmen kann.«

Rubys Wangen wurden warm. Das war so typisch für ihre Mutter – für sie war alles, was Ruby tat, perfekt und wundervoll. »Danke, Mom. Das ist … Moment mal …« Ein heißes Gefühl ballte sich in ihrem Bauch zusammen, als die Worte ihrer Mutter zu ihr durchdrangen. »Du schaust immer noch meine Videos?«

Ihre Mom lächelte nur.

Ruby schlug sich eine Hand vor den Mund. Die ganze Zeit über hatte sie gedacht, dass ihre Mutter ihren Kanal nicht mehr verfolgte – dass sie irgendwann nach dem ersten Jahr damit aufgehört hatte.

Oh Gott! Wie viel peinliche Sachen hatte Ruby gesagt und getan? Oh nein, das bedeutete ja auch, dass ihre Mom gesehen hatte, wie Coral und sie sich küssten.

»Ich habe nie damit aufgehört. Ich habe nur nichts gesagt, weil ich nicht wollte, dass du das im Hinterkopf hast, wenn du entscheidest, was du postest.«

»Ich … na ja … das weiß ich zu schätzen.« Rubys Gesicht stand in Flammen. Am liebsten wäre sie vor Scham im Boden versunken.

»Ich kommentiere auch immer. Du hast schon oft darauf geantwortet.«

»Habe ich?«

Ihre Mom nahm einen Schluck von ihrem Tee.

»Was ist dein Username?« Jetzt fühlte sich Rubys Gesicht taub an.

Hinter ihr seufzte Calvin theatralisch.

Ihre Mutter schaute lächelnd in ihre Tasse. Sie schwenkte den Inhalt ein wenig, sodass die Minzblätter darin kreisten.

»Du bist Mrs. Peppermint?«, entfuhr es Ruby. »Aber … Mom, du hast meinen Patreon-Account abonniert?«

»Ja.«

»Du gibst mir jeden Monat Geld?«, fragt Ruby ungläubig. »Das musst du nicht! Du bist meine Mom!«

»Und genau deswegen will ich es. Ich will deine Karriere unterstützen. Ich bin so stolz auf alles, was du mit deinem Kanal aufgebaut hast. Das wäre dein Vater auch.«

Plötzlich war Rubys Kehle wieder viel zu eng. Sie nickte, brachte aber kein Wort heraus.

Schließlich verteilten sie die Yaki-Udon auf zwei große Schüsseln und setzten sich an die Küchentheke. Die Vase mit den Tulpen stand direkt vor ihnen, ein strahlender Farbklecks mitten in der Küche.

»Ist Coral nach Hause gefahren?«, fragte ihre Mom.

Ruby wurde eiskalt. Wenn ihre Mutter ihre Videos verfolgt hatte, wusste sie natürlich auch von der Fake-Beziehung. »Ja.«

»Triffst du dich weiter mit ihr?«

Rubys Wangen wurden so heiß, dass der Dampf, der aus den Schüsseln aufstieg, auch genauso gut von ihrem Gesicht stammen könnte. »Nein.«

Enttäuschung machte sich auf dem Gesicht ihrer Mutter breit. Sie wirkte richtiggehend traurig. »Warum nicht? Ich hab mich schon darauf gefreut, sie kennenzulernen.«

»Mom, diese ganze Beziehung ...« Ruby schluckte schwer. »Das war ein Fake. Wir haben für die Kamera so getan, als wären wir ineinander verliebt. Es hat funktioniert. Wir haben mehr Follower bekommen. Aber jetzt ist es vorbei.«

Eine Falte erschien zwischen den Augenbrauen ihrer Mutter. Sie schaute Ruby so lange stumm an, dass diese den Blick auf ihr Essen senkte.

»Ein Fake?«

»Ja.«

Rubys Mund war so trocken, dass sie nichts essen konnte. Sie stocherte in ihren Nudeln herum und musste ständig blinzeln.

Ihre Mutter lehnte sich zu ihr und zwang Ruby, ihr in die Augen zu sehen. »Versteh mich bitte nicht falsch, aber auf der Highschool warst du nicht gerade die Beste in der Theatergruppe. Ich meine, du bist toll in allem, was du machst, aber Schauspielerei ... war nie deine Stärke. Im Gegensatz zu kochen und vielen anderen Dingen.«

»Hm. Okay?« Das war wahrscheinlich das erste Mal, dass ihre Mutter ihr sagte, dass sie in etwas nicht gut war.

»Also hab bitte Verständnis dafür, wenn ich dir nicht abnehme, dass das mit Coral alles nur gespielt war.«

Auch wenn es unmöglich schien, Rubys Gesicht wurde noch heißer. »Mom, hör auf.«

»Ich weiß, dass du nicht mit mir darüber reden willst. Aber warum wollt ihr die Beziehung nicht weiterführen? Ging das von ihr oder von dir aus?«

»Von uns beiden ... wir waren da einer ... Also, eigentlich ging es wohl von mir aus.« Ruby rutschte unruhig auf ihrem Barhocker herum.

Und dann entdeckte sie Tränen in den Augen ihrer Mom. Würde sie jetzt anfangen zu weinen? Verdammt. Ruby konnte ihre Mutter einfach nicht weinen sehen.

»Du verbringst so viel Zeit damit, mich glücklich zu machen.«

»Weil ich dich liebe! Ich will für dich ...«

»Du bist für mich da, Ruby. Glaub mir. Ich bin zufrieden. Ich habe dich und ich darf miterleben, wie du aufblühst und dir ein erfülltes Leben aufbaust. Aber jetzt denk mal bitte an dich selbst. Was willst du? Sei ein Mal egoistisch.«

»Ich will nicht egoistisch sein!«

»Das muss jeder ein bisschen, das ist nichts Schlimmes. Wenn du dein Leben nur für andere Menschen lebst, wirst du nicht glücklich.«

»Aber du brauchst mich.« Ruby versagte die Stimme. Sie schaute blinzelnd zur Decke und holte tief Luft. »Ich will dir im Laden helfen. Ich kann dein Social Media und Marketing übernehmen, und ich könnte auch ein paar Stunden ...«

Ihre Mutter legte ihr eine Hand auf den Arm. »Hör auf. Du wirst nicht bei mir im Laden arbeiten. Der läuft gut und wir können uns gerne übers Marketing unterhalten, aber deine Bewerbung um einen Job muss ich leider ablehnen.«

»Warum? Lass mich dir helfen. Oder stell wenigstens eine Aushilfe ein. Du machst dich noch krank, wenn du weiter so viel arbeitest.«

Ihre Mutter trommelte mit den Fingern auf der Anrichte, ließ es sich aber einen Moment lang durch den Kopf gehen. Dann nickte sie. »Ich sehe zu, dass ich jemanden finde, der mir in den Monaten aushilft, in denen viel zu tun ist.«

Ruby atmete auf. »Gut.«

»Ich weiß wirklich zu schätzen, was du für mich tust, Ruby, mehr als du ahnst. Du bist mein Ein und Alles. Aber ich bin stark. Ich habe im Lauf meines Lebens so viel durchgemacht, ich kann für mich selbst sorgen.«

Ruby rang sich ein Lächeln ab.

»Du musst dein eigenes Leben leben. Kümmer dich um dich selbst, bevor du dich um andere kümmerst. Wenn du deine eigene Zufriedenheit an oberste Stelle setzt, gibst du auch das Beste von dir an die Welt weiter, oder? Gehört das nicht zu einem achtsamen Leben dazu?«

Ruby nickte. Vielleicht hatte ihre Mom recht. Sie sorgte sich so viel um ihre Mutter, ihre Follower und was der Rest der Welt von ihr erwartete. Vielleicht war ein Teil davon, dass sie ihre Mom aufrichtig liebte und wirklich wollte, dass es ihr gut ging. Aber vielleicht bestand ein anderer Teil auch daraus, dass es seit dem Tod ihres Vaters einfacher war, sich auf andere zu konzentrieren, als sich mit ihren eigenen Gefühlen und Bedürfnissen auseinanderzusetzen.

Ihre Mutter strich ihr liebevoll über den Arm. »Weißt du noch, wie sehr du dich gewehrt hast, als du der Meinung warst, dass du wieder bei mir einziehen und das Leben im Van aufgeben willst? Kannst du dich an unser Gespräch damals erinnern?«

Ruby nickte schmunzelnd. »Wenn man das ein Gespräch nennen kann.« Ihr stand noch lebhaft vor Augen, wie sie kalte Füße bekommen hatte und nach ein paar Monaten Vanlife wieder bei ihrer Mutter einziehen wollte, doch ihre Mom hatte darauf bestanden, dass Ruby ihren Traum in die Tat umsetzte und sich eine Online-Präsenz aufbaute. Während dieses Streits hatte sie Ruby wortwörtlich rausgeworfen und ausgesperrt.

Bis heute war Ruby ihr dafür zutiefst dankbar. Sie wäre nie so erfolgreich geworden, wenn ihre Mutter sie nicht gezwungen hätte weiterzumachen. Ihre Mom durchschaute sie immer. Sie wusste, was Ruby wirklich wollte und half ihr, ihre Zweifel und Ängste zu überwinden.

»Also möchte ich, dass du darüber nachdenkst, was dich wirklich glücklich macht.« Ihre Mutter berührte lächelnd eine der Tulpen auf der Anrichte – farbenfroh, strahlend schön. »Was siehst du da vor dir?«

Jetzt stiegen Ruby Tränen in die Augen. Weil sie genau wusste, wie Glück für sie aussah.

Und ihr Glück war gerade auf dem Weg zurück nach Kanada.

Kapitel 31
Coral

Tante Nina nahm den Videoanruf beim dritten Klingeln an. Im ersten Moment waren nur verschwommen gebräunte Haut, dunkelblonde Haare und weiße Zähne zu sehen, bevor sie das Handy ruhig hielt. »Hey Coral!«

Coral versuchte, ein Lächeln aufzusetzen, aber nicht mal die Freude darüber, ihre Tante zu sehen, tröstete sie. »Hey. Was machst du gerade?«

Tante Nina drehte das Handy, um ihr zu zeigen, wo sie gerade war – am Pool. Dichte Vegetation umgab den Bereich zu allen Seiten und in den Whirlpool ergoss sich ein Wasserfall. »Ich lasse mich ein paar Tage im Hotel verwöhnen. Die letzten drei Stunden habe ich mich nicht aus meinem Liegestuhl bewegt. Mein Hintern ist schon taub. Was gibt's?«

»Ich wollte nur ... nur mal reden ...« Verdammt, ihr kamen schon wieder die Tränen. Sie blinzelte und schaute nach oben, versuchte, mit einem Schlucken gegen die Enge ihrer Kehle anzukämpfen. Es war dunkel im Van – sie hatte die Vorhänge zugezogen und versteckte sich gerade auf dem Parkplatz eines Supermarkts in Vancouver –, aber selbst in den schummrigen Lichtverhältnissen sah man wohl deutlich, dass sie jeden Moment losheulen würde.

Tante Nina setzte sich stirnrunzelnd etwas aufrechter hin. »Raus damit.«

Coral holte tief Luft und wischte sich über die Augen. »Ich weiß nicht, wie du das machst. Ich kann mein Leben nicht so weiterführen, wie ich will. Ich werde alles aufgeben und mir einen langweiligen Job suchen müssen, in dem ich todunglücklich bin.«

Damit umging sie das Thema, das ihr am meisten auf der Seele brannte – aber die Wunde, die Ruby hinterlassen hatte, war noch zu frisch, und sie hatte noch keine Zeit gehabt, das alles zu verarbeiten. Außerdem konnte Tante Nina nichts sagen, das diesen Schmerz linderte.

Tante Nina nickte, als hätte sie das erwartet. »Ich habe letzte Woche mit deiner Mutter gesprochen und sie hat erwähnt, dass die Deadline näher rückt. Sie hat recht, dass deine berufliche Zukunft wichtig ist, aber da musste ich dagegenhalten, dass deine Zufriedenheit es genauso ist. Du kannst beides haben. Du *solltest* beides haben. Es kann nicht sein, dass du deinen Traum aufgibst und dem Weg folgst, den deine Eltern sich für dich vorstellen.«

»Was hat sie dazu gesagt?«

Tante Ninas Mundwinkel zuckte nach oben. »Sie meinte: ›Du und Coral seid euch so furchtbar ähnlich.‹ Das nehme ich als Kompliment.«

Coral lächelte, der Vergleich gefiel ihr genauso. Sie zog die Knie an die Brust und atmete tief durch, um sich zu beruhigen. »Wie soll ich sie davon überzeugen, dass sie unrecht haben?«

»Na ja, weißt du …« Tante Nina verzog den Mund. »So ganz unrecht haben sie ja nicht. Ein bisschen schon, aber nicht mit allem. Das Leben besteht aus Rechnungen und Ausgaben, und die musst du irgendwie bezahlen. Ich reise viel, aber die Abenteuer finanziere ich mit einem guten Job als Krankenschwester.«

»Ich dachte, dass ich meine Ausgaben als Content Creatorin decken könnte. Und ich verdiene Geld damit. Es dauert nur lange, sich eine Plattform aufzubauen – Zeit, die ich nicht habe.«

Tante Nina neigte den Kopf zur Seite. »Vielleicht solltest du dich als Kunstschaffende betrachten. Viele haben einen regulären Job, mit dem sie ihre Rechnungen bezahlen. Du kannst ja trotzdem im Van leben, während du irgendwo eine Ausbildung machst oder auf was immer du sonst Lust hast.«

Coral nickte langsam. So betrachtet klang das nicht mal schlecht. Sie könnte damit argumentieren, dass ihre Videos und Fotos eine Form von Kunst waren. Aber bekam sie irgendwo einen Job, der ihr weiterhin ein ungebundenes Leben erlaubte? »Möglich … Aber meine Eltern wollen trotzdem immer noch, dass ich den Van verkaufe. Das war der Deal.«

»Ja, der Teil ist scheiße.« Tante Nina verengte die Augen ein wenig und schaute nachdenklich in die Ferne. Um ihren Mund lag ein missmutiger Zug. »Ich glaube, du solltest mal offen mit ihnen reden. Erzähl ihnen von deinen Plänen. Sie sind auch nur Menschen, auch wenn es manchmal nicht so aussieht. Versprochen.«

Coral verdrehte die Augen. »Kommt mir oft nicht so vor.«

Tante Nina schaute an ihrem Handy vorbei und nickte jemandem zu, bevor sie das Gerät näher an ihr Gesicht hielt. »Dann pass mal auf. Als deine Mutter siebzehn war, hat sie sich mal bei ihrem Baumarkt-Job krankgemeldet, um ein Baby-Eichhörnchen in eine Auffangstation zu bringen. Ja, das eine Mal hat sie Mitgefühl über ihre Arbeit gestellt. Sie ist also dazu fähig.«

Coral verzog den Mund. Tante Nina schwieg hartnäckig, bis Coral schließlich seufzte. »Okay. Ich rede mit ihnen.«

Ihre Argumente würden auf taube Ohren stoßen, aber einen Versuch war es wert. Es war ihre letzte Hoffnung.

»Gut. Und wie geht's Ruby?«

Corals Puls schnellte in die Höhe. Ihr Mund war staubtrocken. »Alles okay.«

»Möchtest du darüber reden?«

Ihre Tante wusste, dass etwas nicht stimmte. Natürlich tat sie das. Aber darüber zu reden, würde nur die Tränen entfesseln, die Coral so mühsam unterdrückte – also schüttelte sie den Kopf und senkte den Blick auf ihre Knie. »Danke, dass du dir Zeit genommen hast.«

»Klar doch. Du kannst mich jederzeit anrufen, wenn du mich brauchst. Ich hänge ja sowieso nur am Pool rum ... oh, verdammt, Klammeraffen!« Sie drehte die Kamera um. Coral beobachtete, wie sich sicher ein Dutzend Klammeraffen in den Poolbereich hangelten und Tante Nina hastig ihre Habseligkeiten mit einer Hand schützte.

Das hätte Coral sicher zum Lachen gebracht, wenn ihr Herz sich nicht gerade angefühlt hätte, als könnte es jeden Moment in tausend Teile zerspringen.

Coral klopfte an die Eingangstür ihres Elternhauses. Es war nach sieben, also sollten sie hoffentlich zu Hause sein. Eigentlich wusste sie noch gar nicht, was sie sagen sollte. Sie tauchte normalerweise nie unangekündigt bei ihnen auf.

Die Tür wurde geöffnet und ihr Vater schaute sie perplex an. Er trug ein Flanellhemd, eine ölverschmierte Jeans und seine Geheimratsecken versteckte er mit einem Basecap. Darunter schauten dunkle Haarsträhnen hervor. Er sollte dringen mal wieder zum Friseur. Sein Schnurrbart war allerdings sauber getrimmt und der Rest seines gebräunten, sommersprossigen Gesichts glatt rasiert. Er sah aus wie immer, schon seit Coral denken konnte.

»Coral!«

Sie öffnete den Mund, um ihre Anwesenheit zu erklären, aber nichts kam raus.

Einen Moment später brach sie in Tränen aus.

»Ach, so ein Mist«, sagte ihr Dad, gelassen wie üblich, wenn eine der Frauen in seinem Leben heulte. Er gab den Weg frei und winkte sie ins Haus. »Was ist passiert?«

Ihre Mutter kam im Bademantel angelaufen. Ihre blonden Haare hatte sie zu einem unordentlichen Dutt zusammengebunden. »Doug? Oh, Coral! Was ist denn los?«

»Habe ich da ›Coral‹ gehört?«, fragte Farrah, die mit einem Cookie in der Hand hinter den beiden auftauchte. »Hey, oh Shit. Ist auf dem Roadtrip irgendwas schiefgegangen?«

Coral ging ins Haus. Es war ihr unglaublich peinlich, dass sie vor ihrer versammelten Familie die Nerven verlor. Eilig wischte sie sich mit dem Ärmel die immer noch fließenden Tränen weg.

»Der Roadtrip war gut. Er war toll. Ich habe eine Menge Follower dazubekommen und …« Sie konnte nicht weitersprechen. Also holte sie erst mal tief Luft und blinzelte gegen die Tränen an. Durch Rubys Abfuhr und das Gespräch mit Tante Nina wusste sie gerade nicht mal mehr, wo oben und unten war. »Ich habe versagt. Ich werde in weniger als zwei Wochen vierundzwanzig, und bis dahin werde ich nicht genug verdienen, um meinen Teil der Abmachung einzuhalten.«

Farrah biss von ihrem Cookie ab und nuschelte mit vollem Mund: »*Das* ist das Erste, woran du bei dem Roadtrip denkst? Nicht an die coolen Sachen, die du mit Ruby erlebt hast oder die tollen Landschaften und Sehenswürdigkeiten?«

»Das war doch der Grund für diesen Roadtrip! Und jetzt muss ich den Van verkaufen!«

»Okay, okay, setzen wir uns erst mal.« Ihr Dad schloss ganz ruhig die Tür und sie begaben sich alle ins Wohnzimmer.

»Was habe ich dir gesagt, bevor du losgefahren bist?«, fragte Farrah. »Weißt du noch? Konzentrier dich nicht so sehr auf die Arbeit, dass du dabei den Roadtrip nicht genießt!«

Coral wollte protestieren, aber nachdem sie die Worte einen Moment lang überdacht hatte, ließ sie es bleiben. Ja, sie hatte den Roadtrip und die Landschaften genossen, aber Farrah hatte trotzdem nicht unrecht. Coral hatte so verzweifelt mehr Follower gebraucht, dass sie eine Fake-Beziehung vorgeschlagen hatte, ohne darüber nachzudenken, dass sie sich vielleicht eine echte mit Ruby wünschte. Sie hatte zugelassen, dass der »geschäftliche« Teil dieser Reise alles andere überschattete.

Trotzdem warf sie ihrer Schwester einen finsteren Blick zu. »Ich habe den Roadtrip sehr wohl genossen, danke der Nachfrage.«

Farrah zog nur vielsagend eine Augenbraue nach oben.

Sie setzten sich auf die Ledersofas. Der Fernseher war an und zeigte eine Golfpartie. Coral war seit Wochen nicht mehr hier gewesen, aber alles sah aus wie immer – der große Fernseher hing zwischen eingestaubten Regalen, in denen DVDs standen, die niemand benutzte, weil hier keiner Zeit zum Filmeschauen hatte. An der linken Wand hingen Fotos von Farrah und Coral bei ihrem jeweiligen Highschool-Abschluss, an der rechten Wand ein Gemälde eines 57er Chevy.

»Reden wir doch mal über die Vereinbarung«, sagte ihr Vater.

Coral stiegen erneut Tränen in die Augen. Die Vorstellung, den Van verkaufen zu müssen, schmerzte immer schlimmer. So viele Erinnerungen hingen an dem Auto. »Kann ich verlängern? Nur für ein paar Monate. Ich kann euch die Statistiken zeigen, die das Wachstum meiner Plattform belegen.«

Ihr Dad schüttelte den Kopf. »Der Sinn dieses Vertrags war, dass du ernsthaft über deine berufliche Zukunft nachdenkst. Das sollte dir zeigen, dass ein Leben als Influencer nicht ...«

»Ich bin Content Creatorin!«, unterbrach sie ihn. »Ich verbringe Stunden damit, Inhalte zu erschaffen, für die Menschen Geld bezahlen. Ihr habt die Zahlen doch gesehen. Ihr wisst, wie viel ...«

Ihr Vater hob eine Hand. »Dann eben Creatorin. Das bedeutet unberechenbares Einkommen. Es war ein guter Versuch und du hast viel dabei gelernt, aber das kannst du nicht für immer machen.«

»Das weißt du doch gar nicht. Meine Zielgruppe wächst und ich will das weiter verfolgen.«

»Für wie lange? Das ist ein albernes Berufsziel.«

»Nur weil du etwas nicht verstehst, ist es deswegen noch lange nicht albern«, mischte Farrah sich ein.

Ihr Vater warf ihr einen finsteren Blick zu, bevor er seine Aufmerksamkeit wieder auf Coral richtete. »Mit Anfang zwanzig solltest du dir eine gute berufliche Zukunft sichern. Etwas, das langfristig deine Rechnungen bezahlt. Du brauchst einen Plan.«

»Ich habe einen Plan!« Sofort kam ihr wieder das Gespräch mir Ruby über das Thema Planung und Spontanität in den Sinn, und sie senkte den Blick. Okay, manche Sachen sollte man lieber wie Ruby angehen, und dazu gehörte wohl auch ihre berufliche Zukunft. Aber die konnte sie auch planen, ohne das aufzugeben, was sie am meisten liebte.

»Dann brauchst du einen Plan B.«

»Du und Mom, ihr habt doch auch keinen Plan B. Was passiert, wenn euer Geschäft morgen Pleite macht?«

»Ich glaube, du unterschätzt, wie viel Zeit wir investiert haben, uns Neues anzueignen und uns an die Marktsituation anzupassen«, erwiderte ihre Mutter. »Ein guter Mechaniker kann seine Qualifikationen auch anderweitig einsetzen, und damit würden wir auch woanders einen Job bekommen.«

»Ich lerne ständig neue …« Coral schloss die Augen und holte tief Luft.

Durchatmen. Ich werde trotzig.

Vielleicht steckte ja auch ein Körnchen Wahrheit darin. Ruby hatte das auf dem windigen Spaziergang am Haystack Rock angesprochen. Was wollte Coral mit ihrem Leben anfangen, wenn sie genug vom Vanlife hatte? Das war ein realistisches Szenario – sie könnte irgendwann die Nase voll davon haben, ständig in der Öffentlichkeit zu stehen, oder ihre Follower ließen sie im Stich, oder eine der Plattformen, von denen sie abhängig war, wurde abgeschaltet.

»Unsere Bedingung war, dass du für uns arbeitest, wenn du die Zielvorgabe nicht erreichst«, sagte ihre Mom. »Aber du könntest auch studieren. Du hast alles, was man für eine Karriere in der freien

Wirtschaft oder im Marketing braucht. Die Bedingungen wären variabel. Du kannst für uns arbeiten, *oder* du schreibst dich in eine Uni oder bei einem College ein.«

»Ich will nicht ...« Ein dumpfer Schmerz machte sich hinter Corals Augen bemerkbar. Sie konnte sich nicht vorstellen, in einem Büro zu arbeiten, und sie wollte auch nicht in Farrahs Fußstapfen treten und sich vier Jahre lang den Stress eines Studiums zumuten.

»Warum muss bei euch immer alles schwarz oder weiß sein?«, fragte Farrah. »Statt von ihr zu verlangen, dass sie den Van verkauft und studiert, könnte sie doch einfach damit weitermachen und sich nebenbei noch andere Qualifikationen aneignen. Kann sie nicht beides haben?«

Alle schauten zu ihr. Corals Herz machte einen kleinen Sprung, weil Farrah im Prinzip das wiederholte, was Tante Nina vorgeschlagen hatte: sich einen Job suchen, um ihre Träume zu verwirklichen.

»Und außerdem ...« Farrah wischte sich ein paar Kekskrümel von ihrem Hoodie. »Könntet ihr eure Vorschläge vielleicht wie Eltern formulieren, anstatt mit *Bedingungen* und *Verträgen* anzukommen, als wärt ihr Corals Anwälte. Damit würde dieses Gespräch gleich viel besser laufen. Echt mal, Leute. Ich gehe Kaffee aufsetzen.«

Sie stand auf und ging in die Küche, wobei sie immer noch vor sich hinmurmelte.

Coral rieb sich über die Stirn. Ein Gespräch zu führen, das sich nicht nach Vertragsverhandlung anfühlte, wäre deutlich einfacher.

»Wir können unsere ... Vorschläge anpassen«, sagte ihr Vater steif. »Wir würden dir vorschlagen, dass du Kurse belegst und ...« Er schaute zu ihrer Mutter, die die Nase krauste.

Einen Moment lang herrschte Schweigen. Das Geräusch der Kaffeemaschine drang aus der Küche zu ihnen rüber.

Ihre Mutter atmete langsam aus. »Okay, fangen wir noch mal von vorne an. Coral, ich habe mit Tante Nina gesprochen, und ich glaube, sie macht das ganz richtig. Ja, sie reist ständig durch die Weltgeschichte, aber wenn sie nicht unterwegs ist, geht sie arbeiten, um sich das leisten zu können. Das wünschen wir uns für dich. Wir möchten, dass du dir das Leben leisten kannst, das du führen willst.«

Coral nickte. »Ich verstehe, dass man Geld zum Leben braucht. Ich will nur wirklich nicht rund um die Uhr arbeiten wie du und Dad. Und ich bin mir nicht sicher, ob ich für die Uni geeignet bin. Das ist nicht mein Ding und es würde mich nicht glücklich machen.«

Farrah lehnte sich gegen den Türrahmen zur Küche und verfolgte das Gespräch weiter, während der Kaffee durchlief.

Ihre Mutter musterte Corals Gesicht mit zusammengezogenen Brauen. »Das ist in Ordnung. Du musst nicht so viel arbeiten wie wir.«

»Wir wollen, dass du glücklich bist«, fügte ihr Dad hinzu.

Coral wischte sich über die geschwollenen, feuchten Wangen. So hatte sie sich noch nie mit ihren Eltern unterhalten. Die beiden hatten noch nie so mit ihr geredet. Bisher hatten sie ihr immer nur mitgeteilt, was sie von Coral erwarteten.

»Wenn euch wichtig ist, dass ich glücklich bin, warum fragt ihr dann nie, was ich so mache? Ihr seid nie da. Ich bin schon überrascht, dass ihr alle mal gleichzeitig hier seid.«

»Ich war gerade dabei, ihnen deswegen eine Predigt zu halten.« Farrah verengte die Augen zu Schlitzen. »Ihre Missetaten sind ihnen bewusst.«

»Es tut uns so leid, Coral.« Ihre Mom legte ihr eine Hand aufs Knie. »Wir hätten mehr an eurem Leben teilhaben sollen.«

Ihr Dad nickte ebenfalls. »Wir verstehen, dass wir uns zu sehr auf die Arbeit konzentriert haben.«

»Das Leben zieht an euch vorbei und ihr verpasst es«, meinte Coral.

Ihre Eltern tauschten einen resignierten Blick miteinander und wirkten dabei so beschämt, dass Corals Wut sich in Luft auflöste. Die beiden taten ihr leid – und es tat ihr auch leid, dass sie sie so angefahren hatte.

»Wir haben gerade mit Farrah darüber verhande… mit ihr diskutiert … darüber gesprochen, wie wir das wiedergutmachen können.« Ihre Mutter rutschte unruhig auf ihrem Platz herum, als würde sie sich mit der legeren Ausdrucksweise unwohl fühlen. »Was haltet ihr davon, wenn wir uns einmal die Woche treffen? Wir könnten Zeit miteinander verbringen, spazieren gehen oder zusammen etwas unternehmen.«

Coral nickte. »Das wäre schön.«

Es wäre noch schöner, wenn sie das als Kind oder Teenager bekommen hätte, aber besser spät als nie.

Farrah kam zurück und stützte sich mit den Ellenbogen auf der Rückenlehne der Couch ab. »Apropos Uni ... Coral, ich weiß, dass du mitbekommst, wie anstrengend es für mich ist und du deshalb nicht studieren willst. Das verstehe ich. Es ist echt nicht einfach. Aber es macht auch unglaublich viel Spaß. Wenn ich nicht gerade büffeln muss, habe ich die Zeit meines Lebens im Wohnheim, ich lerne ständig neue Leute kennen und probiere neue Sachen aus. Letztes Wochenende war ich mit einer Gruppe neuer Freunde Rudern, wir haben bei einem Wettrennen den zweiten Platz gemacht und uns anschließend in einem Biergarten die Kante gegeben.«

Ihre Eltern warfen ihr missbilligende Blicke zu.

»Verantwortungsvoll die Kante gegeben«, korrigierte Farrah sich. »Was ich damit sagen will: Es ist nicht alles schlecht. Tatsächlich ist es sogar ziemlich cool, und am Ende habe ich einen Abschluss und die Aussicht auf einen tollen Job – also ist es die Anstrengung wert.«

Coral erwiderte das Lächeln ihrer Schwester. Sie hatte nie über die sozialen Aspekte der Uni nachgedacht, aber wenn sie zusammensetzte, was Farrah ihr so erzählte, klang das wirklich nach viel Spaß. Farrah ging in einem Jahr auf mehr Partys und besuchte mehr Festivals als Coral in ihrem ganzen Leben.

Vielleicht war ich ein bisschen selbstgerecht mit meiner Meinung, dass Farrah nicht weiß, worauf sie sich eingelassen hat.

»Ich habe einfach Angst, dass ich die Freiheit verliere, die ich jetzt mit dem Van habe, wenn ich ein Studium anfange oder so was in der Art mache«, sagte Coral. »Ich will diesen Lebensstil nicht aufgeben.«

Farrah nickte. »Am Kits Beach hast du erzählt, dass du jeden Tag ein neues Abenteuer erlebst. Das ist mir lange durch den Kopf gegangen und ... Ich finde, ich erlebe auch eine Menge Abenteuer – nur eben andere. Und ich habe auch das Gefühl, dass ich nach meinem Abschluss die Freiheit habe, mein Leben so zu leben, wie ich will. Abenteuer können unterschiedlich aussehen. Es spielt keine Rolle, welchen Lebensweg man einschlägt – wenn man Spaß haben und spannende Sachen erleben will, kann man das überall. Ich würde mir da also an deiner Stelle nicht so viele Sorgen machen. Du bist der Typ Mensch, der für Abenteuer lebt, und du wirst sie ganz sicher bekommen.«

Coral blinzelte. So hatte sie das noch nie betrachtet. Plötzlich fühlte sich alles viel leichter an. Sie hatte sich so sehr an den Van geklammert, weil sie Angst davor hatte, wer sie ohne ihn war – aber es war nicht der Van, der ihr Freiheit und Abenteuerlust verschaffte. Sie hatte sich vom Vanlife angezogen gefühlt, weil sie die Abenteuerlust schon in sich trug.

»Danke für die neue Perspektive. Das hilft mir wirklich.«

Farrah lächelte.

Coral atmete tief aus und rieb sich übers Gesicht. »Ich schraube gerne an meinem Van rum. Und ich bin gut darin. Ich ... ich lasse mich als Mechanikerin zertifizieren.«

Das war der logischste Plan B, der ihr in den Sinn kam – und einer, auf den sie sich ehrlich freute, anstatt schon beim bloßen Gedanken daran zu verzweifeln.

Ihre Eltern strahlten übers ganze Gesicht.

»Das klingt perfekt«, meinte ihre Mutter.

Ihr Dad nickte. »Das erfüllt die Bedingungen unserer Vereinbarung.«

Farrah seufzte theatralisch.

»Tut mir leid«, murmelte ihr Vater. »Einmal Geschäftsmann, immer Geschäftsmann.«

»Aber während ich an der Zertifizierung arbeite, würde ich den Van gerne behalten.« Corals Herz schlug wieder schneller. Das war ihre letzte Chance. »Das Nomadenleben macht mich wirklich glücklich. Bitte.«

Ihre Eltern sahen sich an. Coral hatte das Gefühl, als würde ihr jeden Moment das Herz stehen bleiben.

Schließlich nickte ihre Mutter kaum wahrnehmbar und als ihre Eltern sich ihr wieder zuwandten, lächelten sie beide.

Coral erwiderte es und plötzlich kam es ihr vor, als würde sie an der Decke schweben. Endlich gab es einen Plan, auf den sie sich alle einigen konnten. »Danke.« Sie ließ sich ins Couchpolster sacken und die Anspannung wich endlich aus ihren Schultern. »Ich ... tut mir leid, dass ich so hart mit euch darum gekämpft habe.«

Ihre Eltern tauschten grinsend einen weiteren Blick miteinander.

»Was ist los?«, fragte Coral misstrauisch.

»Genau so bist du«, sagte ihre Mom. »Du kämpfst so hart für das, was dir wichtig ist, und du lässt dir nie von uns vorschreiben, dass du deinen Träumen nicht folgen kannst. Eine bewundernswerte Eigenschaft.«

Wärme stieg in Coral auf. Wow, jetzt auch noch ein Kompliment. Sie hätte schon vor Jahren vor ihren Eltern in Tränen ausbrechen sollen.

Aber da gab es noch etwas, für das Coral nicht hart genug gekämpft hatte – oder besser gesagt *jemanden*. Die Frau, die ihr mehr bedeutete als ihr Van und ihr Kanal und ihre Online-Präsenz.

Farrah holte die Kaffeekanne und vier Tassen aus der Küche. »Du siehst immer noch aus wie ein Häufchen Elend, was mir sagt, dass irgendwas mit Ruby nicht stimmt.«

Mom schaute zwischen ihnen hin und her. »Ruby? Wer ist das?«

»Ihre Freundin«, antwortete Farrah. »Was ihr übrigens wissen würdet, wenn ihr mal danach gefragt hättet.«

Ihre Eltern wirkten direkt wieder schuldbewusst.

»Sie ist nicht meine Freundin«, sagte Coral.

Farrah schaute sie mit offenem Mund an. »Ihr habt Schluss gemacht?«

»Nein. Wir waren nie zusammen. Das war nur ein Fake. Wir haben die Beziehung vorgetäuscht, um mehr Klicks zu bekommen.«

Danach herrschte erst mal Schweigen.

Farrah massierte sich die Nasenwurzel. »Okay. Hm. Dazu hätte ich einiges zu sagen. Aber ich belasse es erst mal dabei: Bist du dir *sicher*, dass das für euch beide ein Fake war?«

Corals Augen brannten schon wieder. Sie schaute an die Decke und holte zittrig Luft. »Nein.«

»Könntet ihr denn eine echte Beziehung führen?«

»Ich ...« Ja, sie lebten auf verschiedenen Seiten der Grenze, aber Coral wäre bereit, die Mühe auf sich zu nehmen. Sie konnten sich abwechselnd besuchen. Und eigentlich konnten sie doch sowieso wohnen, wo und wie sie wollten. War nicht genau das der Sinn eines Lebens im Van? Die Freiheit, zu tun, was man wollte?

Nach einer weiteren Pause meinte Farrah nachdrücklich: »Ich glaube, das solltest du rausfinden, bevor du es für beendet erklärst.«

Coral nickte. Nervosität regte sich in ihrem Bauch.

»Und, hm, wenn daraus etwas wird ...« Ihr Vater schaute sie beide an. »Würden wir sie gerne kennenlernen.«

Coral lächelte. Vielleicht gab es ja Hoffnung für ihre Eltern.

Sie umarmte beide, was sie schon ewig nicht mehr gemacht hatte. Und die Umarmung war so herzlich und sie hatte sie so dringend gebraucht, dass sie beinahe direkt wieder losgeheult hätte.

Sie entschied, hier zu übernachten und zum ersten Mal seit der Highschool wieder in ihrem alten Kinderzimmer zu schlafen. Farrah blieb auch, weil sie mal eine Pause vom Wohnheim brauchte.

Das französische Bett fühlte sich riesig an. Coral streckte sich genüsslich und griff schließlich nach ihrem Handy, um YouTube zu öffnen.

Ruby hatte heute auch kein Video hochgeladen. Es wartete auch keine E-Mail von ihr in Corals Posteingang, in der sie die Einzelheiten des gefakten Beziehungsendes darlegte.

Coral rief die Foto-App auf und scrollte durch die Hunderte von Bildern, die sie während des Trips aufgenommen hatte – bis zum ersten Selfie ganz am Anfang, auf dem sie zu dritt am Haystack Rock zu sehen waren. Damals war es ihnen nicht gut genug gewesen, um es zu veröffentlichen, aber jetzt im Nachhinein war es perfekt. Sie lächelten strahlend in die Kamera und selbst Calvin schien mitzumachen.

Corals Herz schlug unwillkürlich schneller. Wenn Ruby ein für alle Mal Schluss machen wollte, okay – aber Coral würde nicht so einfach aufgeben. Sie musste es noch einmal versuchen.

Morgen früh würde sie sich auf den Rückweg nach Seattle machen und Ruby ihre Gefühle gestehen. Sie musste mehr tun, als wie in Tumwater eine indirekte Frage zu stellen, ob aus der Fake-Beziehung eine echte werden sollte. Sie musste die Sache offen angehen und Ruby direkt sagen, was sie für sie empfand und was sie sich wünschte.

Mir rasendem Puls drehte sie sich auf die Seite. Bis morgen Mittag würde sie eine Antwort von Ruby bekommen, egal wie diese ausfiel.

Kapitel 32
Ruby

Ruby beendete das Telefonat mit der Werkstatt und rieb sich übers Gesicht. »Okay. Sie holen den Van nachher ab.«

»Das ist toll!« Die Stimme ihrer Mutter klang gedämpft, weil sie gerade den Schaden in einem der aufgequollenen Küchenschränke begutachtete. Die Ventilatoren hatten über Nacht ihren Dienst getan, aber das Holz war vielleicht trotzdem nicht mehr zu retten.

»Ja. Ich bin wahrscheinlich mit dem Abschlepper und dem Drumherum den ganzen Nachmittag beschäftig, also iss heute Abend gerne ohne mich.«

Argh, es gab heute so viel zu tun.

Sie rutschte von ihrem Barhocker und streckte sich ausgiebig. Es war schon fast Mittag. »Ich gehe dann mal einkaufen, fällt dir noch was ein?«

»Schreib mal noch Bananen auf die Liste. Meine Autoschlüssel hängen neben der Tür. Vielen Dank.«

Ruby schnappte sich die Schlüssel und ging in die Tiefgarage. Sie war bereits angeschnallt und startete gerade den Motor, als sie merkte, dass sie ihr Handy oben vergessen hatte.

»Verdammt«, murmelte sie.

Na ja, den Trip zum Supermarkt würde sie wohl ohne überleben.

Nur dass sie dann wegen einer Baustelle einen Umweg fahren musste, und als sie endlich auch ohne Karten-App wieder wusste, wo sie gerade war, hatte der kurze Trip mal eben zwei Stunden gefressen.

Mies gelaunt und mit Einkäufen beladen schleppte sie sich zurück in die Wohnung.

Als sie die Tür öffnete, sprang Calvin sie zur Begrüßung an, und ihre Mutter rief ihr ein Hallo aus dem Wohnzimmer zu, wo sie ein Buch las. »Dein Handy hört gar nicht mehr auf zu klingeln.«

Shit. Das war vermutlich die Werkstatt, die irgendwas Wichtiges von ihr wollte und sie deswegen zurückrief. Was, wenn sie das Zeitfenster verpasst hatte, um den Van abschleppen zu lassen?

»Okay. Danke.«

Sie schnappte sich ihr Handy – und ihr Herz setzte einen Schlag aus. Die verpassten Anrufe waren von Coral. Keine Nachrichten, nur Anrufe.

Was will sie denn?

Neugier nagte an ihr. Sie wollte Corals Stimme hören, war aber noch nicht bereit, mit ihr zu reden. Mit der Katastrophe in der Wohnung ihrer Mutter im Nacken konnte sie nicht die emotionale Energie aufbringen, ein Gespräch über ihre Gefühle zu führen.

Aber da hallte noch der Rat ihrer Mutter vom Vortag in ihren Gedanken wider. Was machte sie glücklich? Zeit, darüber nachzudenken, was sie sich wünschte und was sie zu Coral sagen wollte. Das schuldete sie sich selbst.

Ruby starrte auf ihr Handy. Der Akku war nur noch bei fünf Prozent. Hatte sie gestern Nacht vergessen, ihn aufzuladen?

Plötzlich leuchtete das Display auf und zeigte ihr einen weiteren Anruf von Coral an, was ihren Puls in die Höhe schießen ließ – und dann wurde der Bildschirm schwarz, weil der Akku den Geist aufgab.

Ihr Brustkorb wurde schmerzhaft eng. Mit einem frustrierten Schnaufen hängte sie das Handy ans Ladegerät und packte die Einkäufe aus. Sie würde Coral zurückrufen, sobald alles aufgeräumt war.

Aber ein paar Minuten später stand sie dann mit verschränkten Armen vor ihrem Handy und starrte es an.

Was will sie denn nocht? Und was antworte ich ihr darauf?

Die Worte, die sie laut aussprechen sollte, kreisten ständig durch ihren Kopf, verschwommen und unscharf, noch nicht bereit, richtig Form anzunehmen.

Okay, sie würde Coral nach dem Mittagessen anrufen. Gerade war sie zu hungrig, um klar denken zu können.

Sie schmierte ihnen ein paar Sandwiches, und die Tulpen auf der Anrichte starrten sie die ganze Zeit über an. Ihre Farbe war nicht mehr ganz so satt wie noch am Vortag. Nicht mehr lange, dann würden die Blumen verwelken und sie musste sie wegschmeißen.

Nach dem Essen griff Ruby sich Calvins Leine und ihr Handy. Der Akku war immerhin wieder bei vierzehn Prozent, das musste reichen.

»Ich gehe mal mit Calvin raus.«

»Okay.«

Nervös fuhr sie mit dem Aufzug nach unten. Sie würde draußen mit Coral telefonieren, wo ihre Mutter es nicht mitbekam.

Inzwischen wusste sie auch, was sie zu tun hatte: Sie musste sich entschuldigen. Es war dumm gewesen, Coral so von sich zu stoßen. Seit Coral weg war, vermisste sie sie schmerzlich – und wenn sie ihrer Fantasie freien Lauf ließ und die sie an einen Ort führte, an dem sie zusammen sein konnten, war sie glücklicher und zufriedener als irgendwann sonst in den letzten Jahren.

»Ruby!«

Rubys Herz machte einen Satz. Da stand Corals Van am Straßenrand. Coral stieg aus und sah in ihren weißen Shorts, dem pfirsichfarbenen Croptop und mit ihrem hohen Pferdeschwanz wunderschön aus. Sie waren genau da, wo sie Coral zum ersten Mal gesehen hatte – direkt vor dem Wohnhaus. Die Sonne schien, Passanten gingen ihrem Tagesgeschäft nach.

So viel hatte sich seitdem verändert.

Calvin riss Ruby die Leine aus der Hand, in der sie offenbar keine Kraft mehr hatte. Er galoppierte bellend und schwanzwedelnd auf Coral zu.

Coral empfing ihn mit ausgebreiteten Armen. »Hi Kumpel!«

»Was machst du denn hier?«, fragte Ruby atemlos.

Coral stand wieder auf. »Ich habe versprochen, dass wir dein Getriebe reparieren. Also dann, hier bin ich.«

Rubys Brust fühlte sich ganz eng an, als wäre ihr Herz auf einmal zu groß dafür. »Was? Oh. Das musst du nicht tun.«

»Ich will aber.«

»Das ist doch furchtbar viel Arbeit.«

»Sieh es als Übung für meinen beruflichen Werdegang.«

Ruby runzelte die Stirn. »Wie meinst du das?«

Coral verlagerte das Gewicht aufs andere Bein und holte tief Luft. »Ich nehme mir nicht genug Zeit, um irgendwas zu planen – oder eher gar keine Zeit –, aber durch dich habe ich erkannt, dass es manchmal auch ganz schön ist, einen Plan zu haben. Also werde ich mich, im Sinne der besseren Planbarkeit meines Lebens, als Mechanikerin zertifizieren lassen.«

»Wow! Das ist großartig, Coral.«

Sie nickte. »Deinen Van zu reparieren, macht sich gut in meinem Lebenslauf, also tust du mir eigentlich einen Gefallen damit.«

Ruby lachte.

Coral zuckte die Schultern und wirkte auf einmal fast schüchtern.

»Okay«, meinte Ruby. »Den einen Gefallen kann ich dir wohl tun.«

Coral trat näher zu ihr. »Durch dich hatte ich noch mehr Erkenntnisse. Darüber, wer ich bin, was ich will, wohin meine Reise geht. Und eigentlich bin ich hier, weil ich dir in die Augen sehen will, wenn ich mich bei dir entschuldige.«

Rubys Grinsen verblasste. »Wofür?«

»Es tut mir leid, dass ich dich benutzt habe, um mehr Abonnenten zu bekommen.«

»Coral, wir haben uns gegenseitig benutzt, um …«

»Es tut mir leid, dass ich den Vorschlag mit der Fake-Beziehung gemacht habe, vor allem, weil ich dich stattdessen um ein echtes Date hätte bitten sollen.«

Hitze stieg Ruby in die Wangen. »Coral …«

»Es tut mir leid, dass ich dich überredet habe, einen Strandbuggy zu fahren.«

Das brachte Ruby zum Lachen.

»Und …« Coral klang ein wenig außer Atem. »Es tut mir leid, dass ich mich so angestellt habe, als du den Roadtrip beendet hast, um deiner Mom zu helfen. Das war scheiße und egoistisch von mir.«

Ein sehnsüchtiges Ziehen machte sich in Rubys Brust breit. Das Durcheinander in ihrem Kopf brauchte einen Moment, um Gestalt anzunehmen.

»Danke. Und mir tut es leid, dass ich dich weggestoßen habe.« Sie schluckte hart. »Seit dem Tod meines Vaters gibt es nur noch meine

Mom und mich. Wir sind immer füreinander da, komme was wolle. Sie hatte Probleme, und ich musste nach Hause, auch wenn das unsere Reise früher beendet hat.«

»Natürlich. Das verstehe ich.«

»Aber ich hätte dir nicht das Gefühl geben dürfen, dass du bei mir nicht an erster Stelle stehst. Dass du mir nicht wichtig bist.«

»Bin ich dir denn wichtig?«

Rubys Wangen wurden noch heißer. »Ja, schon.«

Coral knetete nervös ihre Finger. »Als ich dir Hilfe angeboten und du sie abgelehnt hast ... War das wie bei deiner Ex-Freundin? Willst du mich in schweren Zeiten nicht bei dir haben?«

Ruby schüttelte nachdrücklich den Kopf. Es erschreckte sie, dass das so rübergekommen war. »Nein! Überhaupt nicht. Ich wollte dich nur nicht damit belasten. Ich dachte, dass du es nur anbietest, weil du nett sein willst.«

»Ich habe es angeboten, weil ich für dich da sein will, Ruby.«

Und auf einmal fühlte es sich an, als würde ihr Herz mit jedem Schlag wachsen. Sie schauten sich in die Augen, und alles wurde ganz ruhig. Ruby hatte noch nie jemanden kennengelernt, der ihr dieses Gefühl vermittelte. »Es tut mir wirklich leid, was ich über deine Familie gesagt habe. Dass niemand für dich da ist und dir hilft.«

Coral nickte ernst. »Ja, das. Es stimmt, dass Farrah immer viel zu tun hat, aber sie ist auch für mich da, wenn ich sie brauche. Sie hat mich überhaupt erst auf die Idee mit dem Roadtrip gebracht. Und meine Eltern sind auf ihre Arbeit fixiert und frustrieren mich oft, aber sie sind immer noch meine Eltern. Und ... ich weiß, dass sie für mich da sind, wenn es hart auf hart kommt. Wenn ich sie heulend anrufe, weil meine Wohnung unter Wasser steht, würden sie mir helfen.«

Rubys Augen brannten. Es tat weh, dass Coral die Beziehung zu ihrer Familie verteidigen musste, nur weil sie selbst etwas Gedankenloses von sich gegeben hatte. »Ich weiß. Und es tut mir leid. Ich hätte das nicht sagen sollen. Ich wollte dir nicht wehtun.«

»Okay. Danke.«

Ruby kam noch näher, bis sie nur noch eine Armeslänge voneinander entfernt waren. Sie wusste, was sie zu sagen hatte. »Bis zu diesem Roadtrip und bevor wir uns kennengelernt haben, war mir nicht bewusst, wie leer mein Leben eigentlich ist. Mein Terminkalender war immer voll und trotzdem hat mir etwas Wesentliches gefehlt. Etwas Wichtiges. Dank dir will ich jeden Tag auskosten und das Leben leben, das ich schon die ganze Zeit führen sollte.« Ihre Stimme wurde lauter, sie gestikulierte wild in der Luft und sie ließ es einfach zu. Sie wollte nicht kontrollieren, was da aus ihr herausplatzte. »Bei dir fühle ich mich unglaublich lebendig. Ich hätte nie gedacht, dass ich mal einen Roadtrip mache, bei dem ich irgendwas *spontan* auf mich zukommen lasse, aber mit dir zusammen hat es mir keine Angst gemacht. Und ich bin vielleicht kein großer Fan von Strandbuggys, aber ich …« Nachdem Coral hier vor ihr stand und sie den Gefühlen in ihrer Brust nachspüren konnte, wusste sie jetzt ohne jeden Zweifel, was sie wollte. »Da draußen warten so viele Abenteuer und ich will sie alle zusammen mit dir erleben.«

Das war klar und deutlich, und Rubys Herz klopfte wie wild. Wärme durchströmte sie und die heiße Sommersonne tat ihr Übriges dazu.

Ein breites, ehrliches Lächeln erschien auf Corals Lippen. Das war das Schönste, was Ruby je gesehen hatte. Atemberaubender, als Strand, Wald oder Dünen es je sein könnten.

»Ich habe dich noch nie so aufgeregt erlebt«, sagte Coral.

Ruby biss sich auf die Lippe. »Bin ich normalerweise auch lieber nicht.«

»Ich dachte ziemlich lange, dass du für nichts so richtig brennst. Da habe ich mich wohl geirrt.«

Ruby musterte sie skeptisch, unsicher, ob sie das als Kompliment oder als Beleidigung auffassen sollte.

»Gefällt mir«, meinte Coral. »Wir müssen alle mal für was brennen.«

»Daran bist du schuld, du bringst meine schlechten Seiten zum Vorschein.«

Sie gingen aufeinander zu. Und Calvin ebenso. Er lehnte sich schwanzwedelnd abwechselnd gegen sie und hielt das offenbar für ein lustiges Spiel.

»Ich mag dich wirklich«, sagte Coral und ihre Stimme zitterte ein wenig. »Und das war nicht gespielt. In den letzten Tagen habe ich immer mehr Ausreden gesucht, um dich zu küssen, dich zu umarmen, und das war nicht nur für die Kameras. Dabei ging es mir nur um dich.«

Ruby hatte gerade das Gefühl, auf Wolken zu schweben. »Gut. Weil ich auch Ausreden dafür gesucht habe, und ich mag dich auch sehr.«

Coral stockte der Atem. »Echt jetzt?«

Ruby lächelte. »Es war die ganze Zeit über echt, Coral.«

Coral schluckte. Ein Hauch von Rosa überzog ihre Wangen. »Ging mir auch so.«

Dann holte Ruby noch einmal tief Luft und kratzte all ihren Mut zusammen. »Möchtest du meine echte Freundin sein?«

Coral blieb der Mund offen stehen. Doch dann strahlte sie übers ganze Gesicht. »Ja!«, brachte sie atemlos hervor. »Will ich.«

Ruby erwiderte das Lächeln. »Gut.«

Ihr blieb kaum genug Zeit, das Wort auszusprechen, als Coral sich auch schon auf sie stürzte. Ruby empfing sie mit offenen Armen und zog sie fest an sich. Ihre Lippen trafen sich zu einem zärtlichen Kuss, und das Verlangen knisterte zwischen ihnen, als würden sie sich zum ersten Mal küssen. In gewisser Hinsicht war es ja auch ihr erster Kuss. Jetzt gab es keine Zweifel mehr, keine Bedingungen oder Absprachen, keine Unsicherheit, was das zu bedeuten hatte.

»Danke, dass du zurückgekommen bist«, flüsterte Ruby an Corals Lippen.

»Natürlich bin ich das.« Coral fuhr mit den Fingern durch Rubys Haare und schickte damit einen wohligen Schauer über ihren Rücken.

Sie fühlte sich so perfekt in Rubys Armen an, als würde sie genau dort hingehören. Sie war alles, was Ruby brauchte. Am liebsten würde sie stundenlang hier stehen bleiben, ihre weichen Lippen küssen und ihrer Körperwärme nachspüren.

»Wollen wir zur Feier des Tages einen Roadtrip machen, wenn dein Van repariert ist?«, murmelte Coral.

»Ja.« Ruby küsste sie erneut.

»Wohin?«

»Ist mir egal. Irgendwohin.«

»Utah? Arizona? Vancouver Island? Alberta?«

Ruby nickte. »Ja.«

Das brachte Coral zum Lachen.

Irgendwas drückte sich gegen Rubys Bein und als sie nach unten schaute, entdeckte sie Calvin, der mit seinen großen Babyseehund-Augen zu ihr hochsah und mit dem Schwanz wedelte.

»Und du kommst natürlich auch mit!«, sagte sie und er bellte zufrieden.

Und so standen sie auf einem belebten Gehweg, mitten in Seattle, in ihrer eigenen kleinen Welt versunken, mit dem Versprechen auf neue Abenteuer, das zwischen ihnen in der Luft schwebte. Sie waren frei, ihre nächste Reise zu starten, wann sie wollten und wohin sie wollten.

Kapitel 33
Coral

Zwei Monate später

»Willkommen bei *Achtsam leben mit Ruby Hayashi*«, sagte Ruby in ihrer charakteristischen, beruhigenden Kamerastimme. »Heute gibt es eine vegane Pfannenpizza aus dem Slow-Cooker, und der Vorschlag dazu kam von Coral.«

Sie drehte die Kamera zu Coral, die in der Essecke saß und ihr lächelnd zuwinkte.

Coral beobachtete sie dabei, wie Ruby die Zutaten sorgfältig vorbereitete und das Rezept durchspielte wie eine Tanzchoreografie. Ihrer Freundin bei der Arbeit zuzusehen, würde ihr nie langweilig werden.

Sie hatten den Van am Green Lake in der Nähe von Whistler abgestellt, einem von Corals Lieblingsspots. Da sie ihre Vans abwechselnd nutzten, würden sie die nächsten beiden Wochen Rubys Gegend erkunden – und Coral musste sich immer noch daran gewöhnen, wie sauber und hell es hier im Vergleich zu ihrem eigenen war. Die Sukkulenten, das Obstnetz, die weiße Tapete, die roségoldenen Griffe und all die anderen kleinen Details waren perfekt, minimalistisch, wunderschön und passten perfekt zu Ruby. Coral liebte jeden Zentimeter dieses Campingbusses.

Nachdem Ruby den Slow-Cooker eingeschaltet und die Kamera ausgemacht hatte, stahl Coral sich einen Kuss. »Wundervoll, wie immer. Lust auf eine Runde Schwimmen?«

Ruby band sich die Haare zu einem Pferdeschwanz zusammen. »Mehr Lust kriege ich nicht. Versprichst du mir, dass ich nicht vor Angst sterbe?«

»Eine halbe Sekunde Angst, maximal.«

»Das halte ich wohl aus.«

Sie schlüpften in ihre Bikinis, sammelten ihren Kram zusammen und gingen nach draußen. Calvin erwachte aus seinem Nickerchen, das er auf dem Boden machte, und sprang begeistert auf, um sie zu begleiten.

»Die Leute sind heute Morgen vor dem Laden meiner Mutter Schlange gestanden«, erzählte Ruby auf dem Weg zum See. »Sie hat mir ein Foto geschickt.«

Coral schnappt nach Luft. »Das ist ja fantastisch!«

Ruby griff nach ihrer Hand und drückte sie sanft. Seit sie ihren Van wiederhatte, wirkte sie unbeschwerter und lächelte öfter. Und nachdem der Laden ihrer Mutter nun wieder auf eigenen Beinen und ihr Lebensunterhalt nicht mehr auf der Kippe stand, konnte sie sich um sich selbst kümmern – was bedeutete, dass Coral in den Genuss von mehr Zeit mit ihr kam.

Und bei Coral? Wie sich herausstellte, war es bedeutend einfacher, einen Kanal zu betreiben und ihr Traumleben zu führen, wenn einem kein Vertrag im Nacken saß, der das alles von heute auf morgen beenden konnte. Dabei half natürlich auch, dass sie sich keine Sorgen mehr machen musste, wie sie ihren Lebensstil finanzierte. Während der Ausbildung in der Werkstatt ihrer Eltern hatte sie ein paar Videos gepostet und den Leuten gezeigt, wie man seinen Van selbst instand hielt. Das hatte ihr eine ganz neue Tür zu mehr Klicks geöffnet.

»Rubes!«, rief auf einmal jemand vor ihnen.

Sie schauten auf. Ein Pärchen Mitte zwanzig kam auf sie zu.

»Oh, hey ihr beiden!«, begrüßte Ruby sie. »Coral, das sind Annie und Parm.«

Coral winkte ihnen zu. »Schön, euch kennenzulernen.«

»*Coral Lavoies Abenteuer*«, sagte Parm. »Wir wissen, wer du bist. Wir folgen Rubys Kanal schon eine ganze Weile ...«

»Und deinem folgen wir seit dem Roadtrip auch«, warf Annie ein.

»Das wollte ich gerade sagen.«

»Schön, dich persönlich kennenzulernen«, meinte Annie.

Coral lächelte. »Gleichfalls.«

»Was macht ihr denn hier?«, erkundigte Ruby sich.

»Eine kleine, romantische Auszeit.« Annie griff nach Parms Hand und schenkte ihm einen schmachtenden Blick.

»Wir schlafen bei Freunden, weil wir ein paar Probleme mit unserer Karre haben«, sagte Parm. »Das Dach hat einen großen Riss.«

»Das tut mir leid«, sagte Ruby. Aus irgendeinem Grund schien sie das nicht zu überraschen.

»War aber gutes Drama fürs Video.«

Calvin winselte und zog Ruby in Richtung See. Er war genauso scharf aufs Schwimmen wie Coral.

»Wir gehen nachher noch Kajak fahren«, sagte Annie. »Wollt ihr mitkommen?«

Ruby schaute fragend zu Coral, die nickte.

»Ja, Kajak fahren klingt toll«, sagte Ruby, was Coral noch breiter lächeln ließ.

»Cool«, erwiderte Annie. »Dann melden wir uns nachher.«

Coral und Ruby setzten ihren Weg zum See fort und Ruby erzählte ihr, dass Katastrophen für Annie und Parm an der Tagesordnung waren.

»Sie würden wirklich von ein paar Grundlagen in Sachen Van-Instandhaltung profitieren«, sagte Ruby.

»Das schadet nie.«

»Zum Glück habe ich ja dich.« Sie drückte Coral einen Kuss auf die Wange.

Am See angekommen zeigte Coral ihr die Stelle, von der aus sie am liebsten ins Wasser sprang. Die Klippe war nicht sonderlich hoch und hier kamen so viele Leute her, dass es inzwischen einen ausgetretenen Pfad gab.

»Calvin, sitz. Bleib.« Ruby ließ ihn am Fuß der Klippe zurück.

Er blieb gehorsam sitzen und beobachtete, wie sie hinaufkletterten.

»Sobald wir im Wasser sind, springt er hinterher«, sagte Coral.

»Oh, er wird definitiv versuchen, uns zu retten. Guter Junge, Calvin.«

Er wedelte mit dem Schwanz und verfolgte neugierig, wie sie sich an die Kante stellten.

Coral verzog das Gesicht. Von hier oben wirkte es doch etwas höher als von unten. Sie klammerte sich mit den Zehen an den rauen Fels und spürte das Adrenalin ansteigen. »Du kannst immer noch runtergehen und von da aus filmen, wenn dir das lieber ist.«

»Nein, ich schaffe das. Ich will das.«

»Okay. Nimm meine Hand?«

Sie hielten sich an den Händen, und Corals Herz schlug schneller, wie jedes Mal, wenn sie sich berührten. Ruby erwiderte ihr Lächeln voller Lebenslust und Freude.

Mit jedem Tag, den sie zusammen verbrachten, schien Corals Welt größer zu werden. Ruby weckte in ihr das Bewusstsein, jeden Moment zu genießen – als würde sie die bestmögliche Lebensgeschichte erschaffen.

Sie hatten die magischen drei Worte noch nicht zueinander gesagt, aber in den letzten Tagen war der Wunsch immer wieder in Coral aufgestiegen.

War das der richtige Zeitpunkt? Die Vorstellung, es laut auszusprechen, ließ ihren Puls in die Höhe schießen und machte sie aufgeregter als der Sprung von der Klippe.

Ruby musterte Corals Gesicht und schien etwas abzuwägen. Ein Windstoß fuhr ihr durch die Haare und wehte ihr die Strähnen um das perfekte Gesicht.

Eine von uns muss den Anfang machen. Soll ich es zuerst sagen? Vielleicht braucht sie ja noch mehr Zeit ...

»Ich liebe dich, Coral«, sagte Ruby ein wenig atemlos.

Coral blinzelte und war sich für einen Moment nicht sicher, ob sie das wirklich gehört hatte oder ihre Fantasie mit ihr durchgegangen war. »Was?«

Ruby strich zärtlich über Corals Kinn. »Ich liebe dich.«

Corals Herz schien sich ohne sie von der Klippe zu stürzen. Sie konnte ihr Grinsen nicht mehr unterdrücken. »Ich liebe dich auch.«

Ruby atmete aus, und Coral trat dicht zu ihr. Sie küssten sich, dort oben auf dem Gipfel der Welt, und die warme Briste kitzelte Corals Haut. So hätte sie Stunden hier verbringen können.

Doch Calvin gab ein ungeduldiges Bellen von sich. Sie lösten sich wieder voneinander und schauten nach unten, wo er gerade aufstand und wohl überlegte, ob er zu ihnen hochklettern sollte.

»Na komm.« Ruby griff erneut nach Corals Hand.

Mit der anderen hielt sie die GoPro, die am Ende ihres Selfie-Sticks befestigt war.

Ihre Handflächen waren schwitzig. Sie tauschten ein nervöses Grinsen miteinander. Sieben Meter unter ihnen schimmerte der See in der Sonne, auf dem ein paar Leute auf Paddleboards und in Kajaks ihren eigenen Abenteuern nachgingen.

»Bereit?« Coral startete die Aufnahme.

»Los«, sagte Ruby.

Sie hielten sich fest an den Händen, während sie Anlauf nahmen und dann auf die Klippe zurannten.

Unter ihnen rannte Calvin aufgeregt bellend ins Wasser.

Coral und Ruby sprangen mit Schwung von der Klippe ab und schrien begeistert auf.

Während sie zusammen durch die Luft segelten, überkam Coral ein Gefühl von Freiheit, dass sie in den Himmel hinaufhob. *Deswegen* hatte sie sich für dieses Leben entschieden. Sie wollte nirgendwo anders sein und keine andere Person an ihrer Seite haben. Alles an diesem Tag, diesem Sommer, diesem Moment mit der Frau, die sie liebte, war absolut perfekt.

Abonniere den Newsletter des Ylva Verlages, um über Neuerscheinungen, Neuigkeiten und vieles mehr informiert zu werden.

Ebenfalls im Ylva Verlag erschienen

www.ylva-verlag.de

Küsse am Set

Tiana Warner

ISBN: 978-3-96324-788-0
Umfang: 220 Seiten (71.000 Wörter)

Rachel kann ihr Glück kaum fassen, als ihr Schwarm, Cate Whitney, für Dreharbeiten nach Vancouver kommt. Eine zufällige Begegnung führt zu dem Angebot, Cate als wissenschaftliche Beraterin bei ihrem Film zu helfen. Bald schon knistert es zwischen ihnen. Aber wird mehr daraus, selbst wenn Cate unwiderstehlich ist und Rachel nur sie will?

Job mit gewissen Vorzügen

Liz Rain

ISBN: 978-3-96324-767-5
Umfang: 189 Seiten (61.000 Wörter)

Für eine Spitzenpolitikerin wie die attraktive Bridget zu arbeiten, ist schon schwer – und erst recht, als Emma sich dann auch noch in ihre neue Chefin verknallt. Doch als Bridget nach einem politischen Skandal Trost in Emmas Armen sucht, ist es ganz klar nur ein leidenschaftlicher One-Night-Stand. Eine Frau wie Bridget würde sich nie für Emma entscheiden … oder?

Kopf leer, Herz voll

Nat Caspar

ISBN: 978-3-96324-794-1
Umfang: 256 Seiten (81.000 Wörter)

Als Alex sich vor einer heißen Fahrradfahrerin an der Ampel blamiert, ahnt sie nicht, dass dies Bella ist, die neue Lehrerin ihrer Nichte. Auf einer Klassenfahrt müssen Alex und Bella sich als Aufsichtspersonen ein Zimmer teilen und es fällt Alex zunehmend schwerer, ihre wachsenden Gefühle für die heterosexuelle Lehrerin zu unterdrücken.

Es war einmal ... eine Liebesgeschichte

L.T. Smith

ISBN: 978-3-96324-734-7
Umfang: 221 Seiten (78.000 Wörter)

Beth Leben ist nicht gerade ein Märchen. Nach vier Jahren toxischer Beziehung hat sie sich endlich von ihrer Freundin getrennt.

Noch damit beschäftigt, sich mühsam aus diesem emotionalen Loch zu arbeiten, lernt sie Amy kennen. Aber sie ist sicher nur an einer Freundschaft mit Beth interessiert ... oder?

Über Tiana Warner

Tiana Warner wohnt in British Columbia (Kanada).

Bekannt wurde die Schriftstellerin durch ihre Trilogie »Mermaids of Eriana Kwai« die sie auch als Comic-Adaption veröffentlicht hat.

Tiana ist ein Outdoor-Fan und reitet schon seit frühester Kindheit. Außerdem ist sie stolze Besitzerin eines hyperaktiven Rettungshundes namens Joey. Sie hat einen Abschluss in Informatik und hat lange als Programmiererin gearbeitet.

Bibliografische Information der Deutschen Bibliothek
Die Deutsche Bibliothek verzeichnet diese Publikation in der
Deutschen Nationalbibliografie; detaillierte bibliografische
Daten sind im Internet über www.dnb.de abrufbar.

1. Auflage

Taschenbuchausgabe 2024 bei Ylva Verlag, e.Kfr.
ISBN: 978-3-96324-915-0

Dieser Titel ist als Taschenbuch und E-Book erschienen.

Copyright © der Originalausgabe 2023 bei Ylva Publishing
Copyright © der deutschsprachigen Ausgabe 2024 bei Ylva Verlag

Übersetzerin: Stefanie Kersten
Übersetzungslektorat: Mona Gabriel
Korrektorat: Tanja Eggerth
Satz & Layout: Ylva Verlag e.Kfr.
Bildrechte Umschlagillustration vermittelt durch Shutterstock LLC; iStock; AdobeStock
Coverdesign: Streetlight Graphics

Kontakt:
Ylva Verlag, e.Kfr.
Inhaberin: Astrid Ohletz
Am Kirschgarten 2
65830 Kriftel
Tel: 06192/9615540
Fax: 06192/8076010
www.ylva-verlag.de
info@ylva-verlag.de
Amtsgericht Frankfurt am Main HRA 46713

Printed in France by Amazon
Brétigny-sur-Orge, FR

24141162R00157